中国标准化协会课题“基于波特钻石理论的标准化提升我国服务贸易竞争力对策研究”（FMBZH-1815）、重庆工程学院2019年校内科研基金资助项目“中国服务贸易国际竞争力及影响因素研究”（2019xskz01）、国家社科基金后期资助项目（17FFX018）研究成果

中国服务贸易

国际竞争力及影响因素研究

RESEARCH ON THE INTERNATIONAL

COMPETITIVENESS OF CHINA'S SERVICE TRADE AND ITS INFLUENCING FACTORS

刘红　徐先航 ◎ 著

图书在版编目（CIP）数据

中国服务贸易国际竞争力及影响因素研究/刘红，徐先航著．—北京：经济管理出版社，2019.8

ISBN 978－7－5096－6691－3

Ⅰ．①中…　Ⅱ．①刘…②徐…　Ⅲ．①服务贸易—国际竞争力—研究—中国　Ⅳ．①F752.68

中国版本图书馆CIP数据核字(2019)第128567号

组稿编辑：杜　菲
责任编辑：杜　菲
责任印制：黄章平
责任校对：王纪慧

出版发行：经济管理出版社
（北京市海淀区北蜂窝8号中雅大厦A座11层　100038）
网　　址：www.E－mp.com.cn
电　　话：(010)　51915602
印　　刷：三河市延风印装有限公司
经　　销：新华书店
开　　本：720mm×1000mm/16
印　　张：15
字　　数：235千字
版　　次：2019年8月第1版　　2019年8月第1次印刷
书　　号：ISBN 978－7－5096－6691－3
定　　价：68.00元

前　言

世界服务贸易正随着国际分工的不断完善和科技的迅速发展进入发展的快车道，各国服务贸易的发展也为本国经济带来了新契机。而各国经济的竞争也已从货物贸易竞争转移到以服务贸易为主的竞争，发达国家正在积极地瓜分世界服务贸易市场这块大蛋糕。中国服务贸易虽然起步较晚，但是近年来增长迅速。然而我们也注意到，我国的服务贸易近年来逆差持续扩大，与此同时，我国各行业服务贸易的发展存在不平衡的问题。一方面，我国服务贸易出口主要集中在运输、旅游、建筑和其他商业服务等劳动密集型行业，行业分布不平衡；另一方面，不同区域的服务贸易呈现出发展不均衡的特点。需要促进服务贸易结构转型升级、激发释放服务贸易发展潜力，使其成为我国经济转型升级的新引擎。

本书在对国内外相关研究进行回顾的基础上，结合国际通用指数建立服务贸易国际竞争力的分析框架及评价指标，选取中国服务贸易 2002 ~ 2017 年共 16 年的样本数据，对我国服务贸易细分行业的竞争力进行分析并指出问题，同时结合中国港澳台地区和美国、日本、印度三国 2005 ~ 2017 年共 13 年的服务贸易细分行业的竞争力指标进行分析和比较，从中找出我国的服务贸易与这些国家相比存在的差距及变化趋势。并通过搭建计量经济模型，引入服务贸易影响因素指标，选取中国服务贸易 1982 ~ 2017 年共 36 年的样本数据，借助 SPSS 统计分析软件实证分析其对我国服务贸易竞争力的影响程度，解析对国内服务贸易竞争行业存在制约的因素，以期能够更准确地衡量我国服务贸易竞争力并力图揭示各因素的影响程度。综合上述分析结果，提出提升我国不同区域服务贸易国家竞争力的相关对策建议。

本书的写作由刘红（天津天狮学院商学院）和徐先航（重庆工程学院管理学院）共同完成，具体章节写作安排如下，由刘红执笔的内容：第三章、第四章、第五章及使用到的参考文献；由徐先航执笔的内容：第一章、第二章、第六章和第七章及使用到的参考文献。本书写作过程中，在数据资料及文献查找上受到了山东科技大学文法学院侣连涛老师的无私帮助，在此由衷地感谢侣老师！

目　录

第一章
绪论

第一节 研究背景和选题意义

一、研究背景

当今世界，各国经济的竞争已从货物贸易竞争转移到以服务贸易为主的竞争，发达国家正在积极地瓜分世界服务贸易市场这块大蛋糕。例如，美国的服务贸易出口总额世界第一，全世界14%的服务贸易出口由美国创造，是中国服务贸易出口总额的3.4倍，其服务贸易进出口额自1981年以来长期居世界首位，服务贸易各行业实力强劲，拥有强大的服务贸易竞争力，不管是它的旅游业、教育业、金融业、娱乐业、信息业，还是通信业，都在全球处于领先水平。

英国是世界服务贸易出口的第二大国，其服务贸易出口总额占全球服务贸易出口总额的10%。英国在金融服务、商业服务及旅游服务上都具有相对较强的比较优势。尤其是英国健全的金融服务体系使得英国的商业金融咨询服务出口额占据全球第一的地位。德国作为全世界服务贸易第二大进口国和第三大出口国，其服务贸易出口额占其总出口额的70%。德国服务贸易的比较优势表现在迅速发展的贸易业、金融业、保险业和会展业上。由此可见，发达国家通过自身发达的服务贸易不仅获得了巨大的利益，而且为本国的劳动者提供了大量的就业岗位，进一步促进了本国的经济发展，而发展中国家也逐步提高对服务贸易的认识，将其作为未来经济增长的新基石，不断强化和提高服务贸易尤其是新型服务贸易在本国国民经济发展中的战略地位和作用。

在中国当前经济发展结构中，服务业对经济的贡献越来越大，服务业对就业的容纳能力也在不断提高，据中国商务部网站信息，2017 年，中国服务业占 GDP 比重已达 51.6%，占就业比重已达 44.9%。随着服务业占比的继续提高，服务业发展质量对国民经济发展和经济运行质量的影响日益加重。中国已跻身全球服务贸易大国行列，服务贸易进出口额也在连年上涨，过去 5 年，中国服务进口对全球服务进口增长的贡献率达 25.8%，是推动全球服务进口增长的最大贡献者。在服务业持续平稳较快发展的同时，中国的服务贸易近年来逆差持续扩大，根据国家外汇管理局数据，2018 年，中国服务贸易逆差 2913 亿美元，较上年增长 9.8%；其中，旅游、运输、知识产权使用费位居服务贸易逆差的前 3 项，分别占当期服务贸易逆差的 81.4%、22.6% 和 10.4%。可见，提高中国服务业发展质量和国际竞争力更加紧迫，在旅游、运输和知识产权领域表现尤甚。与此同时，中国各行业服务贸易的发展也存在不平衡的问题。一方面，我国服务贸易出口主要集中在运输、旅游、建筑和其他商业服务等劳动密集型行业，行业分布不平衡；另一方面，不同区域发展也呈现出不同的特点，北京、上海、广东、深圳、江苏等地的金融、保险、计算机及信息服务、咨询等知识密集型行业的服务贸易发展迅速，四川、重庆、广西、河北等地服务贸易仍主要以传统服务业为主（戚青，2016）。

关于服务贸易研究的文献不少，也有具体到国内不同的区域的研究，但是研究样本和研究方法各有不同。本书选取了中国和相关国家（地区）近 15 年的服务贸易样本数据，筛选 6 个方面的影响因素建立模型，采用

SPSS 统计分析软件进行数据分析，以期发现目前中国服务贸易各行业的国际竞争力情况，并通过因子分析找出对我国服务贸易国际竞争力形成最具影响力的因素，使中国在未来大力发展服务贸易的过程中能够做到有的放矢，促进中国的服务贸易更快更好地带动整体经济的发展。

近几年来，随着全球经济的发展，各国经济竞争愈演愈烈，国家间的竞争逐渐由货物贸易竞争转向服务贸易竞争，服务业的发展已经逐渐成为衡量一国科技进步和产业结构是否合理的重要标志之一。然而，在如今全球经济发展萧条低迷的大环境下，发达国家的新型服务业发展呈现出蒸蒸日上的发展态势，与发展中国家以及第三世界国家形成强烈对比。在全球化日趋深入、对外贸易日益频繁的背景下，各国都在积极推动对外贸易发展，服务贸易作为后起之秀，有着更广阔的市场潜力和巨大的发展前景，各国均逐步提高对服务贸易的认识，将其作为未来经济增长的新动能，不断强化和提高服务贸易尤其是新型服务贸易在本国国民经济发展中的战略地位和作用。

二、选题意义

（一）理论意义

1980 年以来，国内和国外的许多学者对服务贸易的有关内容进行了大量的研究，获得了许多有研究意义的结果。综观前人学者的研究成果，有对不同国家进行服务贸易竞争力比较的，也有对某一区域进行服务贸易竞争力影响因素分析的，但一般研究的时间跨度较短，实证分析中纳入研究的影响因素也较少，数据较为陈旧，而近几年，世界范围内服务贸易发展迅速，服务业不断发展变化，服务贸易结构也出现较大变化，应该用发展的眼光看服务贸易特有的内在条件和规律。本书与前人研究比较，突出的不同之处在于通过更长的时间跨度，从横向、纵向两个方面来研究我国服务贸易发展的一般规律。区别于其他研究者对两国之间进行比较，本书着眼于中国不同服务行业间的国际竞争力比较，并将影响中国服务贸易国际竞争力的因素扩展到 6 个方面进行研究，即人均 GDP（元/人）、劳动力参与率、人力资本（用本科以上学历人数表示）、服务贸易开放度（服务贸易进出口总额/GDP）、货物贸易出口额（亿美元）和服务业外商直接投资额。此外，在研究方法上使用SPSS统计软件进行回归分析，这在一定程度上丰富了关于服务贸易国际竞争力影响因素的研究，为提高我国及区域间的服务贸易方面的竞争力制定政策提供理论指导，在理论上有一定的借鉴意义。

（二）现实意义

随着“一带一路”倡议的提出和中国经济地位的不断提升，我国的对外经贸往来将进一步加深，虽然近年来我国服务贸易发展迅速，但我国的服务贸易多年仍旧以传统服务贸易为主，现代服务贸易却一直存在逆差且越来越大，同时传统服务贸易比较优势正在不断减少，而现代服务贸易还未形成气候，这也在一定程度上说明了我国服务贸易呈现贸易逆差不断扩大趋势的原因。因此，有必要对我国当前服务贸易发展的规律进行研究，找到促进我国经济贸易发展的新引擎，提升我国服务贸易竞争力，改善服务贸易长期弱势的局面，这也是我国大力发展经济寻求经济科学转型、协调发展、改善民生的必然要求。

此外，从新的角度审视增强服务贸易出口的影响因素，并用新的方法探求其主要影响因素，有助于我们认识到与发达国家存在服务贸易差距的根本原因，从源头上寻找增强我国服务贸易发展能力的方法。李嘉图的比较优势理论认为，各国或者地区应该出口自己具有比较优势的产品，进口其具有比较劣势的产品。

本书通过分析我国服务业各行业的国际竞争力指数发展变化概况，从而认清各服务贸易部门的比较优势。在此基础上，以波特的钻石模型选取部分指标对我国服务贸易竞争力影响因素进行实证分析，能更好地认清我国服务贸易未来发展的努力方向，找准未来政策的着力点。

第二节　国内外研究现状

自20世纪80年代西方学者开始探讨“服务”及“服务贸易”的概念起，国内外学者已对服务贸易以及服务贸易竞争力进行了大量的研究，以下主要从服务贸易概念提出、服务贸易竞争力评价研究、服务贸易竞争力影响因素研究三个方面对现有文献进行梳理和总结。

一、国外相关研究现状

（一）服务贸易概念提出

西方学者对服务贸易概念的探讨是从“服务”本身的概念开始的。自从1977年霍尔（T. P. Hill）提出服务概念后，对于“服务贸易”的探讨就从未间断。概括起来，西方学者对于服务贸易的研究主要是从两个方面展开的：一是传统贸易理论是否适用于服务贸易，这突出表现在早期西方学术研究的内容上；二是应对传统的货物贸易理论做修正以很好地来解释服务贸易（卞继飞，2016）。在这方面最具影响力的有：Sapir（1982）通过实证研究说明了比较优势理论对于服务贸易的适用性，此后，其在1986年再次用实证研究的方法证明了动态比较优势原理可对工程服务贸易进行良好解释，进而推广得出比较优势理论对于服务贸易的适用性。Deardorff（1985）对服务贸易做出了开创性研究，他通过对赫克歇尔—俄林（H－O）模型中的个别要素进行修改，建立了一个“一种商品、一种服务”模型来探讨服务贸易的比较优势。Langhammer（1989）对美日德法四个国家的服务贸易状况进行了实证分析，通过对比发达国家和发展中国家之间的服务贸易状况发现初始要素禀赋的差异是导致发达国家和发展中国家存在贸易模式不同的主要原因。Falvey和Gemmnell（1991）进一步对发展中国家和发达国家拥有的不同国际竞争力进行了研究，指出要素禀赋导致发展中国家具有价格优势的服务业集中在劳动密集型产业上，而发达国家具有价格优势的服务多数在资本和技术密集型产业上，从而形成了各自的国际竞争力。Daniels（1993）在实证研究中分析了教育投资的程度、研究开发和技术的发展及政府对服务业规制这些因素对服务贸易的影响，从而指出一个国家的现有发展模式对其服务贸易比较优势的形成具有重要作用。Tang 等（2013）认为，1982～2009 年，中国服务业的出口、进口和对外直接投资增长迅猛，但中国在大多数服务部门没有比较优势。基于这一问题，作者充分分析了服务贸易的特征，并得出了基于理论基础的修正引力模型；使用中国与部分贸易国家间的贸易数据，发现比较优势法适用于中国；提出中国在相对低端的服务任务中具有比较优势，这些任务的生产效率较低，使用相对低技能的劳动力，而且知识和资本密集型较少，服务贸易、货物贸易和中国大型国内市场的自由化推动了经济的增长，并导致了高水平的产业内服务贸易。

（二）服务贸易竞争力评价研究

关于服务贸易竞争力的研究多涉及实证研究，由于在研究过程中面临着统计数据短缺和失真的问题，研究难度大大增加，但仍有大量学者进行了这方面的研究，国外学者对竞争力评价的研究较多，主要是通过建立指标体系将服务贸易竞争力情况进行量化分析。Balassa（1965）首次提出用显示性比较优势指数（RCA 指数）来衡量某国产品的出口额与世界平均出口之间的关系；Vollrath（1991）列举了 10 个显示性比较优势指数，并且对各个显示性比较优势指数的适用范围及优缺点进行了详细说明，该研究为后来学者选择指标或者建立评价体系提供了基础资料，之后很多学者进行了延伸；Hoekman 和 Karsenty（1992）认为，小国和低收入国家虽然在世界贸易中的份额十分微小，但在服务出口方面更具专业化，因此在讨论一国贸易结构时，服务贸易是不可或缺的部分。他们用 RCA 指数对不同收入水平国家和地区的服务贸易竞争力进行了比较研究，结果显示收入水平跟一个国家的服务贸易比较优势正相关，即一个国家收入水平越高，其服务贸易的比较优势越大，当人均收入在6000美元以上时，这个国家的服务贸易就会有较大的比较优势。Guerrieri 和 Meliciani（2004）采用IMS指数分析了OECD国家在金融、电信和商业服务上的竞争力水平，并发现信息与通信技术将显著影响服务贸易的发展。Gary 和 Sherry（2007）利用RCA指数分析了印度服务贸易的总量和内部结构，认为印度服务贸易虽然总量优势不显著，但是竞争力较强；Bobirca 和 Miclaus（2007）在研究罗马尼亚和保加利亚的服务贸易竞争力中建立的综合评价体系包含4个指标，分别是比较出口业绩指标（CEP）、显示性比较优势指标（RCA）、贸易重叠指标（TO）和出口相似指标（ES）。Kim（2012）的实证分析中同样采用显示性比较优势指数，他研究了韩国服务产业的对外贸易竞争力情况。De 等（2013）运用TC指数和CA指数对近5年中欧服务贸易竞争力进行比较分析，发现与欧盟相比，中国服务贸易的总体竞争力偏低。Hejing Chen 和 John Whalley（2014）通过总结和介绍中国服务贸易规模、增长率、部门构成、比较优势和开放程度等数据，评估了近几十年来中国服务贸易的表现。基于比较分析的证据表明，尽管增长快，但中国服务贸易的发展不如商品贸易。他们认为，中国服务贸易未来几年将会对世界产生更大的影响，并对全球贸易、外国直接投资和劳务移民产生重要影响。Joanna（2014）运用传统的国际竞争力指标，对波兰加入欧盟对其知识密集型贸易竞争力的影响进行了分析。Yimei Guo 和 Jinquan Tang（2015）关注了物流服务贸易和电子商务。他们认为，虽然互联网以及通过互联网对电子商务进行监管的必要性使得制定新法律的过程变得更加复杂，但是中国互联网的不均衡使用本身也是一个全国物流管理的障碍。Joanna（2016）通过出口业绩、贸易平衡和RCA指数衡量了新兴欧盟成员国在知识密集型服务业出口方面的竞争力。

（三）服务贸易竞争力影响因素

国外学者对服务贸易竞争力的影响因素研究主要从论述性分析和计量模型两方面入手，Bernard 和 Robert（1989）论述了服务贸易与人均收入水平、需求变动、技术发展、政府政策、要素禀赋和服务业FDI之间的关系，并认为国际服务贸易也会反向影响国内经济发展。美国经济学家 Michael（1990）在他的著作《国家竞争优势》中指出，一个国家或地区是否具备适合某一产业发展所需要的良好环境条件决定了该产业国际竞争力的强弱。Wengel（1995）在研究银行服务出口的影响因素中建立了实证计量模型，分析了全球 141 个国家的数据，研究结论是，对银行服务出口起决定性作用的因素是服务供给国家的规模。M. Eswara 和 A. Kotwal（2000）认为，在开放经济背景下，提升服务贸易竞争力的因素是服务业分工的深化和规模经济的产生。Guerrieri 和 Meliciani（2005）认为，一国服务贸易的竞争力水平取决于本国制造业的结构情况，同时信息和通信技术也对服务贸易发展产生显著影响。Worz（2008）则认为劳动生产效率、单位劳动成本和开放度对欧盟国家服务贸易竞争力水平存在显著影响。Ranjan（2013）对外商资金流入、经济产出以及服务贸易进出口额之间的协整关系进行检验，结果表明，外商资金流入、经济产出和服务出口额三个因素中存在明显的因果关系，另外服务出口额和外商资金流入之间还存在反馈机制，两者存在互补关系。Koi Nyen Wong（2013）通过研究新加坡的服务贸易和对外直接投资的关系，认为新加坡的对外直接投资与服务贸易之间没有因果关系。

二、国内学者的相关研究

（一）服务贸易竞争力评价研究

中国服务业和服务贸易的发展滞后于制造业和货物贸易的发展，国内学者对于服务业相关问题的研究始于 20 世纪 90 年代中期，自 90 年代以后，中国政府不断提高对于发展服务业及服务贸易的重视，也激励着国内学者在服务贸易的实证及规范研究上紧跟国际研究前沿。关于该问题的研究大致分为以下三类。

一是以单个国家整体为研究对象，或对两个及两个以上国家进行对比。例如，郭海虹（2002）的研究中借鉴竞争优势理论，在数量形式的测定上，采用竞争优势指数、劳动生产率和国际市场占有率指标来衡量我国服务业对外贸易的竞争力现状。王庆颖（2005）在以中国为研究对象的实证分析中，采用显示性比较优势指数和贸易竞争力指数对竞争力的强弱情况进行评价。赵景峰和陈策（2006）在分析我国服务贸易结构变化的研究中，选用贸易竞争力指数进行评价，同时对进出口行业比重和进出口行业差额进行衡量评价，结果表明，我国服务贸易的整体竞争比较弱。余道先和刘海云（2010）在对我国生产性服务贸易结构进行经验分析的基础上，运用贸易竞争力指数衡量我国生产性服务贸易竞争力，发现竞争力较弱且发展不平衡。李芳（2012）在其著作《中国服务贸易国际竞争力研究》中运用了显示性贸易竞争力评价指数和决定性的贸易竞争力指标。周少芳和何传添（2011）对中国服务贸易进行国际比较，从规模和结构等多个方面分别与美国、日本、英国和德国等发达国家进行了对照说明。陈健（2014）研究中国服务贸易在不同国家市场中的竞争力情况和发展趋势，他分析了 RCA 指数、NERCA 指数及 TC 指数，结果表明，中国服务贸易竞争力水平在日本市场具有微弱优势却呈缓慢下降趋势，在美国市场呈现缓慢上升趋势，在德国市场呈现先上升后下降的倒 U 形趋势。孟东梅、郭江平（2015）采用指数分析探究了中日韩三国服务贸易竞争力情况。余升国（2017）对金砖国家金融服务的国际竞争力水平进行了比较，通过 RCA 指数值分析，得出中国和俄罗斯在五国中的数值最低，金融服务贸易发展十分滞后。郭晓婧、黄伟（2017）选取了 2005 ~ 2015 年美国、日本、韩国以及中国的显示性比较优势指数、贸易竞争力指数、出口市场占有率指数数据来对比分析几国之间文化服务贸易的国际竞争力，美国占据世界文化服务贸易市场很大一部分比例，中国对世界文化服务贸易的影响不大。

二是以国家内部某个地区为研究对象。例如，赵书华和宋征（2006）选取进出口总额、国际市场占有率、进出口行业结构和贸易竞争力指数 4 个指标衡量北京市服务贸易竞争力，得出北京市服务贸易发展位居全国前列但优势较为微弱的结论。陈恩和曾纪斌（2014）分析了我国台湾省的服务贸易竞争力，并对其影响因素进行了实证检验。石芸（2016）通过选取 2003 ~ 2012 年的数据对北京服务贸易总体及各服务部门的服务贸易依存度、贸易竞争力指数、显示性比较优势指数、显示性竞争比较优势指数和Michael竞争优势指数进行了测算，提出了增强北京服务贸易国际竞争力的应对策略。卞继飞（2016）通过构建比较优势指数的评价体系，对山东省服务贸易国际竞争力进行了评价与对比。刘宏和梁文化（2017）通过构建基于TC、RCA、CA和STO的指标分析体系，对京津沪渝4市服务贸易竞争力进行比较评价，结果表明，北京市除STO指数低于上海市外，其余指数均高于津沪渝。邹中琪、郑小玲（2018）基于2006～2014年安徽省服务贸易相关数据的研究，对安徽省服务贸易国际竞争力进行实证研究，发现安徽服务贸易的国际竞争力较弱。

三是以服务贸易内的某一具体行业为研究对象进行对比分析。例如，陆菊春和汤雷（2011）研究了我国建筑行业出口的国际竞争力现状，并认为市场开放程度对服务贸易的影响程度最大。弓永钦（2011）分析北京市旅游服务贸易的现状及其重要性之后，指出其和国际著名旅游城市相比仍存在很大差距。王晓丹和杨薇（2011）通过指标分析对比了中韩两国在金融行业的贸易竞争力水平，认为中国应借鉴学习韩国金融行业的发展方式。方慧和尚雅楠（2012）基于动态钻石模型分析了我国文化贸易竞争力，得出了我国文化贸易竞争力仍然较弱的结论。储昭昉、王强和张蕙（2012）基于数据分析了我国运输服务行业在国际市场中的影响力，发现提高运输行业的开放程度有利于加强国内运输行业竞争，引导运输产业进行升级创新。李中尧、郭健全和蒋玉婷（2013）把关注点放在了中日两国金融服务贸易上面，主要研究了贸易规模和贸易结构。魏盼盼（2016）选取适用广东旅游产业的竞争力评价指标、国际市场占有率、竞争优势指数、显示性比较优势指数测算广东省旅游服务贸易的国际竞争力强弱程度，并进行总结。郭晓婧（2018）选取2005～2015年美国、日本、韩国以及中国的显示性比较优势指数、贸易竞争力指数、出口市场占有率指数数据来对比分析几国之间文化服务贸易的国际竞争力，得出美国占据世界文化服务贸易市场很大的比例，中国对世界文化服务贸易的影响不大。

（二）服务贸易竞争力的影响因素

国内学者对影响因素的研究方向和依据比较分散，未形成较统一标准。黄健青和张娇兰（2012）在比较分析京津沪渝的服务贸易竞争力的基础上，选取2001～2010年共10年的面板数据，引入计量模型对这4个城市服务贸易的影响因素进行检验，得出对这4个城市服务贸易竞争力具有显著影响的因素分别是服务贸易开放度、人才储备水平、外商直接投资、第三产业比重、科研投入水平、货物出口比重和国内生产总值。庄惠明和包婷（2014）通过借鉴波特的“钻石模型”，基于服务开放度指标实证分析了我国服务贸易竞争力及其影响因素，得出人力资本、人均GDP以及货物贸易发展水平对竞争力具有显著影响。宋加强和王强（2014）以世界上156个国家为研究对象，选取2000～2011年的跨国面板数据，研究了现代服务贸易的发展现状和呈现的趋势，并建立面板计量模型讨论经济总量、服务业开放程度、服务业FDI等8个变量对贸易竞争力的影响，结果显示，教育支出、电信发展水平和货物贸易出口额对发展中国家服务贸易竞争力具有正向作用，经济规模、网络发展水平和开放水平与发达国家服务贸易竞争力水平存在正相关关系，而对发展中国家最重要的因素是教育支出。夏杰长和姚战琪等（2014）采用向量自回归（VAR）模型和向量误差修正模型研究了我国服务贸易进口、出口与服务业FDI三者之间的关系，实证结果表明，服务贸易出口与服务业外商直接投资存在双向因果关系，服务贸易进口对出口也存在着正向影响。张慧和黄建忠（2014）采用主成分分析和回归分析测算了服务贸易开放度、人力资本、服务业FDI等变量对我国服务贸易竞争力的影响。贵明佳（2015）利用中日韩三国的时间序列数据建立计量经济模型，通过STATA计量软件对相关的数据进行检验，进一步定量分析中日韩服务贸易收支的影响因素，并对三国进行比较分析，最后得出结论——中日韩三国服务贸易收支相同的影响因素为货物贸易收支差额（CP）、服务业实际使用外资额（IFDI）代表的外资因素、服务业劳动生产率（SLP）和服务贸易比较优势指数（TC）；具有差异性的影响因素为服务业增加值比重（SAVP）、服务业就业比重（SEP）、名义汇率（NRE），以每百人互联网用户占比（IR）代表的信息化因素以及以一国研发经费投入占GDP的比重（RDP）代表的科技因素。朱飞和曾坤

（2015）研究了海峡两岸服务产业的发展水平，实证结果表明，影响台湾地区服务贸易的首要因素是劳动生产率，而大陆方面则是人均 GDP 水平。刁二媛（2015）通过建立回归模型，分析了影响京津冀三地服务贸易竞争力的主要因素。结果发现，人均 GDP 和货物贸易出口额是影响北京市服务贸易竞争力的主要因素；影响天津市服务贸易竞争力的主要变量是人均 GDP 和服务业发展水平；人力资本和人均 GDP 是河北省服务贸易竞争力的重要因素。人均 GDP 是影响京津冀区域服务贸易竞争力的关键因素，货物贸易出口额、服务业发展水平、人力资本等也是影响京津冀区域服务贸易竞争力的重要因素。沈鸿等（2017）分析了国内服务业消费与服务贸易竞争力之间的联系，建议政府应当刺激国内服务产业的消费需求。刘宏和梁文化（2017）对京津沪渝 4 市运用灰色关联分析法进行分析，还对影响北京市服务贸易竞争力的因素进行了实证检验，结果表明，第三产业占国内生产总值比重和服务贸易开放度与北京市服务贸易竞争力关系较为密切。邹中琪和郑小玲（2018）通过软件进行实证分析发现，进口额、出口额、工业增加额以及服务贸易的开放度是安徽省服务贸易国际竞争力的主要影响因素。李雨凝和姜锋（2018）通过对影响中国旅游业的国际贸易竞争力的因素进行分析和计量检验，分析影响因素对国际旅游竞争力的影响，并基于模型和现状提出对策和建议。

三、文献评论

综合以上文献资料的研究，通过梳理国内外现有文献可以发现，服务贸易竞争力研究体系已较为成熟，通过构建竞争力指标可以科学、准确地判断一国服务贸易竞争力情况，通过建立计量模型也能有效分析影响服务贸易竞争力的各种外部因素，因而研究我国服务贸易竞争力的情况具备可行性。而国内学者对该课题的理论研究不足，多是直接借鉴国外的研究成果，服务贸易部门繁多、差异较大，对国外学者相关研究理论的直接引用是否适合我国国情有待考证。国内外学者对该课题的研究多数是分析某个国家的情况或者进行国家之间的比较，适合一国从宏观上对服务贸易的竞争力状况进行把握，或以地区和省份为对象进行研究，这就存在以下两个方面的问题：一是对中国不同服务行业间竞争力的比较、长时间跨度竞争力的变化情况研究较少；二是这些研究的统计解析方式大多存在指标构建体系不够完善、所搭建的数学模型过于单一等情况，不能将时间信息展现其中，因而存在很大的回归解析偏差。

第三节 本书的研究方法、框架和创新

一、研究方法

在本书的研究过程中主要使用以下三种研究方法。

（一）定性与定量相结合分析法

在分析我国服务贸易国际竞争力强弱程度时，运用竞争力评价指数对数据进行定量测算，数据来源是《中国统计年鉴》、《国际统计年鉴》、WTO官方数据库、联合国贸易和发展委员会数据库、国内各大门户网站等。在定量分析的基础上，再根据测算结果对中国及其他代表性国家和地区的服务贸易影响要素进行定性分析。

（二）实证与规范分析相结合的方法

在研究我国服务贸易国际竞争力时，根据相关理论，从一些研究成果中选取部分影响因素作为实证分析的指标，其间采用规范分析方法。对影响因素建立模型后采用回归分析方法等进行具体实证研究，并在此分析基础上提出相应的提升我国服务贸易国际竞争力的策略。

（三）比较分析法

通过与中国港澳台地区和美国、日本、印度三国服务贸易发展阶段和特点进行比较分析，对我国服务贸易发展经验进行总结。

二、研究框架

（一）基本思路

本书在对国内外相关研究进行回顾的基础上，确定研究内容，结合国际通用指数建立服务贸易国际竞争力的分析框架及评价指标，选取中国服务贸易2002～2017年共16年的样本数据对我国服务贸易细分行业的竞争力进行分析并指出存在的问题，同时结合美国、日本、印度三国2005～2017年共13年的服务贸易细分行业的竞争力指标进行分析和比较，从中找出我国的服务贸易与这些国家相比存在的差距及变化趋势。通过搭建计量经济模型，引入服务贸易影响因素指标，选取1982～2017年共36年的样本数据，借助SPSS统计分析软件实证分析其对我国服务贸易竞争力的影响程度，解析对国内服务贸易竞争行业存在制约的因素，以期能够更准确地衡量我国服务贸易竞争力并力图揭示各因素的影响程度。综合上述分析结果，提出提升我国不同区域服务贸易国家竞争力的相关对策建议。

（二）主要内容

本书主要基于国内外研究现状和国际通用指数，建立服务贸易国际竞争力的分析框架及评价指标，对我国服务贸易竞争力进行分析，并通过搭建计量经济模型，引入服务贸易影响因素指标，实证分析其对我国服务贸易竞争力的影响程度，同时结合服务贸易发达国家和地区的发展特点和经验进行分析，从而为提升我国不同区域服务贸易国家竞争力提出相关对策建议。本书共分成七章。

第一章是绪论，主要介绍本书的选题意义和研究意义，国内外研究现状，研究的方法、内容、创新点与不足之处。

第二章是相关理论基础。首先介绍服务贸易的定义及特征；其次从传统贸易理论、动态国际贸易理论、国际竞争力理论、国际直接投资理论、竞争优势理论的钻石模型等方面阐述服务贸易国际竞争力的相关理论；最后从梯度理论、辐射理论、增长极理论、一体化理论四方面来分析区域经济发展理论。

第三章是服务产业贸易国际竞争力的分析框架及评价指标，从发展现状、服务贸易依存度、国际市场占有率、贸易竞争力和显示性比较优势等方面，选取中国服务贸易细分行业 2002～2017 年共 16 年的样本数据，对我国服务贸易国际竞争力进行分析，指出存在的问题。

第四章是我国服务贸易国际竞争力及存在的问题分析。基于波特的钻石模型建立回归模型，选取 1982～2017 年共 36 年的样本数据，对我国服务贸易国际竞争力影响因素进行实证分析，解析对国内服务贸易竞争行业存在制约的因素。

第五章是我国服务贸易国际竞争力影响因素的实证分析。

第六章是中国港澳台地区及国外服务贸易发展经验借鉴。选取 2005～2017 年共 13 年的服务贸易细分行业的竞争力指标，对中国港澳台地区及美国、日本、印度等国家服务贸易发展情况和特点进行分析，总结其发展经验。

第七章是提升中国不同经济区域服务贸易国际竞争力的对策。结合以上分析结果，从政策法规、资源利用等方面提出提升我国不同经济区域服务贸易国际竞争力的对策建议。

（三）研究的创新点

1. 研究内容的创新

随着世界贸易一体化和区域自由化程度的加深，服务贸易逐渐成为世界经济的重心，目前国内外学者对于货物贸易相关方面的研究比较多，但是对服务贸易的研究却比较少，大多停留在影响因素研究的理论阶段。中国服务贸易发展潜力大，但行业、地区发展不平衡，如何深入研究不同行业、区域服务贸易发展战略，提升中国服务贸易国际竞争力显得尤为重要。

2. 比较样本的选择

本书在比较分析中国服务贸易竞争力时，选择中国港澳台地区和美日印三国进行比较分析，涵盖了发达和发展中国家和地区，和大多数文献只与单个国家或同一系列国家相比较，涉及面更广，比较对象更加合理。选择港澳台是因为只有分析大陆及港澳台的情况才能对中国整体服务贸易国际竞争力做全面了解，且大陆与港澳台的合作逐年加深；而选择日本和印度，缘于这两个国家和中国都是亚洲服务贸易大国，且印度服务贸易长期顺差，日本则逐年缩小逆差；选取美国作为对比，主要是因为美国一直作为世界服务贸易进出口额排名第一的国家，通过对比世界强国，我们能更好地知道自身存在的差距及努力的方向。

3. 研究方法的创新

一是本书对服务贸易竞争力进行评价时，扩大了对比对象，如选取了七个经济体，研究了十多年的研究和对比对象竞争力指标的变化趋势，同时还细分了不同服务贸易行业进行了服务贸易竞争力的比较分析。二是在应用波特竞争力影响因素模型进行分析时，引入了更多的变量，如在资源要素这一影响因素中引入了两个变量来考察，即劳动力参与率和人力资本，在各个因素的前提下进行综合分析更能保证指标的经济解释意义。

此外，选取服务贸易主要部门进行实证分析，这些部门的贸易额占服务贸易总额的90%以上，对这些服务贸易部门影响因素的分析所得出的结论更加符合我国服务贸易的发展情况。

（四）研究的重点与难点

1. 研究重点

结合我国实际，厘清思路，选择相对科学的方法和指标，建立服务贸易国家竞争力评价指标体系和国际竞争力影响因素模型进行数据分析，并结合分析结果提出相应的对策建议。

2. 研究难点

一是数据收集和整理的难度大，服务贸易涉及行业较多，本项目横向对比的国家和地区较多，所需数据量大，部分数据统计不完善或很难获取，且存在汇率、统计口径不一等客观原因造成统计数据差异的情况，需要多方面收集整理和仔细比对。

二是服务贸易涉及内容和影响国际竞争力的因素非常多，如何合理地选择相应的指标建立科学数据模型也是难点之一。

第二章

相关理论基础

第一节 服务贸易定义及特征

一、什么是服务贸易

（一）服务的界定

服务是一个经济学术语。但是，经济学界对服务并没有一致的定义。学者辛克莱（Sinclair）认为，服务是“满足特定人类需求的人类活动的不属于有形商品的产品”。与很多国际协定对重要术语明确定义不同，《服务贸易总协定》（*General Agreement on Trade in Services*，GATS）没有对至关重要的“服务”一词给出精确的定义，甚至对“服务”一词的内涵与特征都没有描述，曾一度引发不少争议和质疑，也给协定的正确使用留下隐患。目前，对于GATS中“服务”一词的定义缺位主要有两种学术意见：一种意见主张，GATS必须对“服务”给出明确的定义；另一种意见则认为，“服务”定义缺位也无妨，因为技术进步始终处于持续过程，可供交易的“服务”种类、内容和特征也总是在不断变化，要对“服务”这一概念进行精确界定既不现实，也没有必要，就 GATS 所要达到的目的而言，只要对“服务贸易”加以定义即可。但是也有学者提出，缺乏精确的“服务”定义，仅仅以 GATS 规定的“一切服务”为依据，就可能会错误地或不合理地扩大或缩小“一切服务”的范围。因此，为保证多边贸易法律的正确实施，GATS 应当对“服务”进行定义。GATS 缺乏对“服务”进行精确定义的后果主要是无法甄别特定经济产品是服务还是货物，进而无法区分相关交易是货物贸易还是服务贸易，从而模糊了多边货物贸易协定与服务贸易协定的界限。总体上，货物与服务的界限是明显的，对于 GATS 而言，主要牵涉服务种类归属与服务例外的问题。

（二）服务贸易的定义

服务贸易一词最早出现在 1971 年经济合作组织（OECD）的一份报告中；这份报告探讨了当时即将进行的关贸总协定“东京回合”谈判所要涉及的问题。美国《1974 年贸易法》首次使用了“世界服务贸易”的概念。此后，随着关贸总协定乌拉圭回合谈判的开始和不断深入，围绕着国际服务贸易的概念，各国学者进行了认真的研究和激烈的争论。格鲁伯（H. G. Grubel）把服务贸易定义为人或物的国际流动。贾格迪什·巴格瓦蒂（Jagdish N. Bhagwati）认为，生产要素在国家间的暂时流动为服务贸易，而生产要素的永久流动则不属于服务贸易。

从理论上说，服务贸易可以分为国内服务贸易和国际服务贸易。国际服务贸易即指国际服务的输出和输入的一种贸易方式。简单地说，就是服务的进出口，是服务业的国际贸易。服务贸易是服务的进出口，是相对于国际贸易中的货物贸易，也就是商品进出口而言的。服务贸易与货物贸易共同组成国际贸易。服务贸易是服务业的国际贸易，是服务业的进出口环节，是服务业面向国际市场延伸的部分。

传统的服务贸易是指一国（地区）的劳动力向另一国（地区）服务消费者（法人、自然人或其他组织）提供服务并获得外汇收入的交易过程，即构成服务的出口；一国（地区）的服务需求者购买他国（地区）劳动力所提供服务的交易过程，即构成服务的进口。各国（地区）的服务进出口活动，便构成国际服务贸易。其贸易额为服务总出口额或总进口额。

1995 年 1 月，世界贸易组织（WTO）的《服务贸易总协定》正式生效。按照 GATS 规定，服务贸易是指服务提供者在本国境内向他国境内消费者提供服务或在本国境内向其他国家消费者提供服务，或通过在其他国家设立商业存在或自然人的商业现场向消费者提供服务。

（三）服务贸易的方式与范围

GATS 从交易的角度将服务贸易概括为四种模式，包括跨境交付（Cross - border Supply，模式一）、境外消费（Consumption Abroad，模式二）、商业存在（Commercial Presence，模式三）和自然人流动（Presence of Natural Persons，模式四）。

跨境交付是指一成员的服务提供者在其境内向在任何其他成员境内的服务消费者提供服务，以获取报酬。这种方式是典型的“跨国界贸易型服务”，它的特点是服务的提供者和消费者分处不同的国家，在提供服务的过程中，就服务内容本身而言已跨越国境。它可以没有人员、物资和资金的流动，而是通过电信、计算机的联网实现；如一国咨询公司在本国向另一国客户提供法律、管理、信息等专业性服务以及国际电信服务和视听服务；可以有人员或物资的流动，如一国租赁公司向另一国用户提供租赁服务以及金融、运输服务等。

境外消费是指一成员的服务提供者在其境内向来自任何其他成员的服务消费者提供服务，以获取报酬。它的特点是服务消费者可以到任何其他成员境内接受服务，例如病人到国外就医、旅游者到国外旅游、学生到国外留学进修等。

商业存在是指一成员的服务提供者在任何其他成员境内建立商业机构（附属企业或分支机构），为所在国和其他成员的服务消费者提供服务，以获取报酬。它的特点是服务提供者到国外开业，如投资设立合资、合作或独资的服务性企业，如银行分行、饭店、零售商店、会计事务所、律师事务所等。

自然人流动是指一成员的自然人（服务提供者）到任何其他成员境内

提供服务，以获取报酬。它的特点是服务提供者在外国境内向该国服务消费者提供服务，例如专家教授到国外讲学、文化艺术从业者到国外提供文化娱乐服务等。

GATS 将服务贸易按行业领域分为 12 个大类，这 12 个服务大类又如树枝状地层层分类，细分为 160 多个小类，如表 2 - 1 所示。

表 2 - 1　《服务贸易总协定》涉及的服务范围

商务服务	专业服务、计算机及相关服务、研究和开发服务、房地产服务、租赁服务、其他商务服务
通信服务	邮政服务、速递服务、电信服务、视听服务、其他
建筑和相关工程服务	
分销服务	佣金代理服务、批发服务、零售服务、特许经营、无固定地点的批发和零售
教育服务	初等、中等、高等、成人教育和其他教育服务
环境服务	排污服务、废物处理服务、卫生和类似服务、自然和风景保护服务、其他环境保护服务
金融服务	保险和保险相关服务、银行和其他类似服务、证券服务
与健康相关的服务和社会服务	
旅游和与旅游相关的服务	饭店和餐馆、旅行社、导游服务、其他
娱乐、文化和体育服务（视听服务除外）	文娱服务、新闻社服务、图书馆、档案、博物馆和其他文化服务、体育和其他娱乐服务、其他
运输服务	海运服务、内河运输服务、航空运输服务、航天运输服务、铁路运输服务、公路运输服务、管道运输服务、运输辅助服务、其他
其他未包括的服务	

资料来源：根据世界贸易组织网站整理。

（四）服务贸易的统计

WTO 把“商业存在”纳入国际服务贸易统计体系，大大推动了对服务贸易全貌的认识，但这种定义缺失和没有完全说明服务贸易的交易方式给统计带来了困难，现实统计没有囊括这四种模式。服务贸易定性容易定量难，由于长期以来缺乏统一的服务贸易概念和统计标准，加上各国服务贸易发展水平也存在较大差异，服务贸易统计远远落后于服务贸易的发展。目前，国际上服务贸易的统计方法主要有两种。第一，国际收支统计（Balance of Payments，BOP）：收集和整理跨境交付、境外消费两类服务贸易的数据，以及某些自然人流动提供的服务，但无法全部涵盖商业存在提供的服务。第二，外国附属机构服务贸易统计（Foreign Affiliates Trade in Service，FATS）：该统计与 WTO 定义中的商业存在相对应，着重统计设立在引资国境内、为外国公司所拥有的企业的服务贸易和其他基本经济指标，通过企业销售指标和雇员报酬指标涵盖了商业存在服务提供和（部分）自然人存在服务提供。FATS 依然无法提供 WTO 定义的四种服务贸易方式的各部分确切统计数据。

国际货币基金组织（IMF）的《国际收支手册》（第五版）（BPM5）概述了某经济体与世界其他地方的交易，其分类成为国际通行标准，被普遍用于服务贸易统计。1994 年我国外汇体制改革后，以 BPM5 为基准建立并逐步完善了国际收支体系。根据国家外汇局公布的国际收支平衡表，服务贸易被分为 13 类，即运输，旅游，通信服务，建筑服务，保险服务，金融服务，计算机信息服务，专有权利使用费和特许费，咨询，广告、宣传，电影、音像，其他商业服务，未提及的政府服务。

我国官方统计一向实行集中和分散相结合的体制。2008 年，由商务部和国家统计局共同发布的《国际服务贸易统计制度》开始实施，数据来源的主要渠道为：一是相关部门提供，如国际收支统计项下的服务进出口数来自国家外汇局；二是商务部自有的外商直接投资和对外直接投资调查系统；三是各省（市、区）上报数。2007 年，商务部发布《服务外包统计报表制度》，开始建立“服务外包及软件出口业务信息管理系统”，实行企业直接申报，市、省、部三级商务部门审核审定，由此服务外包统计逐步完善。

综上所述，服务贸易的概念具有丰富的理论内涵，服务贸易内涵的复杂性与服务本身区别于一般商品的特殊属性及服务贸易形式的特殊性和难以区分有很大的关系。而服务贸易概念的界定是服务贸易理论演绎研究、研究假设提炼与实证分析的第一步，直接影响后面的研究。

二、服务贸易与相关概念的区别

围绕国际服务贸易有许多相近的概念，其相互之间存在区别。

（一）服务贸易与服务业

服务业指利用设备、工具、场所、信息或技能为社会提供服务的行业，其概念是从国内角度来说的，属于国内的服务生产与交易，而服务贸易指的是服务的进出口，是跨境的服务，是指国内服务业走向国际市场。服务贸易与服务业的领域、范围也存在差异，不是所有的服务都包含在服务贸易之内的，如社会性福利、国家行政服务等仅限于国内消费，是不能跨境交易或进出口的，不属于服务贸易的范畴。服务贸易是现代服务业的高级表现形态。

（二）服务贸易与货物贸易

现代国际贸易主要由货物贸易与服务贸易构成。两者的区别主要表现在四个方面：一是标的性质不同。服务贸易标的是服务，而服务本身的无形性也相应决定了服务贸易交易的无形性，即服务贸易更多地反映为服务提供者、服务消费者或其他服务贸易要素的跨境流动，几乎不存在可观测的有形的商品货物流入或流出。二是涉及的法律法规不同。商品贸易主要使用国内外的合同法、买卖法、国际货物销售公约等，相对而言较简单。而服务贸易涉及的国内外法律及国际法要广泛得多。三是标的作价原则不同。货物贸易中商品的作价通常是商品生产成本加上一定的利润构成，并且较容易找到同类商品的可比价格作为参考依据；而国际服务贸易标的物作价通常受服务提供者的有关成本影响要相对较小，并且由于服务的异质性而难以获得某种服务的可比价格。四是标的使用权和所有权关系不同。在货物贸易中关系非常清晰，交易之前商品的使用权和所有权统一归商品出口者所有，交易过程一旦结束，商品的使用权和所有权就同时转让给商品进口者。国际服务贸易中服务提供者与消费者关于贸易标的的所有权和使用权关系就复杂得多，有时分离（提供者拥有所有权，消费者拥有使用权），有时统一于提供者。

（三）服务贸易与国际服务交流

两者的性质不同，国际服务交流与服务贸易的区别在于是否为商业行为。服务贸易是有偿的商业行为，是以盈利为目的的。国际服务交流通常是无偿的，或仅仅收取必要的活动经费，不以盈利为目的，属于交流性质的非商业行为。如各国政府为了政治、经济和文化对外交流的需要，向外派出人员提供教育培训、合作医疗、文化演出等各种免费服务，属于文化交流；而企业赴境外开展商业性文化演出，则属服务贸易范畴。

（四）服务贸易与服务外包

服务外包是服务贸易新兴的重点领域，服务外包中的离岸外包是服务贸易的一种贸易方式。对这两者的关系作出经典定义的是《关于加快发展服务业的若干意见》（国发〔2007〕7号），该文件明确提出："把承接国际服务外包作为扩大服务贸易的重点。"首先，服务外包是国际服务贸易中增长最迅速的部分。根据国家外汇局的国际收支平衡表，服务贸易被分为13类，这13类中虽然没有直接针对离岸外包的分类，但笼统地看，第7项"计算机信息服务"（CIS）和第12项"其他商业服务"（OBS）与离岸外包内涵外延基本接近。其次，国际服务外包促进了全球服务贸易的深化与发展。作为服务全球化的新趋势，国际服务外包与WTO服务贸易模式及收支平衡表服务贸易分类具有相互交叉的关系。服务外包与服务贸易关系密切，深化与发展了全球服务贸易。服务外包包括远距离海外购买服务，主要但不必然通过电子媒介，如电话、传真、因特网等，主要是指WTO《服务贸易总协定》定义的四种服务贸易方式的第一种，即跨境交付。离岸服务外包对于世界服务贸易增长与贸易模式的改变起了巨大作用。但服务贸易的统计分类滞后于快速发展的服务外包。最后，服务外包和服务贸易在内容上有交集部分。服务外包中的离岸外包可全部归为服务贸易，服务外包中的在岸外包则不属于服务贸易。服务贸易比服务外包包括更多内容。

（五）服务贸易与技术贸易

技术贸易大部分可列入服务贸易，技术产品部分归于货物贸易。服务贸易和技术贸易都是无形贸易，但技术贸易往往只是使用权的交易，而服务贸易则是使用权和所有权的同时交易；技术的交付仅是交易的开始，服务的交付则是双方交易的终结；技术可以连续出售多次，服务贸易则要一次收回成本和预期利润。

（六）服务贸易与无形贸易

国际上常把服务贸易与无形贸易（Invisible Trade）混用。严格来讲，无形贸易比服务贸易范围更广，除包括服务贸易中的所有项目外，还包括国际直接投资收支、捐赠、侨汇、赔款等无偿转移。从统计口径上看，服务贸易与无形贸易存在差异。无形贸易中的最大比重是直接投资，而直接投资中只有 3/5 属于服务贸易。

（七）服务贸易与服务业对外开放

服务业对外开放通常指的是允许外国资本投入本国的服务行业，如允许外资进入中国金融、保险、流通、运输、旅游等服务行业，是一种投资或市场准入的概念，不同于服务贸易的跨境交易或进出口的概念。

三、服务贸易的特征

随着国际服务贸易的发展，其经济特征日益明显地表现出来，总体来看，国际服务贸易具有如下特点。

（一）贸易标的的无形性

因为贸易的对象——服务产品具有无形的特征，国际服务贸易主要表现为无形贸易，当然在物化服务的条件下，国际服务贸易可以表现为直观的、实实在在的物品。

（二）贸易过程与服务生产、消费的同步性和国际性

服务具有生产和消费的不可分离性，服务产品使用价值的生产、交换

和消费是同时完成的。在国际市场上服务产品的提供和消费同样不可分离，服务提供的过程就是服务消费的过程，只不过服务提供者和服务消费者具有不同的国籍，通过商业存在或自然人的移动等形式实现了服务产品的跨国境流动。而有形商品的生产、交换和消费可以在时空上发生背离。

（三）贸易主体地位的多重性

服务的卖方往往就是服务生产者，同时将作为服务消费过程中的物质要素直接加入服务的消费过程；服务的买方就是服务的消费者，作为服务生产者的劳动对象参与服务产品的生产过程。例如，出国留学：服务的卖方是外国学校，其既是服务生产者，又在消费（教学）过程中提供服务；服务的买方是留学生，其既是服务消费者，又直接参与服务（教学）的生产过程。

（四）贸易市场的高度垄断性

由于服务市场的开放涉及国家主权安全、伦理道德和精神文明建设等极其敏感的领域和问题，无论是发达国家还是发展中国家，在服务贸易市场都表现出较高的垄断特征。发达国家在贸易总量和技术密集型服务业中也占据垄断地位，美国、欧盟占全球服务贸易总额的60%以上。2017年全球服务贸易进出口总额排名前10位的国家中只有中国、印度属于发展中国家，具体情况如表2－2所示。

表2－2　2017年全球服务贸易排行榜　　单位：亿美元

排名	国家	服务贸易出口	服务贸易进口	服务贸易进出口	服务贸易差额
1	美国	7808.75	5381.10	13189.85	2427.65
2	中国	2280.90	4675.89	6856.79	－2494.99
3	德国	3040.58	3236.47	6277.05	－195.89
4	英国	3506.87	2149.46	5656.33	1357.41
5	法国	2494.74	2404.72	4899.46	90.02
6	荷兰	2183.10	2108.21	4291.31	74.89
7	爱尔兰	1864.91	1988.88	3853.79	－123.97
8	日本	1847.71	1908.89	3756.60	－61.18

续表

排名	国家	服务贸易出口	服务贸易进口	服务贸易进出口	服务贸易差额
9	印度	1839.80	1540.14	3379.94	299.66
10	新加坡	1646.80	1707.95	3354.75	-61.15

资料来源：世界贸易组织。

（五）贸易保护方式更具有刚性、隐蔽性和灵活性

服务的无形性造成贸易对象的特殊性，传统的关税壁垒不起作用，各国政府对本国服务业的保护常常无法采用关税壁垒的形式，而代之以立法手段的市场限入等非关税壁垒。而非关税壁垒手段是多种多样的，可以针对某种具体的产品制定规则，如技术标准、资格认证等，更具有灵活性。此外，关税具有较高的透明度，可以通过贸易双方或多方的谈判达成降低关税的目的，但是各国对国际服务贸易的限制通常采用市场准入和国内立法的形式，这种限制措施属于一国国内主权的范围，既不属于数量限制，也不能通过谈判来解决，因此难以改变，具有刚性和隐蔽性。国际服务贸易壁垒这种复杂多样、隐蔽灵活的特点，使得国际服务贸易的自由化面临着比货物贸易自由化更大的阻力。

（六）贸易惯例和约束的相对灵活性

相对于商品贸易的一致性，服务贸易总协定将服务贸易的惯例约束分为一般性义务和具体承诺的义务两类。前者是必须执行的，如最惠国待遇、透明度；后者只在承诺开放的行业内执行，如国民待遇。《服务贸易总协定》对发展中国家给予了更为灵活的政策空间。

（七）国际服务贸易管理的复杂性

国际服务贸易对象的范围十分庞大，涉及的行业众多，服务产品又以无形商品为主，传统的管理方式和管理手段并不适合。同时，国际服务贸易管理还包括对人员流动的管理，商品贸易以商品流动为主，通常不发生人员流动，或只派生出追加的服务人员流动，界限十分明显，而国际服务贸易的生产者和消费者经常要跨国界流动，这种人员流动的规模、性质和

范围与有形贸易完全不同，直接增加了管理的难度。

第二节　服务贸易国际竞争力的相关理论

西方发达国家关于服务贸易的研究开始于20世纪70年代，发展于80年代，完善并成熟于90年代。90年代以前，西方学者主要将传统国际贸易理论应用于服务贸易发生的原因、格局和利益得失的研究中，通过对现实国际服务贸易资料的研究来分析国际贸易格局的发展变化，以验证传统的国际贸易理论。90年代中期以来，国际服务贸易理论研究的重点转向对一些成长迅速、对经济增长贡献较大的服务产业竞争力的研究。

国际贸易理论是国际竞争力研究的基础，从比较优势理论到资源禀赋理论，再到新贸易理论，其共同特点就是强调比较优势在不同环境下的表现形式和决定作用。因此，基于服务贸易对国际竞争力进行研究，其实质就是对一国服务贸易国际竞争力的决定因素进行研究。

一、传统贸易理论

（一）传统贸易理论

各国同一产业对国际市场份额的争夺能力体现各国之间贸易竞争力的差别。传统理论通常用成本优势和要素禀赋对这种能力差别进行解释，即一个国家只有具有成本优势的产业才有竞争力，而比较优势则源于该国的要素禀赋。这些理论主要包括亚当·斯密的绝对优势理论、大卫·李嘉图的比较优势理论、赫克歇尔和俄林的要素禀赋理论。其中，绝对优势理论是国际贸易理论产生的标志，比较优势理论是国际贸易理论的核心，要素禀赋理论被称为现代国际贸易理论的开端。

亚当·斯密的绝对优势理论亦称“绝对成本理论”“绝对利益说”，是关于分工与交换理论在国际市场的推广与延伸。斯密认为，国际贸易的原因是国与国之间绝对成本的差异，如果一国在某一商品的生产上所耗费的成本绝对低于他国，该国就具备该产品的绝对优势，从而可以出口；反之，则可以进口。各国都应按照本国的绝对优势形成国际分工格局，各自提供交换产品。该理论解释了产生国际贸易的部分原因，但不能解释各种产品生产上都具有绝对优势的国家与不具有绝对优势的国家之间的贸易往来。

1871 年，大卫·李嘉图出版了《政治经济学及赋税原理》一书，提出的比较优势理论更好地解释了国际贸易，李嘉图认为国际贸易的基础是各国存在着相对的成本比较优势，即使一国在所有商品生产上都具有绝对优势，而另一国没有任何绝对优势，但也能找到相对比较优势，也可进行国际贸易。通过专业化于具有相对优势的产品，并通过国际贸易交换相对劣势的产品，各国都可以节约社会劳动，并能消费和享受更多的产品。

20 世纪初，赫克歇尔和俄林发展了比较优势理论，提出了要素禀赋理论（H－O 模型）。要素禀赋理论是对比较优势理论的发展和补充，它进一步说明比较优势的来源。其基本逻辑是生产要素的丰缺决定商品相对价格和贸易格局，在各国需求情况相似和生产要素生产率相同的假设下，各国商品价格的差异决定贸易格局，而商品价格不同是由于各国生产要素禀赋不同以及不同商品需要和不同生产要素的搭配比例不同。每个国家都出口密集使用本国丰裕而价廉的生产要素的商品，进口密集使用本国稀缺要素生产的商品，贸易国就可获得比较利益。要素禀赋理论突破单纯从技术差异的角度解释国际贸易的产生原因、结构和结果的局限，从比较接近现实的要素禀赋来说明国际贸易的产生原因、结构和结果。

（二）服务贸易的传统贸易理论

随着服务贸易的发展，很多学者把传统贸易理论应用到服务贸易中进行分析，开始研究传统比较优势理论在服务贸易中是否适用，即服务贸易发生及贸易模式形成的原因能否用比较优势理论来解释。综合众人的研究，主要有以下三种观点。

1. 传统贸易理论适用于国际贸易

持有这一观点的学者认为，服务贸易与商品贸易无本质差别，因而不存在两套理论，比较优势论合乎逻辑地适用于服务贸易。A. Sapir 和 E. Lutz（1981）根据国家间要素禀赋和技术的差异，对货运、客运和其他民间服务作了一系列实证研究，发现“传统的贸易理论不仅适用于货物贸易，也适用于服务贸易，要素禀赋在货物贸易和服务贸易模式的决定上都具有重要作用”。Hindley 和 Smith（1984）认为，在理论和经验分析中没有必要在概念上严格区分商品和服务，因为比较优势强有力的逻辑超越了这些差别。

斯特恩（Stern）和霍克曼（Hokman）也认为，传统比较优势理论的完全竞争、技术均等化和无经济扭曲等假设在服务业中遇到困难，尽管如此，当充分考虑这些因素后，也没有理由认为需要改变比较优势法则的具体标准。虽然技术移动将产生各种差异，但服务流动与要素移动都将依然符合比较优势法则的要求。

2. 传统贸易理论不适用于国际服务贸易

这一观点认为服务贸易与商品贸易源于不同的概念范畴，应有不同的理论渊源。R. Dick 和 H. Dick（1979）运用显示性比较优势指标（RCA）对 18 个 OECD 国家的数据进行跨部门回归分析，考察要素禀赋对服务贸易的影响，指出在知识密集型服务贸易的现实格局中，没有证据表明比较优势决定着服务贸易模式。

Sampson 和 Snape（1985）认为，由于服务贸易具有不同于商品贸易的特点，会出现服务的生产者与消费者时空的一致性，那么就有可能出现生产者的跨国移动，其实质就是生产要素的国际流动，而赫克歇尔—俄林理论（H－O 理论）的基本前提假定之一——“没有要素的国际流动”就限制了服务贸易，如不放弃这一基本假定，该理论就不能用于服务贸易。Feketekuty（1988）认为，服务贸易与商品贸易有不同的特性，如服务贸易是劳动与货币的交换，而非物品与货币的交换；服务贸易中服务的生产与消费同时发生、同时结束；服务具有不可储藏性；服务贸易的统计方式与商品贸易不同，前者反映在各国的国际收支平衡表中，而后者反映在各国海关的进出口统计中。由于服务贸易相对于商品贸易的无形性，分析商品贸易的比较优势理论不足以用来分析服务贸易。

也有学者认为，目前用于解释商品贸易比较优势的理论，如要素禀赋论、规模经济学说、技术差距与生产周期论等的适用性都有待讨论。

3. 应对传统贸易理论进行适当的修正

大多数国际经济学家秉承这一观点，认为科学技术革命已改变或正在改变传统服务商品的特性，国际贸易原理的基本内核适用于服务贸易，但服务自身客观存在的特性确实使得商品贸易理论的解释力不足，存在一定的局限性，因此不能完全套用，需要进行模型的扩展和修正。事实上，许多学者也在不断地对比较优势理论在服务贸易领域的应用进行检验，结果发现服务贸易的某些特征不能提供令人满意的答案。主要是许多商品和服务的投入往往交织在一起，比较成本难以获得，从这个角度看，把比较优势理论应用到服务贸易中，存在明显的度量问题。

Deardorf（1985）在经典的 H－O 模型框架内，建立了一个“一种商品、一种服务”模型来探讨服务贸易的比较优势。他的主要贡献在于通过自己的研究证明，如果给定某些条件，国际贸易理论完全可以用来分析国际服务贸易。并证明进行自由贸易时，若该国仍按照封闭经济下的价格进行贸易，则商品和服务的进口将多于出口，这个结论意味着一国的商品和服务贸易都遵循基于价格差异的比较优势原则。另外，Deardorf 还着重强调基于要素禀赋的比较优势对服务贸易模式的决定作用，但他没有意识到要素禀赋带来的比较优势并不是比较优势的唯一源泉，基于技术差异的比较优势也对服务贸易的模式起决定作用。

Ryan（1987）运用李嘉图模型分析运输服务贸易所产生的影响后得出结论：运输服务的自由贸易可大大增加贸易双方的福利，各国应取消对运输服务贸易的限制，减少导致运输成本上升的各种税收。

Melvin（1989）运用 H－O 模型分析要素对服务贸易的影响，得出服务贸易与资本和劳动力禀赋有关的结论。服务贸易和货物贸易一样可以导致均衡，但要素密集度的效应要大得多。另外，对要素征税同样会影响贸易格局。

Jones（1990）认为，劳动生产率的差异将导致服务价格的差异，最终影响到服务的进口和出口，这实质上就是比较优势的决定作用。

Falvey 和 Gemmell（1991）指出，发展中国家在劳动密集型服务方面价格相对较低，具有比较优势，而发达国家在资本和技术密集型服务方面价格相对较低，具有比较优势。由此可见，各国要素禀赋差异导致的服务价格差异是服务贸易产生的基础。

上述研究基于传统贸易理论对服务贸易发展的原因、决定因素等得出了很多有价值的结论，但服务贸易的特殊性和传统贸易理论强调比较优势的外生性与静态性，而且理论成立的假设前提相当严格，造成与现实经济有着严重的背离，导致传统贸易理论对当代国际服务贸易竞争力的解释不足。

二、动态国际贸易理论

在第二次世界大战爆发以后，随着科学技术的进步、发展中国家的崛起以及国际分工的变化，国际贸易实现了长足的发展。传统的贸易理论虽然对服务贸易领域的一些现象有解释力，但是理论上具有局限性。传统贸易理论中，“完全竞争”和“规模报酬不变”等假设使得它仅仅是一种比较静态的分析方法，无法全面与准确地解释现实中的贸易活动及其发展趋势。在现实经济中大量存在的却是“不完全竞争”和“规模报酬递增”。例如，大量产业内贸易都是垄断竞争和寡头厂商差异产品之间的交换。此外，“二战”后国际贸易中开始出现发达国家之间的“水平贸易”发展、区域集团内部贸易发展、制造业内部贸易发展、跨国公司内部贸易增长、加工贸易和软件外包等新的贸易方式，这些新的贸易方式与传统贸易理论不完全相吻合，开始挑战传统国际贸易理论，也促使战后产生了一系列国际贸易理论。

自 20 世纪 70 年代末开始，以新贸易理论为代表的动态贸易理论逐渐兴起，经济学家们开始运用产业组织理论、市场结构理论的分析方法，从产品差异、规模经济、多样化等角度分析服务贸易领域的新现象与新变化。这些理论的诞生都依托战后国际贸易中出现的一些新现象，战后的国际贸易理论也在解释新出现的现实问题中不断完善和发展。新贸易理论强调的是规模报酬递增、不完全竞争和知识创新与经验积累等，主要包括保罗·克鲁格曼（Paul Krugman）创立的规模经济贸易理论、马库森（J. Markusen）的服务部门内部积聚理论、琼斯（R. Jones）和基尔考斯基（H. Kierzkowski）的生产区段和服务链理论以及弗兰克斯（J. Francois）的外部专业化理论。

Krugman（1978）提出"规模经济作为国际贸易产生原因"的解释。他推翻了传统国际贸易理论中完全竞争和规模经济不变的假设，建立了一个不完全市场、存在规模经济和产品异质性的产业内贸易模型；阐述了规模经济、不完全竞争市场结构与国际贸易的关系，成功地解释了战后国际贸易的新格局和新型产业在贸易发展过程中的作用和机制。

Jones 和 Kierzkowski（1990）提出了"生产区段和服务链"理论来探讨企业通过服务链联结各个分散生产区段的生产方式。市场容量的扩大和技术上的规模经济推动了生产过程的分散化，企业从单一生产区段转向多区段生产方式，运输、管理、金融等生产者服务组成服务链，用于联结不同生产区段。当生产过程逐渐分散到不同国家的区段进行合作生产，以利用各国不同的成本优势时，对国际服务链的需求就会明显上升，从而促进国际服务贸易发展。

在上述新贸易理论基础上，Makusen（1986）利用新贸易理论探讨服务贸易如何决定以及怎样服务产业国际竞争力，他以生产者服务贸易为例就规模经济对服务贸易的影响加以分析，认为由于规模经济的作用，服务部门产出虽竞争均衡，但并不是帕累托最优状态，因为它没有将规模效应考虑在内。他提出，服务贸易中同样存在"先入者优势"，收益递增规律会使率先进入服务产业的厂商以较低成本扩展规模，阻止后来者提供同样的服务，从而降低其福利水平；同样，也使小国生产规模收益递增的趋势萎缩，使小国遭受福利损失。因此，Makusen 的政策主张是适当的补贴可使福利最大化，包括生产补贴和由政府提供的公共收入。

与 Makusen 不同，Kierzkowski（1987）则用寡头垄断的简单型解释取消国内服务业管制的国际影响。该模型将规模经济和企业生产函数的范围经济结合起来，并运用古诺方法，把国际市场和国内市场分离，从而推断国内管制的取消可以使企业更好地寻求规模经济进行国际竞争，因此他主张政府应着力于创造不受约束的国内市场。

与 Makusen 强调提出的服务部门内部积聚模型相反，弗兰克斯则强调服务在协调和联结各专业化中间生产过程中的外部积聚作用。他通过建立一个具有张伯伦垄断竞争特征的产品差异模型（一个部门、两个国家），讨论了生产者服务由于专业化而实现的报酬递增，以及生产者服务贸易对货物贸易的影响。服务部门的专业化导致规模经济的出现，专业化应用于生产过程的程度依赖于每个企业的生产规模，而后者又受市场规模的限制，服务贸易自由化将导致服务产品种类增多，生产规模扩大，使服务进口国向更专业化生产的方向发展，服务出口国或向专业化，或向非专业化生产方向发展，并使与要素总收益相联系的制成品价格下降。随着本国企业数量的减少、外国企业数量的增加，留存下来的本国企业的规模与贸易自由化前相比会变得更大。

上述研究结果表明，规模经济和不完全竞争揭示了国际服务贸易发展的推动力，其存在使市场本身的运行处于次优境界，这就为适当的政府干预提供了依据，对发展中国家贸易政策的制定具有重大借鉴意义。

三、国际竞争力理论

国际竞争力指某国或某一地区的某个特定产业相对于他国或地区同一产业在生产效率、满足市场需求、持续获利等方面所体现的竞争能力，能够反映一个国家或区域在世界经济体系中的地位，而且可以显示技术和经济交流、贸易和国际分工的基本格局。随着各国政府对国家之间基于军事实力、物质资源竞争能力的日益关注，国际竞争力日益受到学术界、产业界和政策制定者们的重视。

国际竞争力的研究起始于20世纪中后期。1980年，瑞士洛桑国际管理发展研究院（International Institution of Management and Development，IMD）和世界经济论坛（World Economic Forum，WEF）首次明确提出国际竞争力的概念，并且创立了国际竞争力评价体系，自1990年起每年发布《世界竞争力年鉴》和《全球竞争力报告》，WEF和IMD当之无愧地成为进行国际竞争力研究并具有相当国际影响力的研究机构。

IMD认为，国际竞争力是在国家层次上保持经济增长、增加国民财富的能力。在指标体系上，IMD注重经济运行的统计数据，结合每年度问卷调查所获得的"软数据"进行综合分析。IMD多年来一直采用国际竞争力的八要素构成论，即国内经济实力、国际化、政府管理、金融体系、基础设施、企业管理、科学与技术和国民素质。2001年，IMD对它们进行了整合，开始采用四项竞争力投入要素（Competitiveness Input Factors）的方法，具体内容如表2-3所示。

表2-3　瑞士洛桑国际管理发展研究院国际竞争力四项要素及具体指标

要素名称	具体指标
经济绩效	国内经济（规模、增长、财富、宏观经济指标预测）；国际贸易；国际投资（投资流动、金融资产）；就业；价格
政府绩效	公共开支；财政政策；制度框架（央行、政府、司法）；商业环境（市场开放程度、竞争秩序、资本市场监管）；教育
商业效率	生产率；劳动力市场（成本、劳资关系、劳动技能）；金融市场（银行效率、资本市场效率、企业自我融资能力）；管理效率；全球化的影响
基础设施	基本基础设施；技术基础设施；科研基础设施；卫生与环境；价值系统

资料来源：国务院体改办经济体制与管理研究所。

有关国际竞争力来源的理论主要包括传统国际贸易理论、发展经济学理论、新经济增长理论和企业发展理论等。

传统国际贸易理论认为，国际竞争力的强弱取决于一个国家或地区生产要素——劳动力、资金与自然资源禀赋方面具有的相对优势。在一定程度上，拥有这些禀赋的国家或地区将比其他国家或地区具有更大的竞争力。劳动生产率的差异导致生产要素禀赋的差异，生产要素禀赋的差异导致规模经济效应，进而导致分工专业化和交易效率的差异，最终导致企业的异质性。

发展经济学是“二战”后逐渐兴起形成的一门新兴学科。发展经济学理论以可持续发展为核心思想，研究经济发展模式的构建。发展经济学理论认为，经济发展必然导致国际竞争力的提高，工业化是促进一个国家或地区经济发展的主要因素。在发展经济学演变发展过程中，主流发展经济学家认为，应把经济增长和经济发展两个概念加以区别。经济增长仅仅指一国或一地区在一定时期包括产品和劳务在内的产出的增长；经济发展则意味着随着产出增长而出现的经济、社会和政治结构的变化，包括收入结构、产出结构、分配状况、消费模式、社会福利、群众参与等。

自经济科学诞生伊始，有关“经济增长的本质”的问题是经济学家们一直试图予以解答的难题。新经济增长理论认为，技术创新与知识积累是经济增长的源泉。罗默提出，科学研究和创新成果能够为企业增加利润、为社会增加福利，因此企业和社会具有加大创新投入的激励。而劳动力和资本投入等传统生产要素对经济增长的作用是有限的，但是技术创新与知识积累对经济发展的推动力却非常明显，当技术和知识被作为要素投入生产时，会产生正外部性，并实现规模报酬递增，从而实现持续的经济增长。

按照企业管理和企业发展理论的观点，工业实力在很大程度上决定一个国家或地区的国际竞争力。除自然资源外，企业管理和企业发展水平会对工业发展产生影响，决定一个国家或地区的工业发展水平。

随着国际竞争力研究的进一步发展，一些学者开始把研究视角转向更为微观的产业和产品层面，即产业竞争力和企业竞争力。产业竞争力和企业竞争力是国际竞争力的重要组成部分，产业竞争力反映一个产业在区域或者国际竞争中的地位和优势，企业竞争力反映一个企业或产品在国际市场中的竞争力。衡量一个国家或区域的产业是否具有竞争力，可以直接考察该国家或地区拥有多少在国际上或者区域间竞争力较强的名牌企业。因此，研究一个国家或区域的产业竞争力，需综合考察该产业内的企业竞争力和企业的产品竞争力。

四、国际直接投资理论

国际直接投资（Foreign Direct Investment，FDI）也称对外直接投资、海外直接投资或跨国直接投资，是指一国的投资者（自然人或法人）在所在国（母国）之外进行的，以获取持续利润或稀缺生产要素为目的，通过参与企业管理并取得某种程度控制权的资本投资，伴随着经营能力、技术知识等资源组合的跨国界转移。

国际直接投资兴起于1960年，并于1980年起高速扩张。在20世纪60年代前，没有专门的对外直接投资理论。1960年，美国经济学家斯蒂芬·海默首先提出了垄断优势理论，以垄断优势来解释国际直接投资行为。之后，国际直接投资理论获得了很大的发展。国际直接投资理论为服务贸易国际竞争力的研究提供了重要的线索，特别是关于对跨国经营起因的解释，跨国公司的国际竞争不仅通过出口且通过对外投资来进行，即跨国公司崛起表明贸易不再是国际竞争的唯一重要形式。国际直接投资理论可以说是跨国公司理论，其主要研究对象是发达国家的大型跨国公司。第二次世界大战之后，西方跨国公司随着和平时期经济的复苏与发展也大量涌现，国际直接投资迅猛增长。

目前国际直接投资理论也形成众多流派，可以将现有国际直接投资理论划分为传统理论和现代理论。前者指20世纪80年代以前产生的垄断优势理论、内部化理论、区位优势理论、产品生命周期理论，后者指20世纪80年代以后的国际生产折衷理论、比较优势投资理论、产品生命周期理论。

1960年，海默提出了垄断优势理论。该理论认为，国内和国际市场的不完全导致跨国企业不仅能在国内获得垄断优势，而且能通过对外投资的方式来利用自己的垄断优势。正是由于这些优势，跨国公司才能够克服对外直接投资所带来的额外成本的负面影响。

1976年，英国巴克莱和卡森在《跨国公司的未来》一书中提出了内部化理论。内部化理论是关于跨国公司的内部化理论，认为跨国公司生产以外的活动，如研究与开发、培训等，与中间产品（半成品和原材料，结合在专利权、人力资本中的各种知识）密切相关。中间产品市场尤其是知识产品市场的不完全使企业不能有效利用外部市场来协调其经营活动，这构成内部化的关键前提。当内部化过程超越国界，跨国公司便应运而生。跨国公司国际直接投资是为了避免因交易不确定性而导致的高交易成本。

20世纪80年代初期，邓宁（Dunning）提出了投资发展周期理论，从动态角度解释一国的经济发展水平与国际直接投资地位的关系。邓宁通过对67个国家的直接投资流量与经济发展水平的资料进行分析发现，一国的直接投资流量与该国的经济发展水平有密切关系。他用人均国民生产总值（GNP）代表一个国家的经济发展水平，用一国的人均直接投资流出量（ODI）、人均直接投资流入量（IDI）和人均直接投资净流出量（NODI）表示一国对外直接投资的水平。邓宁认为，一国的经济发展水平决定它所拥有的所有权优势（Ownership Advantage）、内部化优势（Internalization Advantage）和区位优势（Location Advantage）的强弱，三个优势的动态组合及其消长变化决定一国的对外直接投资地位。

20世纪80年代，随着发展中国家经济的快速发展，其国际直接投资不断涌现，主流国际直接投资理论无法解释这些现象。经济学家加强了对发展中国家对外投资现象的研究，创立了许多关于发展中国家跨国公司的国际投资新理论，比如美国经济学家刘易斯·威尔斯（Louis J. Wells）在《第三世界跨国企业》一书中就对其提出的小规模技术理论进行了详细阐述。威尔斯认为，发展中国家跨国公司的竞争优势来自低生产成本，这种低生产成本与其母国的市场特征相关。发展中国家跨国公司的竞争优势主要表现在：拥有为小市场需要服务的小规模生产技术；就地取材和同种族的优势（服务于国外同一种族团体）；接近市场优势和低价产品营销战略。

小规模技术理论被西方理论界认为是发展中国家跨国公司研究中的早期代表性成果。威尔斯的理论对于分析经济落后国家企业在国际化的初期阶段怎样在国际竞争中争得一席之地是颇有启发的。英国经济学家拉奥在1983年出版了《新跨国公司：第三世界企业的发展》一书，提出用“技术地方化理论”来解释发展中国家对外直接投资行为。拉奥深入研究了印度跨国公司的竞争优势和投资动机，认为发展中国家跨国公司的技术特征尽管表现为规模小、使用标准化技术和劳动密集型技术，但这种技术的形成却包含着企业内在的创新活动。

20世纪90年代以来，各种形式的国际直接投资现象层出不穷，促使相关理论研究不断深化与更新，出现了投资诱发要素组合理论、纵向和横向一体化投资理论、竞争优势和国家竞争优势理论、跨国公司全球发展战略理论等新的投资理论和学术观点（宗国恩，2009）。

据统计，从20世纪80年代中期开始，流入发展中国家的直接投资额就以每年15%的平均速度在递增，其中增长最迅速的直接投资都与服务部门密切相关，而且投向制造业的直接投资有软化的趋势。FD确实能帮助发展中国家逐渐达到优质高效的服务水准，提高发展中国家服务产业的国际竞争力。

随着中国加入世界贸易组织后中国经济与中国公司的迅速崛起，国际经济学界开始对新兴的中国公司日益扩大的对外直接投资产生浓厚且强烈的研究兴趣。Bevan（2004）和Buckley（2007）等西方学者很有创意地从接纳中国公司的东道国特征（Host - Country Characteristics）来探讨中国公司对外直接投资的动因或决定因素。他们研究发现，正是那些制度落后（Bad Institutions）或者政治风险高的国家（比如非洲和中东国家）才最为吸引中国公司的对外直接投资，这与西方发达国家跨国公司的对外直接投资完全不同。Kolstad和Wiig（2012）从投资东道国特征做了更全面的计量经济分析，发现中国公司对外直接投资既喜欢拥有巨大市场的大型经济体，同时又偏爱制度落后且自然资源丰富的经济体。

目前，中国的对外直接投资逐渐进入高速增长阶段。联合国发布的

《2017 年世界投资报告》显示，中国仍是发展中国家中最大的吸收外资国和对外投资国。2017 年，中国吸收的外资在全球排名中位居第二，仅次于美国。2017 年，中国对外投资全球排名第三，位居美国和日本之后。随着中国在国际直接投资方面取得了引人注目的成绩，中国的对外直接投资以及中国利用外资方面都受到了越来越多的关注。近年来，国内学者也对中国公司对外直接投资进行了一系列范围较广的研究尝试与实证分析，主要包括从传统意义上分析中国公司对外直接投资的“区位选择”“贸易效应”问题，以及较有启发地针对中国公司对外直接投资产生的“产业优化效应”与“逆向技术溢出效应”进行的实证分析；但它们与国外众多研究一样，仍然没有形成统一的、有说服力的解释中国公司对外直接投资动因的理论。

毫无疑问，西方发展成熟的跨国公司理论对我们进一步探讨中国公司对外直接投资理论具有十分明显的启发作用和指导意义，但遗憾的是，基于西方发达国家对外直接投资经验的跨国公司理论可能并不适用或者不完全适用作为新兴市场经济体与国际市场后来者的中国经济与中国公司（龚秀国，2015）。

五、竞争优势理论

企业是最基本、最重要的市场主体，一个国家的竞争力表现是多方面的，但说到底取决于一国企业的竞争力。除了从生产要素角度对国际竞争力进行研究外，很多学者也从企业角度研究企业如何通过战略选择进行资源配置，从而创造比较优势。其中，美国哈佛大学教授迈克尔·波特（Michael E. Porter）被公认为竞争优势理论的代表人物和集大成者。

1990 年，波特教授出版了《国家竞争优势》一书，基于 10 个主要发达国家的研究，将“五力分析”和“价值链”框架中的重要概念有机地应用到“钻石模型”当中，提出了“国家竞争优势”理论（也称“钻石理论”）。该理论认为，一个国家的竞争优势是指一个国家使其企业或产业具有并能够维持竞争优势的能力，在很大程度上取决于该国的产业创新和升级的能力，而一国的特定产业是否具有竞争优势取决于四个基本要素和两个辅助要素的整合作用。四个基本要素是生产要素，需求状况，相关产业与支持产业，企业战略、结构和同业竞争。两个辅助要素是市场机遇和政府推动。四个关键要素组成一个四边形，加上机遇和政府两个外部要素，六大要素相互作用、彼此联系、相互依赖，构成了“波特钻石模型”，如图 2－1 所示。

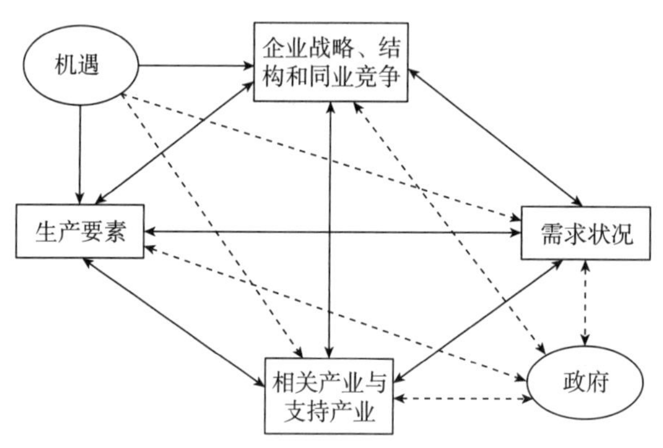

图 2－1　产业竞争力的钻石模型

（一）生产要素

生产要素指一个产业存在和发展所需要的生产要素状况，可分成硬资源和软资源两大类。硬资源包括人力资源、物料资源、科技资源、资本资源、基础设施等，软资源包括文化资源、环境资源、管理资源、信息资源等。波特从生产要素特征的角度把各种要素按等级划分成基本要素（或初级要素）和高级要素两大类，前者包括自然资源、气候、地理位置、人口统计特征，后者包括现代通信、信息、交通基础设施、复杂和熟练劳动力、科研设施及专业技术知识。波特认为，基本要素由自然条件决定，可为国家提供一些初始的优势，对竞争优势有一定作用。高级要素与基本要素之间存在着复杂的关系，基本要素的优势随着在高级要素方面的投资得到加强和扩展。高级要素是个人、企业及政府投资的结果，可以通过创新来改进和提高，高级要素对竞争优势具有更重要的作用，尤其是高端制造业和服务业，一个国家要想拥有强大且可持续的竞争优势，必须发展高级要素，对高级要素进行持续投资。

（二）需求状况

需求状况指对某个行业产品或服务的国内需求结构、规模及成长性。波特理论十分强调国内需求在刺激和提升国家竞争优势中的作用。一是国内需求对塑造本国产品的特色，进行技术革新和提高产品质量非常重要。如果一国内的消费者是成熟和苛刻的，则有助于该国企业赢得国际竞争优势，因为成熟和苛刻的消费者会迫使本国企业努力达到产品高质量标准和产品创新。它首先决定了产品的性质与结构，产品进入国际市场之后，占据的也是与国内需求类似的那部分市场，需求方能不能较早和较清楚地把需求信息传达给企业，从而促使企业不断改进产品，会影响企业的竞争力。二是需求的领先性有助于国内企业获得优势。如果本地的客户需求领先于其他国家，这也可以成为本地企业的一种优势，因为先进的产品需要前卫的需求来支持。三是大规模的内部需求可以使企业获得规模效益，从而增强竞争力，内部需求的快速增长还可以促使企业采用新的技术。此外，如果内部的买方是跨国公司，就很容易把这个产品带入国际市场，内部文化的影响力也有助于把内部需求带入国际市场，如美国好莱坞的电影把美国人的消费习惯带到了全世界。

（三）相关产业与支持产业

相关支持产业是指为出口部门提供供给或服务的产业部门，相关支持产业的竞争优势通过其供给或服务的效率、及时性和成本影响出口部门的竞争力。相关支持产业改进和创新的速度也会影响出口部门的竞争力，当相关支持产业也具有全球竞争力时，出口部门受益最大。相关行业的优势对一个具有国际竞争力的行业会起促进和扩大优势的作用，这种现象在许多行业都相当普遍。供货商和相关行业的水平对某一行业竞争优势有重要影响。一是有可能发挥集群优势。国际竞争往往不是单个企业之间的竞争，而是企业所属的各国生产、营销体系之间的竞争。企业的竞争优势不仅取决于其自身的实力，也取决于相关行业的能力和策略。同时，关联行业和辅助行业在高级生产要素方面投资的好处将逐步扩溢到本行业中来，从而采取助于该行业取得有利的竞争地位，产生集群效应。二是可能产生对具有连带消费效应的产品的需求拉动，即一种产品消费需求上升会使另一种产品的消费需求相应增加。比如，计算机的硬件和软件就属于这种互补产品。软件业不断推出对硬件技术要求越来越高的实用软件，促使计算机硬件企业提升产品性能。硬件的发展又为新一代更高级软件的开发提供条件。三是可能构造有利的外在经济和信息环境。相关行业的经济活动有相当强的“外部经济效果”，但这种外部经济效果的辐射面是有限的，往往只在本地区、本国范围内才有较大影响，这就要求相关行业的企业在地理位置上相近。相关行业的主要企业聚集相邻，不仅会有外在规模经济效益，而且会使相互间的创新活动更密切，信息流动更快，形成有利的经济和信息环境，有助于增强区域企业的竞争力。

（四）企业战略、结构和同业竞争

企业位于全球竞争的最前线，国家竞争力在很大程度上体现为企业竞争力，而企业的战略选择与组织结构会影响企业的竞争力，企业如何建立、组织和管理以及其所处行业的竞争状态，是决定某个行业国际竞争力的重要因素。在不同国家和不同行业中，企业的目标、战略和组织方式有很大差别。企业的战略与结构常常受社会、文化历史因素的影响，从而采取不同的做法，进而表现在产业内竞争中，形成不同的竞争形态。国际竞争力来源于在特定行业中各种竞争优势能够恰当地匹配在企业中，而国内的市场竞争结构对培育企业的国际竞争力也有很大影响。对这方面，波特探讨的因素相当多，但并没有一致性的看法，甚至认为可以用产业文化加以衡量。由于国家/产业层次的因素中可能影响企业战略与结构的因素相当多，再加上时间与空间的影响，很难从来源面进行分析，但各种因素对企业战略、结构的影响最终都将反映在产业的竞争程度中，因此若观察产业内的竞争结构，可较为明确地掌握这一因素的实质。一个行业中存在激烈的国内竞争与该行业保持竞争优势两者之间存在密切的联系，竞争的程度越高，表示国内的竞争对手能给产业内企业带来创新、改进质量、降低成本、通过投资提升高级生产要素等一系列压力，迫使其进行改进和创新，反过来促使它们成为更好的国际竞争企业，因此可有助于产业国际竞争力的提升。

（五）机遇

机遇是可遇而不可求的，机遇可影响四大要素发生变化。波特认为，从企业发展来说，机遇是那些超出企业控制范围内的突发事件，如重大科技的发明创造、传统技术出现断层、金融市场或汇率的重大变化、外因导致生产成本突然提高、政府的重大决策、市场需求的剧增、战争等。机遇其实是双向的，它往往在新的竞争者获得优势的同时，使原有的竞争者失去优势，只有满足新需求的企业才能获得发展机遇。机遇可以打破现有的竞争环境和秩序，创造出“竞争断层”。机遇一般与所处国家环境无关，并非企业内部的能力，也不受一国政府的影响，但引发机会的事件一旦出现，对形成和提升产业的竞争力就非常重要，尤其是发明创造活动的突破、重大技术的出现（如生物技术、3D 打印技术等）等，这些机会都能够调整产业结构。

（六）政府

产业竞争的主体是企业而非政府，竞争优势的创造最终必然反映到企业中。即使拥有最优秀的政府雇员，也无从决定应该发展哪项产业，以及如何取得最适当的竞争优势。政府能做的只是提供企业所需要的资源，创造产业发展的环境。政府的角色对四个因素的影响相当微妙，且影响方向既非正面也非负面，理想的政府应该在干预与放任中取得平衡。政府通过在资本市场、补贴生产标准竞争条例等方面的政策直接影响企业、产业的竞争优势。政府政策既会影响生产要素，也会受环境中其他要素的影响。政府只有扮演好自己的角色，才能成为扩大钻石体系的力量。政府可以创造新的机会和压力，直接投入的应该是企业无法行动的领域，也就是外部成本，如发展基础设施、开放资本渠道、培养信息整合能力等。此外，政府还需要通过政策和法令，维持正常的市场秩序和合理的竞争，避免托拉斯状态。

一个国家如果要在特定产业领域建立国际竞争优势，就必须善于把握和使用上述四个基本要素，同时还要抓住机遇与政府这两个辅助要素，努力促进这些要素的协调和互动。在全球经济新形势下，钻石模型对传统国际分工理论无法解释的几个方面做出了合理的解释，是对国际分工理论的新发展，是国家竞争力理论发展史上的重要里程碑。波特的钻石体系是一个动态的、双向强化的系统，每个因素都是关键要素，对竞争优势有着重要作用。国家或地区的关键因素以及机遇和政府行为，综合成一个复杂、动态的系统。产业要保持并发展其竞争优势，需处理好六个要素的关系，形成其他国家或地区难以模仿的有自身特色的产业环境。该理论在当时能对较多国家的竞争优势做出分析，并且得出的相关结论与国家的实际情况相符合。但是，随着世界经济的高速发展，经济形态与各种条件日趋多样化，即使该理论在理论研究领域、实践领域都得到相当一部分学者的认可，还是有部分专家认为钻石理论存在一定的局限性，并不能完全说明当前状况下各国的竞争优势及其分工结构。于是，一些学者也对波特的钻石模型做了补充，如英国 Dunning（1993）的“国际化钻石模型”、Rugman 和 Cruz（1993）的“双钻石模型”。另外，我国学者芮明杰教授（2006）提出了五因素钻石模型，他在波特的“钻石模型”中增加了一个核心——知识吸收与创新能力，他认为有了这个核心才能真正发展出自己产业的持续的竞争力，中国产业的发展首先要培养自己的知识吸收与创新能力。目前，国内学者对此的研究大多是基于钻石模型对某一区域或产业进行实证研究，验证模型在中国的适用性。

第三节　区域经济发展理论

区域经济发展理论作为区域经济理论的重要组成部分，对于解决区域经济发展中的不平衡问题和实现国民经济的协调均衡发展有着非常重要的意义。在经济全球化的背景下，随着国际上竞争的加剧，依托地方特色经济所发展起来的传统产业的竞争优势正在逐渐丧失，区域经济发展也受到影响，经济发展的速度呈现停滞不前甚至下降的趋势。因此，各国纷纷探寻增强区域竞争力的有效途径，从而推动区域经济的发展。所以，在经济全球化和国际产业大转移的趋势下，对区域经济发展理论、产业竞争力与区域经济发展关系进行研究具有十分重要的意义。在不同时期，以梯度理论、辐射理论、增长极理论和一体化理论等为代表的区域经济发展理论被应用于区域发展实践中，在发展地区经济、缩小地区发展差距等方面发挥了重要的作用。

一、区域经济发展梯度理论

20 世纪六七十年代，区域经济学家克鲁默、海特等在赫克曼、威廉姆斯不平衡发展理论和美国哈佛大学弗农等工业生产生命循环阶段理论的基础上创立了区域发展梯度推移理论，在创立至今的 40 多年中，经历了静态梯度推移理论、动态推移理论、反梯度推移理论和广义梯度推移理论四个发展阶段。我国在改革开放之后逐渐引入不平衡发展理论的思想，进而沿用梯度理论指导整体经济的区域划分及区域经济各自的发展方向。进入 21 世纪，梯度推移理论的局限性逐渐显现，广义梯度推移理论和辐射理论共同对区域经济的发展提出了设想并不断完善自身。

区域经济发展梯度理论认为，区域经济发展是不平衡的，就好像是处于不同的阶梯上，高收入地区处于高梯度，低收入地区处于低梯度，而在高收入地区和低收入地区之间还有几个中间梯度。随着经济的发展，梯度推移加快，区域间差距可以逐步缩小，最终实现经济分布的相对均衡。

梯度理论的主要观点：一是区域产业结构的优劣对区域经济发展起着决定性作用，而产业结构的优劣又取决于主导产业化部门在工业生命循环中所处的阶段。二是高梯度区域要采取创新型经济发展战略，建立了一个以技术密集型产业和商贸发达的银行、信息、科研等第三产业为主体的经济结构，不断创新，建立新行业、新企业，创造新产品，保持技术上的领先地位。随着时间的推移和工业生命循环阶段的变化，渐次由高梯度地区向低梯度地区转移。三是中梯度区域应实行改造型发展战略，通过大力创建新部门，改造旧部门来改变地区产业结构。四是低梯度区域应实行渐进型发展战略。在这些地区，占主导地位的是初级产业与一些衰退部门。

梯度理论对于发展中国家的区域经济发展具有很强的适应性。我国提出的“沿海开放战略”“西部大开发战略”都跟梯度理论有着密切的联系。“沿海开放战略”充分利用当时有限的资金、资源和交通区位优势，实现了我国东部地区的优先和飞速发展，从而使该地区作为高梯度地区的极化和扩散作用得到了充分发挥。但是，梯度转移理论具有一定的局限性：第一，在梯度划分方面，只强调经济技术的作用，而忽略自然资源、文化、制度等方面产生的梯度效应，同时忽视动态效应对梯度转移的影响；第二，梯度转移理论忽略低梯度区域利用比较优势实现跨越式发展的可能性。在梯度理论的基础上，反梯度理论和广义梯度理论从不同的角度对其进行发展和完善，在一定程度上弥补了其不足。

二、区域经济发展辐射理论

区域经济辐射是指经济发展水平和现代化程度相对较高的地区与较落后地区之间进行资本、人才、技术、市场信息等要素的双向流动和转移，以及思想观念、思维方式、生活习惯等方面的传播，通过流动和传播，以现代化的思想观念、思维方式、生活习惯替代与现代化相悖的旧习惯，从而进一步提高经济资源配置的效率。区域经济辐射产生的前提条件是区域间经济的相互开放及资源自由充分流动。我们把经济发展水平和现代化程度较高的地区称为辐射源。辐射的媒介是交通条件、信息传播手段和人员的流动等。

辐射理论认为，区域之间由于存在广泛的辐射，相互之间产生影响。无论是落后地区还是先进地区的进一步发展，都会对对方产生积极影响。通过合作，加强正面辐射，有效避免负面辐射，都会在双方之间产生良性的滚动效应，对区域之间合作双方的经济发展和现代化进程十分重要。在区域经济辐射中，通常是发达地区与落后地区间的相互辐射，前者向后者传递先进的技术、资本、管理经验、人才、信息等，而后者向前者提供自然资源、低廉的劳动力、市场等。通过这种双向的辐射能够逐渐缩小两者之间经济发展水平的差距。辐射理论对于有效克服地区之间的负面辐射具有重要的实践意义。

辐射理论的实践意义主要表现在经济发展和现代化战略制定、经济资源的流动和优化配置、市场信息传播、思想观念等非经济因素的扩散等方面。制定中国经济发展和现代化战略的几个主要问题，如道路、交通基础设施规划问题，南北、东西经济互补通过什么方式实现的问题，中心城市、小城市和小城镇的建设和规划应该注意哪些问题，就业问题怎样解决等，都可以用辐射理论进行很好的解释。

三、区域经济发展增长极理论

“增长极”兼有增长、发展之意，又称“发展极”。基于辐射理论，法国经济学家弗朗索瓦·佩鲁（Francois Perroux）于1955年在《经济空间：理论与应用》一文中首次提出增长极概念。之后，区域经济学者把佩鲁的增长极概念和思想引入区域经济研究中，融入地理空间概念，从而产生了区域经济增长极理论。

增长极理论认为，受力场的经济空间中存在着若干个中心或极，产生类似“磁极”作用的各种离心力和向心力，每一个中心的吸引力和排斥力都产生相互交汇的一定范围的“场”。增长极理论认为，如果把发生支配效应的经济空间看作力场，那么位于这个力场中的推进性单元就可以描述为增长极。增长极是围绕推进性的主导工业部门而组织的有活力的高度联合的一组产业，它不仅能迅速增长，而且能通过乘数效应推动其他部门的增长。因此，增长并非出现在所有地方，而是以不同强度首先出现在一些增长点或增长极上，这些增长点或增长极通过不同的渠道向外扩散，对整个经济产生不同的最终影响。

在经济增长过程中，不同产业的增长速度不同，其中增长较快的是主导产业和创新产业，这些产业和企业一般都是在某些特定区域集聚，优先发展，然后对周围地区进行扩散，形成强大的辐射作用，带动周边地区的发展。这种集聚主导产业和创新产业的区域被称为“区域增长极”。这种聚集经济的增长不仅会促进自身发展，产生“城市化趋向”，还会进一步推动其他区域发展。一个国家要实现平衡发展只是一种理想，在现实中是不可能的，经济增长通常是从一个或数个“增长中心”逐渐向其他部门或地区传导。因此，应选择特定的地理空间作为增长极，以带动整个国家或地区经济的发展。

增长极的作用效应有以下三种：一是极化效应，指增长极的推进型产业吸引和拉动周围地区的要素和经济活动不断趋向增长极，从而加快增长极自身的成长；二是扩散效应，指增长极向周围地区进行要素和经济活动输出，从而刺激和推动周围地区的经济发展；三是溢出效应，指增长极的极化效应和扩散效应的综合影响。如果极化效应大于扩散效应，则溢出效应为负值，结果有利于增长极的发展；反之，如果极化效应小于扩散效应，则溢出效应为正值，结果对周围地区的经济发展有利。

在现代区域经济研究中，增长极理论被广泛地作为区域发展的指导理论，被认为是西方区域经济学中经济区域观念的基石，是不平衡发展理论的依据之一。许多区域经济学者都将这种增长极理论引入地理空间，用它来解释和预测区域经济的结构和布局。后来，法国经济学家布代维尔（J. B. Boudeville）将增长极理论引入到区域经济理论中，之后美国经济学家弗里德曼（John Friedman）、瑞典经济学家缪尔达尔（Gunnar Myrdal）、美国经济学家赫希曼（A. O. Hischman）分别丰富和发展了这一理论，使区域增长极理论的发展成为区域开发工作中的流行观点。西方的经济增长极理论经过半个多世纪的发展，日臻完善、日趋成熟，并且已经付诸实践。尽管有一些缺陷，但是它仍然是经济发展中非常重要的理论指导，并且在当今世界已被许多国家的政府列入经济规划以及发展布局的战略当中。

我国理论界一般认为，增长极概念有两种内涵：一是在经济意义上特指某一推进型产业或公司，即产业增长极；二是在地理意义上特指某个地理区位或空间单元，即城市增长极。自改革开放以来，中国的区域经济发展主要采取非均衡经济发展战略。从沿海省市大开发到实施城市群战略再到建立国家级开发区，增长极理论得到了广泛的应用，并对中国经济的发展起到了积极的推动作用。目前，我国对增长极理论运用的研究多集中在城市增长极的研究，而对产业增长极的研究、产业增长极和城市增长极相结合的研究相对较少，今后需加强这些方面的研究。

四、区域经济发展一体化理论

区域经济一体化亦称“区域经济集团化”，是指同一地区的两个以上国家逐步让渡部分甚至全部经济主权，采取共同的经济政策并形成排他性的经济集团的过程。第二次世界大战以后，区域经济一体化获得了快速发展，并已成为国际经济关系中最引人注目的趋势之一，区域经济一体化是伙伴国家之间市场一体化的过程，从产品市场和生产要素市场向经济政策的统一逐步深化。区域经济一体化的理论是一个复杂而综合的体系，有不同的架构方法。其组织形式按一体化程度由低到高排列，包括优惠贸易安排、自由贸易区、关税同盟、共同市场、经济联盟和完全的经济一体化。目前一体化程度最高的区域经济集团是欧洲联盟。

20 世纪 50 年代以来，区域经济一体化现象开始引起经济学者的广泛关注，学者们对它进行研究、探讨，形成了一些理论。其中，较为重要的理论有关税同盟理论、自由贸易区理论、共同市场理论、大市场理论、协议性国际分工理论和综合发展战略理论等。

（一）关税同盟理论

关税同盟是国际区域经济一体化组织的基本形式，也是国际经济一体化进程的核心内容，主要研究对内取消关税和对外统一关税所引起的贸易变化，该理论一直在国际经济一体化理论中居于主导地位，也是最为完善的部分。

真正系统地对关税同盟进行研究是在20世纪五六十年代。1950年，美国经济学家雅各布·维纳（Jacob Viner）在《关税同盟理论》一书中对关税同盟理论的开拓性研究奠定了区域经济一体化理论研究的基础。该理论研究了国际区域经济一体化的贸易创造和贸易转移效应，认为关税同盟会产生静态效应和动态效应，而关税同盟的效应关键是在静态效应中贸易转移和创造所取得的实际效果。

贸易创造效应是指建立关税同盟后，关税同盟某成员国的一些国内产品被同盟内其他生产成本更低的产品的进口所替代，从而使资源的使用效率提高，扩大生产所带来的利益；同时，通过专业化分工，使本国该项产品的消费支出减少，而把资本用于其他产品的消费，扩大社会需求，结果使贸易量增加。贸易转移效应是指缔结关税同盟之前，某个国家不生产某种产品而从世界上生产效率最高、成本最低的国家进口产品；建立关税同盟后，如果世界上生产效率最高的国家被排斥在关税同盟之外，则关税同盟内部的自由贸易和共同的对外关税使得该国该产品在同盟成员国内的税后价格高于同盟某成员国相同产品在关税同盟内的免税价格，这样同盟成员国将原来从非成员国进口的成本较低的产品转从关税同盟内部生产效率最高、生产成本最低的国家进口。动态效应是指建立关税同盟后，会产生规模经济、竞争强化和投资扩大、技术进步等动态经济效应。

在研究贸易创造和贸易转移效应方面，维纳主要侧重于生产效应，而忽略了消费效应。继维纳之后，科登（Corden）、麦克兰（Mclain）、利普赛（Lipsey）等学者对关税同盟理论进行了补充，从而使关税同盟理论日臻完善。关税同盟理论的核心在于揭示关税同盟对成员国和非成员国所带来的不同的经济效应，但是关于国际经济一体化的效应问题，并没有进行完善的分析。

（二）自由贸易区理论

自由贸易区是经济一体化最基本的形式，它通过消除区内贸易壁垒来实现成员国之间的贸易自由化，是比关税同盟在一定程度上应用更为广泛的一体化形式。按照国际经济学的解释，自由贸易区是指由签订有自由贸易协定的两个或者两个以上的国家或行政上独立的经济体之间，相互取消关税和与关税具有同等效力的其他措施而形成的国际经济一体化组织。在自贸区内，各成员之间通过逐渐减免直至废除关税与进口数量限制，使区域内各成员的商品可以完全自由流动，但同时又保留成员各自独立的对区外经济体的关税结构和其他贸易保护措施，以防止某些非成员通过贸易壁垒较低的成员进入这一区域以逃避某些壁垒较高成员的贸易限制的经济活动。

自由贸易区理论是在关税同盟理论的框架基础上，结合自由贸易区不同于关税同盟的基本特征发展起来的。但是与关税同盟等其他高级国际区域一体化形式相比，自由贸易区具有以下两个重要特点：第一，自由贸易区的成员对从其他国家地区的进口产品，有权自行决定关税税率；第二，自由贸易区实施原产地规则，只有原产于区域内或主要在区域内生产的产品才能进行自由贸易。英国学者罗布森（Robson）将关税同盟理论应用于自由贸易区，提出了专门的自由贸易区理论。与关税同盟的情况一样，自由贸易区也可以有贸易创造效应和贸易转移效应，但与关税同盟的这两种效应在实际运作中存在着差异。他认为，自由贸易区给成员带来消费者剩余的损失和负的生产效应较关税同盟小，而福利水平的提高优于关税同盟。自由贸易协定可以使生产企业获得重大的内部与外部经济利益。内部规模经济主要来自对外贸易的增加，以及随之而来的生产规模的扩大和生产成本的降低。外部规模经济则来源于整个国民经济或一体化组织内的经济发展。此外，从外部世界来看，在关税同盟条件下，外部世界的出口会减少，社会福利水平随之下降；而在自由贸易区条件下，外部世界的出口不但不会减少，反而还会增加。这样，外部世界的福利水平也可得到提升。

（三）共同市场理论

关税同盟理论和自由贸易区理论是国际经济一体化的基本理论，它的一个主要假设是成员国之间的生产要素是不流动的。共同市场是比关税同盟更高一个层次的国际经济一体化，它不仅可以通过关税同盟而形成的贸易自由化实现产品市场的一体化，而且可以通过消除区域内要素自由流动的障碍，实现要素市场的一体化。

共同市场的概念早期出现在1956年斯巴克的报告中，“二战”后，共同市场一词已被广泛使用。在共同市场中，由于阻碍生产要素流动的壁垒已被消除，使得生产要素在逐利动机驱使下，向尽可能获得最大收益的地区流动，但由于社会政治和人类的生活习性等原因，又使得劳动这种生产要素并不一定会因共同市场的建立而出现大规模的流动。而资本则不然，只要资本存在收益的不相等，即资本的边际生产率在不同地区存在一定的差异，那么它就会不停地流动，直到各地的边际生产率相等为止。

（四）大市场理论

当经济一体化演进到共同市场之后，区内不仅可以实现贸易自由化，其要素也可以在区内自由流动，从而形成一种超越国界的大市场。于是，在共同市场理论的基础上，以西托夫斯基（T. Scitovsky）和德纽（J. F. Deniau）为代表的经济学者又提出了大市场理论。大市场理论是从动态角度来分析国际经济一体化所取得的经济效应，主要探讨在关税同盟的基础上，消除生产要素自由流动的障碍之后成员国所获得的经济效应。

大市场理论认为，共同市场的目标是消除贸易保护主义的障碍，把被贸易保护主义分割的每一个国家的国内市场统一起来，结成一个大市场，通过大市场的内部的激烈竞争，实现专业大批量生产等方面的利益。也可以说是通过建立共同市场，使得市场扩大，将比较分散的生产集中起来进行规模化的大生产，这样，机器得到充分利用，生产更加专业化、社会化，高科技得到更广泛的利用，竞争更加激烈，从而使生产成本下降，加之取消了关税及其他一些费用，使得销售价格下降。这必将导致购买力的增强与生活水平的提高，消费也会增加，消费的增加又促进投资的增加。于是，便进入良性的循环之中。大市场理论虽然是针对共同市场提出的理论，它同样适合于自由竞争与自由贸易的任何状况。换言之，大市场理论虽然对经济一体化提供了有力的理论依据，但并不十分完备，比如无法解释国内市场存量相当大的国家也在同其他国家实行国际经济区域一体化。

（五）协议性国际分工理论

日本教授小岛清在考察经济共同体内部分工的理论基础后，提出了协议性国际分工理论。所谓协议性国际分工，是指一国放弃某种产品的生产并把国内市场提供给另一国，而另一国则放弃另外一种产品的生产并把国内市场提供给对方，即两国达成相互提供市场的协议，实行协议性国际分工。

该理论认为，经济一体化组织内部如果仅仅依靠比较优势原理进行分工，不可能完全获得规模经济的好处，反而可能会导致各国企业的集中和垄断，影响经济一体化组织内部分工的发展和贸易的稳定。因此，必须实行协议性国际分工，使竞争性贸易的不稳定性尽可能保持稳定，并促进这种稳定。协议性国际分工理论认为，经济一体化或共同市场必须在同等发展阶段的国家之间建立，而不能在工业国与初级产品生产国即发展阶段不同的国家之间建立。而且在发达工业国家之间，可以进行协议分工的商品范畴的范围较广，因而利益也较大。

尽管通过协议性分工可以获得规模经济效益，但是要使协议性分工取得成功，必须满足三个条件：一是实行协议性分工的两个（或多个）国家的要素比率没有多大差别，工业化水平等经济发展阶段大致相等，协议性分工对象的产品在各国都能进行生产；二是作为协议性分工对象的产品，必须是能够获得规模经济效益的产品；三是对于参与协议性分工的国家来说，生产任何一种协议性对象产品的成本和差别都不大，否则就不容易达成协议。

总体来讲，成功的协议性分工必须在同等发展阶段的国家建立，而不能建立在工业国和初级产品生产国之间；同时，发达国家之间可进行协议性分工的产品范围较广，因而利益也较大。另外，生活水平和文化等方面互相接近的国家和地区容易达成协议，并且容易保证相互需求的均等增长。

（六）综合发展战略理论

近年来，国际区域经济一体化的不断加强以及发达国家经济一体化的成功实践使得发展中国家的经济一体化成为人们讨论的重要话题，许多学者对发展中国家和谁实行经济一体化以及如何实行经济一体化进行研究，但是普遍认为对发展中国家经济一体化做出的阐述最有影响力的是鲍里斯·塞泽尔基（Boris Sezelki）的“综合发展战略理论”。他在《南南合作的挑战》一书中，将综合发展战略理论定义为研究和分析发展中国家进行经济一体化时应该考虑的政治、经济、机构等因素的理论，是对发展中国家经济一体化发展战略较有影响力的研究，所以也有人称之为发展中国家经济一体化理论。

该理论以现代发展理论为基础，对关税同盟理论持一定的批评态度，而且同各种社会科学——不仅仅是经济学——都具有紧密的联系，认为经济一体化是发展中国家的一种发展战略，是集体自力更生的手段和按照新秩序逐渐变革世界经济的要素，要求有强有力的共同机构和政治意志来保护较不发达国家的优势。所以，有效的政府干预对于经济一体化是很重要的，发展中国家的经济一体化是变革世界经济格局、建立国际经济新秩序的要素。

综合发展战略理论突破了以往经济一体化理论的研究方法，把国际经济一体化视为发展中国家的一种发展战略，摒弃了用自由贸易和保护贸易理论来研究发展中国家的经济一体化进程，主张用与发展理论紧密相连的跨学科的研究方法，不必在一切情况下都追求尽可能高级的其他一体化。而且充分考虑发展中国家经济一体化过程中国内外的制约因素，把一体化当作发展中国家集体自力更生的手段和按新秩序变革世界经济的要素。在制定经济一体化政策时，主张综合考虑政治、经济因素，强调经济一体化的基础是生产及基础设施领域，而不是从贸易、投资等层面来考虑经济一体化的效应，为我们进一步探讨发展中国家的国际经济一体化问题提供参考的框架。

第三章

服务产业贸易国际竞争力的分析框架及评价指标

第一节　服务产业贸易国际竞争力的分析

一国产业国际竞争力的衡量需要从诸多因素进行考虑，并制定可量化的研究方法，从而可以对一国产业进行比较科学客观的比较。过去的研究显示，关于服务产业国际竞争力评价指标体系的制定，有许多学者从不同角度提出了诸多衡量指标。

一、国内外关于服务产业贸易国际竞争力的文献综述

（一）国内文献综述

国内学者关于该问题的研究大致分为三类：

1. 以国家整体为研究对象

赵放、冯晓玲（2007）运用贸易竞争指数（TC 指数）和显示性比较优势指数（RCA 指数）对比分析了中美服务贸易竞争力，发现中国服务贸易部门中传统服务业具有竞争优势，但是 TC 指数都是负值，RCA 指数小

于0.8，说明中国是服务贸易竞争力很弱的国家。郭清根（2008）借鉴了经济发展与合作组织（OECD）对服务贸易竞争力的定义，对于在企业、产业、某地区、国家或者区域中如何实现高效利用要素和使一定要素的投入获得高产出进行分析。余道先和刘海云（2010）在分析我国生产性服务贸易结构的基础上，运用贸易竞争力指数和Michaely指数衡量了我国生产性服务贸易竞争力，发现竞争力较弱且发展不平衡。尚涛（2010）通过RSCA指数和Lafay指数分析我国服务贸易的比较优势和服务贸易模式的变动。其中，RSCA指数是通过对RCA指数运算得到的，该指数可以克服RCA指数非对称性的缺陷，RSCA（RCA 1）/（RCA 1）；Lafay的表达式如下：

$$LFI_j = 100 \times \left[\frac{X_j - M_j}{X_j + M_j} - \frac{\sum_{j=1}^{n}(X_j - M_j)}{\sum_{j=1}^{n}(X_j + M_j)}\right] \times \frac{X_j + M_j}{\sum_{j=1}^{n}(X_j + M_j)}$$

其中，X_j为第j个部门的服务贸易出口额，M_j为第j个部门的服务贸易进口额，$\frac{X_j - M_j}{X_j + M_j}$是第$j$个部门的贸易竞争指数，$\frac{X_j - M_j}{X_j + M_j} - \frac{\sum_{j=1}^{n}(X_j - M_j)}{\sum_{j=1}^{n}(X_j + M_j)}$是第$j$个服务贸易部门与各服务贸易部门累计竞争指数的偏离程度，再乘以j部门服务贸易总额在总服务贸易中所占的比重。该指数越接近于0，表示j部门与服务贸易其他部门的偏离程度越小，产业内贸易程度越高；如果为负值，该服务贸易部门更倾向于进口。李晓峰和漆美峰（2013）从要素禀赋的角度对中国和美国服务业出口竞争力进行研究。庄芮和方领（2013）测算了2002~2011年中日韩三国服务业的TC指数、显示性比较优势指数（RCA指数），发现这三个国家在服务贸易上都已形成规模，但还没有形成较强服务贸易竞争力，并且它们的部门间竞争力相似。殷凤和张云翼（2014）从服务贸易国际市场占有率、服务贸易出口占进出口总额比重等方面研究我国服务贸易的比较优势，并分析我国服务贸易的影响因素，在此基础上提出具体对策。林淑玲（2015）基于波特钻石模型对中国服务贸易竞争力进行研究，得出其竞争力较弱的结论。

2. 以国家内部某个地区为研究对象

李阳（2008）在山东省旅游服务贸易竞争力分析中，利用国际市场占有率及比较优势指数来评价山东省旅游服务贸易竞争力，结果显示，2000年以来，山东省的TC指数处于微弱竞争优势地位，但相比于几个主要的旅游业发达地区，则一直处于比较劣势，且与出口市场占有率相同，总体呈下降趋势。黄毅（2012）对四川省的服务贸易竞争力进行分析，使用RCA指数、TC指数、CA指数、服务贸易依存度四个维度来评估四川省服务贸易竞争力情况，发现劳动密集型部门旅游、建筑安装及劳务承包服务、其他商业服务以及计算机和信息服务等是四川省服务贸易主要的进出口领域。洪涓和刘甦（2014）对大陆和台湾地区的服务贸易竞争力运用出口市场占有率、国际市场占有率、相对贸易优势指数、TC指数、RCA指数等指标进行比较分析，揭示了两地在世界服务贸易竞争中的地位及存在的差异。谢景（2015）在中国港台服务贸易竞争力比较研究中以国际市场占有率MS、TC指数和RCA指数三个指标评价了中国港台服务贸易竞争力状况，结果显示，中国台湾服务贸易竞争力要低于中国香港，但从RCA指数来看中国香港服务贸易竞争力与美、英等发达国家仍存在差距。卞继飞（2016）通过构建包括国际贸易开放度、国际市场占有率、贸易竞争力指数和显示性比较优势指数的评价体系，对山东省服务贸易国际竞争力进行了评价与对比，研究发现，山东省服务贸易整体上的发展速度、规模和出口竞争力都有一定优势，但贸易逆差问题依然存在，成为限制竞争力提升的最大障碍。邹中琪（2018）在对安徽省服务贸易国际竞争力及其影响因素的实证研究中基于2006～2014年安徽省服务贸易的相关数据，利用显示性比较优势指数、竞争优势指数、出口市场占有率等指标对安徽服务贸易进行分析，发现安徽省服务贸易的国际竞争力较弱；最后利用Stata软件对影响安徽省服务贸易竞争力的因素进行实证分析，得出进口额、出口额、GDP、工业增加额以及服务贸易的开放度是安徽省服务贸易国际竞争力的主要影响因素。彭虹（2019）在新常态下福建省服务贸易国际竞争力实证研究中运用国际市场占有率指数、贸易竞争力指数、显示性比较优势指数以及显示性竞争比较优势指数，考察了福建省服务贸易的国际竞争力水平，发现福建省服务贸易国际市场占有率偏低，以及2010年以前福建省服务贸易整体不具备国际竞争力，2010年后福建省服务贸易整体竞争力虽不断提升，但整体提升幅度不大，还发现福建省服务贸易的行业分布仍集中于传统的服务贸易领域，而相对应的资本、技术密集型服务贸易领域的发展水平相对较低。

3. 以服务贸易内的某个具体行业为研究对象

方慧和尚雅楠（2012）基于动态钻石模型分析了我国文化贸易竞争力，得出了我国文化贸易竞争力仍然较弱的结论。朱明明（2014）在《福建省旅游服务贸易国际竞争力及影响因素研究》一文中利用国际市场占有率指数、固定份额模型指数、RCA指数及出口就业效应指数研究其竞争力，并与国内其余省份或自身不同时期比较。结果显示，福建省的旅游服务贸易国际竞争力处于中国中上水平，但出口贡献率较低。杨东升（2015）将境外高等教育消费竞争力作为研究对象，对教育服务贸易竞争力进行分析。肖德（2016）在“一带一路”背景下中国金融服务贸易国际竞争力分析中利用显示性比较优势指数、贸易竞争力指数比较分析了中国金融服务贸易的国际竞争力情况，研究表明，中国金融服务贸易无论是贸易规模还是国际竞争力方面，总体偏低。王莹（2017）在贵州省入境旅游服务贸易发展现状和对策分析中基于市场占有率、RCA指数对贵州省与邻省市作了对比分析，得出结论，贵州省入境旅游服务贸易与全国其他省份相比还存在一定的发展差距，入境旅游服务贸易对贵州省经济的发展和就业的推动效应也不是十分明显。夏杰长和瞿华（2017）对中国旅游服务贸易国际竞争力的研究表明，2000～2014年中国的IMS年均值在所选择的美国、西班牙和法国等16国中居于第5位，但其TC（CAI）和CA年均值名列第10位，RCA年均值名列第12位，且2006～2014年TC（CAI）逐年下降，2004～2014年CA也逐年下降，RCA总体上也处于下降状态（2014年稍有上升），TC、CA和RCA数值的变化表明，中国旅游服务贸易在国际上还不具有竞争优势。李雨凝和姜锋（2018）使用RCA指数和

TC 指数对影响中国旅游业国际贸易竞争力的现状进行分析，发现我国旅游业的 RCA 指数较高但却不稳定，中国贸易竞争力指数随着我国国际旅游支出的不断增长呈现逐渐下降的趋势。李志伟（2018）基于 1982～2016 年中国旅游服务贸易进出口数据，定量分析了国际市场占有率（IMS）、贸易竞争指数（TC）、显示性比较优势指数（RCA）、显示性竞争比较优势指数（CA）和 Michaely 指数来测度中国旅游服务贸易国际竞争力。研究显示，虽然我国旅游服务贸易总额迅速增长、规模不断扩大，但是还存在着进出口结构不合理、贸易逆差不断扩大、国际竞争力弱的问题。

（二）国外文献综述

Balassa（1965）首次提出用 RCA 指数来衡量某国产品的出口额与世界平均出口之间的关系。该指标消除了世界总量波动和国家总量波动对其的影响。1989 年，他进一步完善 RCA 指数，区分出分工和产业内贸易的作用，与之前的 RCA 指数比较，多了进口方面的影响。Grubel（1975）在其论文中构建了“格鲁贝尔·劳埃德产业内贸易指数”（IIT），用于说明一国比较优势如何动态发展以及产品国际竞争力的强弱状况。Deardorff（1985）在赫克歇尔—俄林模型的基础上进行修正，并提出比较优势不仅能够解释传统的货物贸易，而且对服务贸易也同样适用。Gary 和 Sherry（2007）利用 RCA 指数分析了印度服务贸易的总量和内部结构，认为印度服务贸易虽然总量优势不显著，但是竞争力较强；De 等（2013）运用 TC 指数和 CA 指数对近 5 年中欧服务贸易竞争力进行比较分析，发现与欧盟相比，中国服务贸易的总体竞争力偏低。Mahmut 等（2013）选取 2000～2006 年 6 个服务行业的进出口数据，综合利用三个不同的显示性比较优势指数对土耳其服务竞争力进行分析，发现土耳其在建筑业、旅游业和交通运输领域存在较强的比较优势。Joanna（2014）运用传统的国际竞争力指标，如出口业绩、贸易差额和 RCA 指数等，对波兰加入欧盟对其知识密集型贸易竞争力的影响进行分析。Joanna（2016）通过出口业绩、贸易平衡和 RCA 指数衡量了新兴欧盟成员国在知识密集型服务业出口方面的竞争力。

二、关于京津冀服务贸易国际竞争力的文献综述

赵书华和宋征（2006）选取进出口总额、国际市场占有率、进出口行业结构和贸易竞争指数4个指标衡量了北京市服务贸易竞争力，得出北京市服务贸易发展位居全国前列但优势较为微弱的结论。黄健青和张娇兰（2012）对京津沪渝4个直辖市2001～2010年的面板数据进行实证检验，通过对比分析后发现京津沪渝4市的服务贸易竞争力与服务贸易出口开放度、FDI、R&D投入、第三产业比重以及GDP之间存在长、短期均衡的关系。从学术关注度来看，京津冀的文献发表量在2013年以后呈现出明显的增长态势。如孙强、李旭超和王翔（2014）关于北京服务贸易竞争力的实证研究，采用偏离—份额分析法（SSM模型）对北京服务贸易规模、结构等对服务贸易发展的作用进行描述分析。王红丽（2014）认为，北京的服务贸易处于国内领先地位；天津市这方面的产业结构还不够合理，知识密集型的现代服务贸易竞争力较差；河北省的结构也不太合理，劳动密集型的行业有着比较强的竞争力，但金融、信息传输等现代服务贸易的竞争力较差。刁二媛（2015）根据所得数据，总结得出2008年京津冀地区的服务贸易进出口额在我国这方面的总额中的比重达到最高，为30%，2013年比重有所下降，分地区来看，2003～2012年北京的服务贸易结构进一步优化，天津从总体上看增长较快，但各行业发展不平衡，河北省与京津相比，规模较小，出口的领域也集中在资源和劳动密集型，发展结构不合理。靳峥（2015）提出加快发展天津现代服务业步伐，要利用自贸区政策优势，深化金融领域开放创新、增强区域辐射带动作用，在创新监管服务模式上实现新突破，提升投资便利化和贸易便利化水平。何德旭和董捷（2015）建议，设立多级金融中心，推进京津冀同城支付结算、征信系统和产权票据市场一体化；建立统一的技术交易服务体系和科技成果库，推动创新成果互认和技术市场一体化改革；京津冀以资本为媒介携手成立京津冀开发银行，支持京津冀对外贸易协同发展。李江涛和王宪明（2015）主张构建跨区域旅游贸易网络，建设跨区域、立体式、综合性的公共交通

运输网络、加快完善天津与河北现代港口群建设以及京津冀航空网络整体布局。刘宏和梁文化（2017）选取了国际通用的 TC、RCA、CA 和 STO 指数对京津沪渝 4 市服务贸易竞争力进行比较评价，比较结果表明北京市除 STO 指数低于上海市外，其余指数均高于津沪渝 3 市。于惠彤（2017）通过构建服务贸易国际竞争力的测评体系，比较京津冀地区服务贸易整体及各服务部门的竞争力的差异，各自存在的比较优势、竞争优势，从而对不同地区的服务贸易的国际竞争优势做出不同定位。张慧颖（2018）从天津市的服务贸易总体规模、传统服务贸易领域及新兴服务贸易领域等方面进行实际数据分析，发现天津的资本密集型和技术、知识密集型为主的现代服务业发展还处于起步阶段，发展势头良好，但是总量基础还不能满足新兴服务贸易需求。

三、小结

综上所述，在对服务贸易国际竞争力进行实证研究时，大多数学者采用国际市场占有率、TC 指数、RCA 指数等工具来衡量，外国学者所关注的对象通常都是西方国家，他们很少以发展中国家的实际情况作为研究背景。在国内的研究领域，学者们则大多以定量分析的方法对服务贸易的国际竞争力进行研究，且大多数国内学者主要运用 RCA 指数、TC 指数以及 RTA 指数等研究一国或者某一地区的国际竞争力。笔者除了选用服务贸易依存度、国际市场占有率、TC 指数、RCA 指数进行分析，并分析了中国各服务行业的出口贡献率以外，还试图从多角度分析中国服务贸易的情况，不但详细分析中国大陆的服务贸易，还详细对比分析中国香港、中国澳门和中国台湾及与中国服务贸易具有较好参比性的日本、印度和美国的服务贸易。最后，本书还注意这几个经济体跨越十多年这些竞争力评价指数的变化情况，涉及的数据量较大，包含的信息量也较大，期望对中国服务贸易的国际竞争力情况做多方位静态和动态的分析，为促进中国国际竞争力的快速提高提供有效的对策建议。

第二节　本书关于服务贸易国际竞争力的分析框架

一、分析思路

本书中关于中国服务贸易国际竞争力的分析，集中体现在第四章中，具体内容如下：首先，从我国服务贸易整体情况入手，对我国服务贸易发展的现状进行描述，同时比较了中国服务贸易的发展变化与中国香港、中国澳门和中国台湾地区及日本、印度和美国各自服务贸易发展变化的情况。从这些角度可以对中国大陆、中国港澳台地区服务贸易整体情况及与相邻主要竞争国和世界服务贸易第一国总体差距及差距变化趋势有一个全面了解。此外，还从中国服务贸易进出口的行业结构上进行分析，主要介绍了中国服务贸易分行业在2002～2017年的进出口总额、年均增长率以及各行业占服务进出口总额的比重变化情况。从中能看出中国传统服务业和新兴服务业的绝对值及增速发展的变化趋势。其次，分别运用竞争力评测指标服务贸易依存度、国际市场占有率及出口贡献率、贸易竞争力指数、显示性比较优势指数进行分析，考察了2002～2017年中国这些指数的变化趋势，并与中国香港、中国澳门和中国台湾地区及日本、印度和美国三个国家2005～2017年这四个竞争力评测指标情况及年均增速情况进行比较。最后，通过竞争力评价指数的分析，得出中国服务贸易国际竞争力提升面临的关键问题和主要阻碍。

二、研究样本的选择

本书在分析中国服务贸易国际竞争力的问题上，以中国大陆为出发点，详细对比了中国大陆、中国港澳台、日本、印度和美国的情况。选择港澳台，是因为它们是中国不可分割的一部分，只有分析内地及港澳台的情况才能对中国整体服务贸易国际竞争力做全面了解，而选择日本和印度，缘于这两个国家和中国都在2017年全球服务贸易排名榜中榜上有名且同是亚洲国家，但是服务贸易状况却有较大区别，一个服务贸易存在较大顺差（印度），另一个服务贸易存在较小逆差（日本），都值得我们学习。另外，我们同时又选取了美国作为对比，主要是因为美国一直作为世界服务贸易进出口额排名第一的国家，通过对比服务贸易强国，我们能更好地知道自身存在的差距及努力的方向。

第三节　中国服务贸易国际竞争力评价指标的选择

对于本书使用的服务贸易国际竞争力评价指数，现进行详细介绍：

一、服务贸易依存度

服务贸易依存度是指一个国家或地区服务贸易进出口总额占该国家或地区生产总值（*GDP*）的比重，它是衡量国民经济对进出口的服务贸易依赖程度的一个指标，也叫服务贸易对外开放度（*SO*），国际贸易基金组织提出这一计算公式：

$$SO = (S_x + S_j)/GDP \times 100\%$$

其中，S_x 和 S_j 分别表示服务贸易的出口总额和进口总额。*GDP* 是国内生产总值。根据这一公式我们可以算出各经济体的服务贸易对外开放度的大小排名及2005～2017年的变化趋势。我们考察了7个经济体共计13年的服务贸易依存度变化的情况后，可以发现哪个经济体的服务贸易依存度均值是最高的，而哪个经济区域的此项均值是最低的；通过比较 7 个经济体这一指标 13 年年均速度情况，可以知道哪个经济体是服务贸易依存度上升最快的或是最慢的，以及多大比例，这可以为我们了解各经济体之间服务贸易差距提供一个参考角度。

二、国际市场占有率指标及出口贡献率

国际市场占有率是指一国的出口总额占世界出口总额的比重，可反映一国某产业或产品的国际竞争力或竞争地位的变化，比重提高说明该国该产业或产品的出口竞争力增强。它包括在开放的国际市场上，某种某国产品销售额占世界该类产品总销售额的比重、某种某国产品出口额占世界该类产品总出口额的比重。

一个产业的国际竞争力大小，最终表现在该产业的产品在国际市场的占有率上。在自由、良好的市场条件下，本国市场和国际市场一样，都是对各国开放的。一种产品在国际市场的占有率，反映该产品所处产业的国际竞争力。

国际市场占有率的计算公式为：国际市场占有率 = 一国（一产业）出口总额/世界（某一产业）出口总额 ×100%

这个值越高，就表示该产品所处的产业具有的国际竞争力越强；反之，则越弱。因此，我们按照国际市场占有率可以计算出中国服务贸易的国际市场占有率情况，计算公式为中国服务贸易出口总额/世界服务贸易出口总额，从而得出 2003 ~ 2017 年中国服务贸易的国际市场占有率变化的趋势；进而我们也可以计算出对比经济体的国际市场占有率情况，公式为各样本服务贸易出口总额/世界服务贸易出口总额，从而可得出各对比经济体的国际市场占有率变化趋势及排名情况。

某产品出口占该国总出口的比例为出口贡献率，公式为：

$C_i = X_i / X \times 100\%$

其中，C_i 表示 i 产品的出口贡献率，X_i 表示 i 产品的出口额，X 表示该国总出口额，出口贡献率越大，表示该产品或产业的贡献越大。这个公

式也可以用来衡量一国内不同地区同一产业对该国这一产业出口的贡献率。因此，结合上面的国际市场占有率情况，我们可以观察到中国国际市场占有率较高的几个产业里，哪个产业出口贡献率最高，以及在京津冀服务贸易研究中，通过出口贡献率的考察，可以了解一个地区哪个行业形成此经济区域的竞争优势。

三、贸易竞争力指数（TC 指数）

贸易竞争力指数是指一个地区某一产业或某种贸易产品的进出口贸易差额占进出口总额的比重。该指数公式表示为：

$$TC=(S_x-S_j)/(S_x+S_j)$$

其中，TC 代表贸易竞争力指数，S_x 代表某国服务贸易的出口总额，S_j 代表某国服务贸易的进口总额。该指数值理论值域范围为［-1，1］，当 TC 越接近 1 时，表示该地区该产业的竞争力优势越强；当 $TC=1$ 时，表示该产业服务贸易只出口不进口；当 $TC>0.8$ 时，表示该地区该产业服务贸易具备非常强的竞争力；当 $0.5<TC<0.8$ 时，表示该国服务贸易有较强竞争力；当 TC 越接近 0 时，表示竞争力越接近于平均水平；当 $-0.8<TC<-0.5$ 时，表示该国服务贸易竞争力较低；当 $TC<-0.8$ 时，表示该国服务贸易竞争力非常弱，当 $TC=-1$ 时，表示该国服务贸易只进口不出口，即指数值越接近 -1，表示竞争力优势越弱。

根据这一概念，我们可以计算出各经济体服务贸易总体的贸易竞争指数在考察时间序列中的变化及排名情况，同时也可寻找到各经济体哪一个服务行业的贸易竞争力指数最大或最小，及它们在考察时间序列中的变化情况，从而对各经济区域服务贸易在哪一产业上具有或不具有比较优势，及这一比较优势的变化情况有所认识，并结合实际情况分析这一变化的原因。

四、显示性比较优势指数（RCA 指数）

显示性比较优势指数是指一个国家某种商品或服务出口额占其出口总

值的份额与世界出口总额中该类商品或服务出口额所占份额的比率。它是衡量一国产品或服务在国际市场竞争力最具说服力的指标，通过指数可以判定一国的哪些产业更具出口竞争力，从而揭示一国在国际贸易中的比较优势，公式为：

$$RCA = \frac{s_i}{\sum_{i=1}^{n} s_i} \div \frac{w_i}{\sum_{i=1}^{n} w_i}$$

其中，RCA 表示一国或一地区在某项服务贸易的显示性比较优势指数；s_i 表示一国服务 i 的出口额；$\sum_{i=1}^{n} s_i$ 表示一国服务贸易的总出口额；w_i 表示服务 i 的世界的出口总额；$\sum_{i=1}^{n} w_i$ 表示世界服务贸易的总出口额。一般而言，当 $RCA > 2.5$ 时，说明该国 j 产业具备极强的竞争力，当 $1.25 < RCA < 2.5$时，说明该国 j 产业有很强的竞争力，当 $0.8 < RCA < 1.25$ 时，说明该国j产业有较强的竞争力，当 $RCA < 0.8$ 时，说明该国j产业竞争力较弱。若用来衡量一个地区的某服务行业贸易显示性比较优势，则该指数公式可以为：北京某行业服务贸易 RCA 指数 =（北京某服务行业贸易出口额/北京服务贸易出口总额）/（中国这一服务行业贸易出口额/中国服务贸易出口总额）；这一公式也可经变换后用来衡量某一地区总的显示性比较优势，如北京服务贸易总体 RCA 指数 =（北京服务贸易出口额/北京出口总额）/（中国服务贸易出口额/中国出口总额）。

第四章

我国服务贸易国际竞争力及存在的问题分析

第一节　我国服务贸易发展概况及现状

一、服务贸易整体情况

（一）服务贸易进出口

如图 4 -1 所示，2002 ~2017 年，我国服务贸易总额不断扩大，在这 16 年间增长速度迅猛，服务贸易进出口总额由 2002 年的 862.73 亿美元攀升至 2017 年的 6959 亿美元，增长了近 6 倍，年平均增长速度达 15%。这个时期，世界服务贸易进出口总额由 2002 年的 31748 亿美元增长至 2017 年的 95018 亿美元，年平均增长速度为 8%。其中，中国服务贸易占世界的比重由 2002 年的 1.2% 提升至 2017 年的 2.4%。据商务部服贸司负责人介绍，2017 年我国服务进出口平稳且发展较快，贸易结构持续优化，高质量发展特征逐步显现。我国服务进出口规模有望连续 4 年保持全球第二位。中国服务贸易出口额由 2002 年的 397.44 亿美元增长为 2017 年的

2281 亿美元，年均增长速度为 12.3%；随着我国生产性服务能力逐步提升，专业服务领域竞争力也开始显现，2017 年我国服务出口增速比进口高 5.5 个百分点，7 年来我国服务出口增速首次高于进口。同期服务贸易进口额也由 2002 年的 465.28 亿美元增长为 2017 年的 4678 亿美元，更是达到了 16.6% 的年均增长速度。

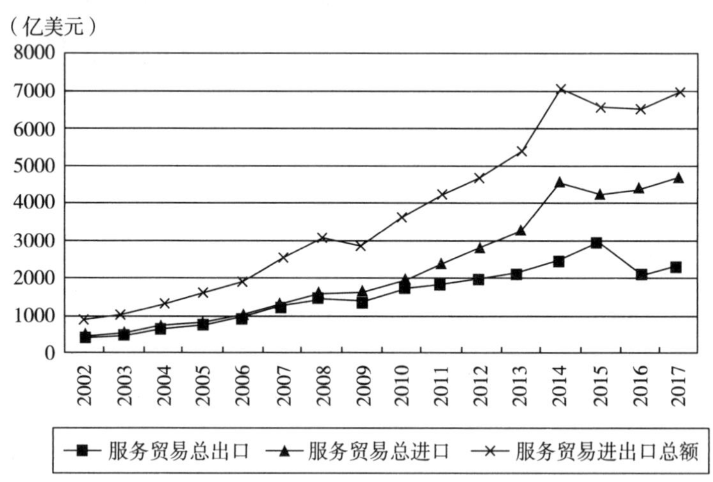

图 4-1　2002~2017 年中国服务贸易进出口状况

我国服务贸易差额方面，2002~2017 年，服务贸易一直存在逆差，并且服务贸易逆差有逐年扩大的趋势，逆差额的年均增长率为 26.8%，由 2002 年的 67.84 亿美元的逆差额一路攀升到 2017 年的 2397 亿美元的逆差额。可以说，服务贸易逆差额增势惊人，如图 4-2 所示。

（二）服务贸易总额与对外贸易总额之比

2002~2017 年中国服务贸易总额占中国对外贸易总额的比重变化趋势如图 4-3 所示，可以看到总体趋势是上升的，但也有明显的两个下降的阶段，其中第一个下降阶段以 2002 年的 12.2% 开始，连续 4 年下降，这主要是受到美国“9·11 事件”的影响，这一事件严重影响了包括中国在内的全球服务贸易的开展，使我国服务贸易进出口出现了萎缩，这一下降趋势在 2006 年达到低点 9.87%，下降幅度达到了 19%，2006 年重拾升势，

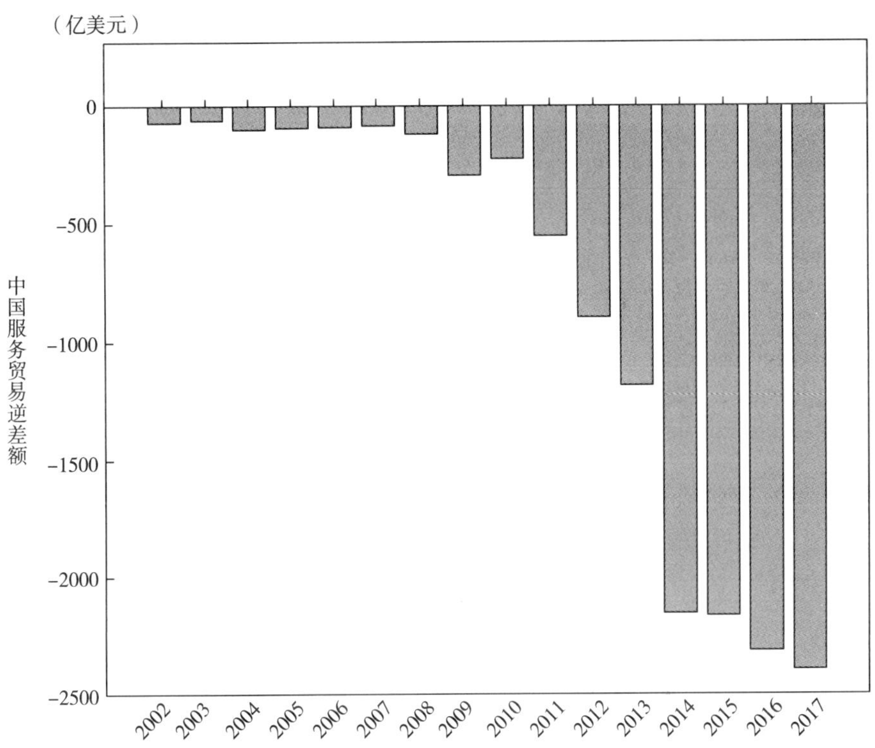

图 4－2　2002～2017 年中国服务贸易逆差额增长情况

2009 年达到 11.56%，而 2009 年又是一个重要的转折点，因为此后这一比重经历了 3 年时间才回到了 2009 年的水平，这主要是全球金融危机的影响致使从 2009 年起中国服务贸易进出口受到了较人的冲击，使得我国服务贸易总额占对外贸易总额的比重一度下降了 10.3%，于 2012 年重回升势，之后一路上升，最高上升到 2016 年的 15%，这 16 年间年平均增长率为 1.2%。

再将中国内地这一比率与中国香港、中国澳门和中国台湾及其他国家相比，在这里我们主要选取了在 2017 年全球服务贸易排名榜中榜上有名，且同是亚洲国家但是服务贸易存在较大顺差的印度和服务贸易存在较小逆差的日本，以及世界服务贸易进出口额排名第一的美国来进行比较研究。

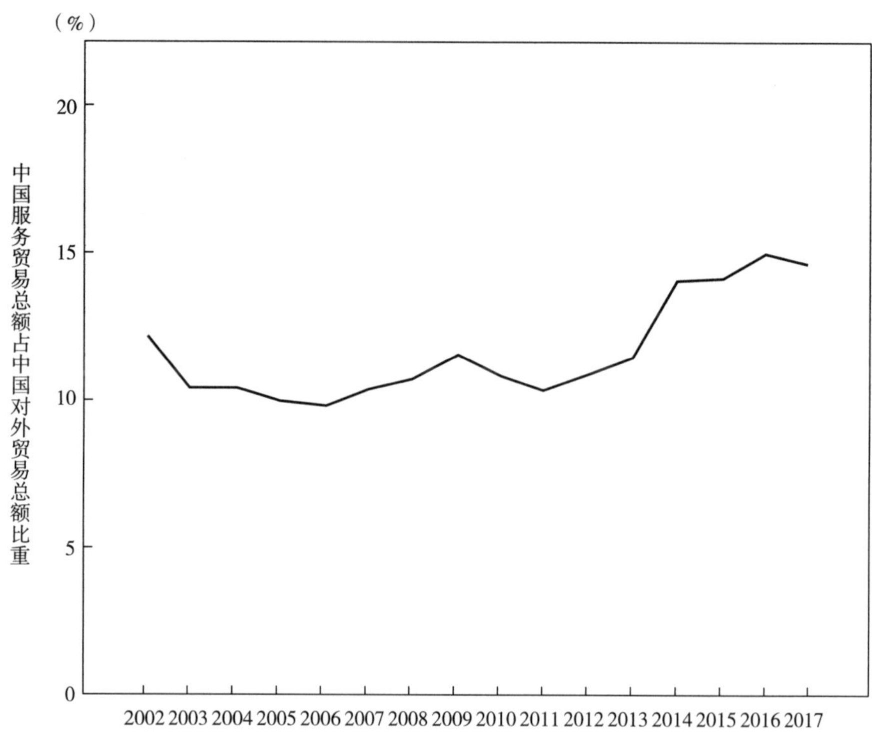

图 4－3　2002～2017 年中国服务贸易总额占中国对外贸易总额的比重变化趋势

我们仅考察包括中国在内的以上 7 个经济体 2005～2017 年各自服务贸易总额占各经济体对外贸易总额的比重情况（见图 4－4），及各国或地区这一比率的变化趋势，从中可以看到，这一比率最高的是中国澳门，其次依次是印度、美国、日本、中国香港、中国内地和中国台湾。7 个经济体服务贸易总额占对外贸易总额的比重情况如图 4－5 所示，中国澳门的服务贸易占总贸易比重均值高达 70.69%，最为突出，印度和美国这一比率在 20%～30%，其中印度的均值为 28.93%，美国的均值为 23%；日本、中国香港、中国内地和中国台湾的均值在 10%～20%，以日本较高，为 19.1%，中国香港为 15.8%，中国内地和中国台湾较为接近，分别为 11.86% 和 11.6%。同为亚洲大国的印度这一指标居然高过美国，显示出服务贸易发展在印度的重要性；中国香港的服务贸易比重大于中国大陆，显示了其服务贸易在本地区经济的重要程度。中国内地和中国台湾的这一比重相比较低，可能与境内货物贸易规模较大有关，从而导致服务贸易相比之下占本经济体总贸易的比重数值不高。

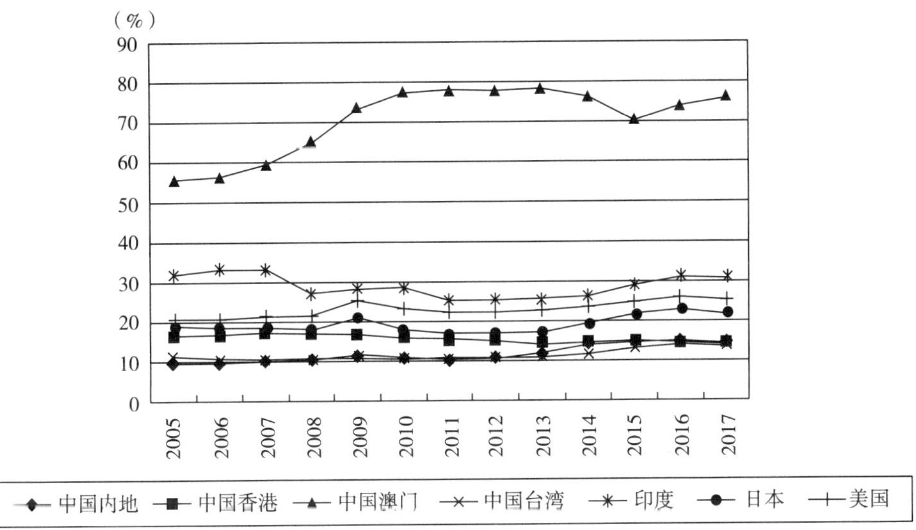

图 4－4　2005～2017 年各国或地区服务贸易总额占各经济体对外贸易总额的比重变化趋势

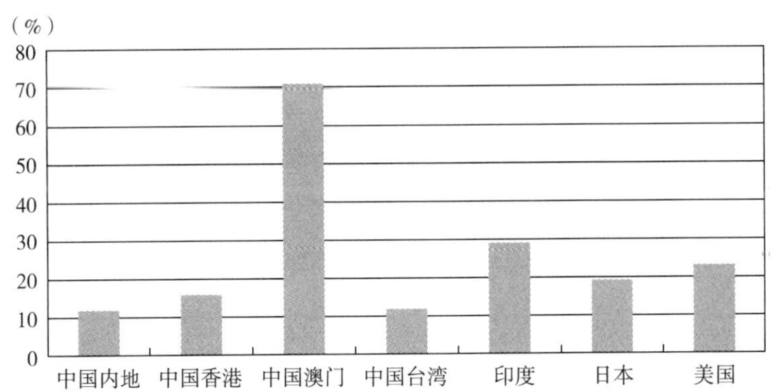

图 4－5　各国或地区服务贸易总额占各经济体对外贸易总额的比重（2005～2017 年均值）

如果再考察一下2005～2017年这7个经济体的服务贸易占总贸易比重的年均增速情况，就会发现，增长最快的是中国内地（3.24%），其次是中国澳门（2.61%）、美国（1.68%）、中国台湾（1.47%）、日本（1.28%），其他两个经济体印度（-0.36%）、中国香港（-1.36%）是负增长，如图4-6所示。由图可知，虽然服务贸易占我国内地总贸易额比重的绝对值并不高，这一比率在7个经济体中只勉强高过台湾，但我们这一指标的增速最高，可知中国近几年服务贸易在政府政策的重视引导下，发展速度喜人，服务贸易规模日益扩大，从众多数据中也可以看到，我国贸易结构不断优化，逐渐从贸易大国向服务贸易强国转变。如中国能保持这一增速，相信中国进入真正意义上的服务型经济指日可待；印度虽然在绝对值上排名第二，但它的年均增速却不增反降，中国香港的年均增速负值最高，说明这几年中国香港的货物贸易增速要快于其服务贸易增速。从总体趋势来看，近7年各国或地区服务贸易占各经济体总贸易比重虽在个别年份略有波动，但整体呈上升趋势（除了印度和中国香港），说明扩大服务贸易已成为各国或地区寻求经济发展的重要手段和重要方向，各国或地区政府也将服务贸易的发展放在了战略高位，我国内地也应该在以高技术高附加价值产业为主导的信息时代背景下抓住机遇，进一步大力

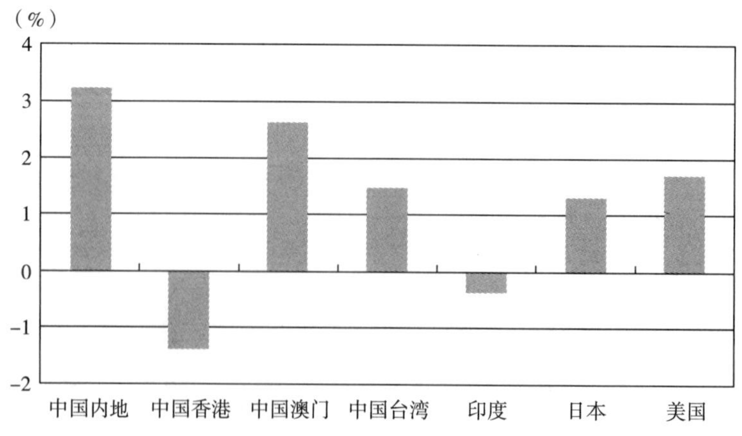

图4-6　2005～2017年各国或地区服务贸易占总贸易比重的年均增长率情况

发展现代服务业，扩大服务产业的开放水平，尽快使我国经济从传统工业经济向服务经济转型。

（三）服务贸易进出口总额与世界服务贸易总额之比

我国服务贸易进出口总额占世界服务贸易总额的比重在2003年为2.65%，2017年为6.61%，最高值出现在2014年，为6.84%。这一比值总体保持上升的趋势，只有在2015年和2016年有所下降，这两年世界服务贸易总额也略有下降，但这一比值的下降主要与这两年中国的服务贸易进出口总额下降有关系，尽管如此，2003～2017年的15年间我国服务贸易进出口总额占世界服务贸易总额的比重年均增长率也有7%，如图4－7所示。

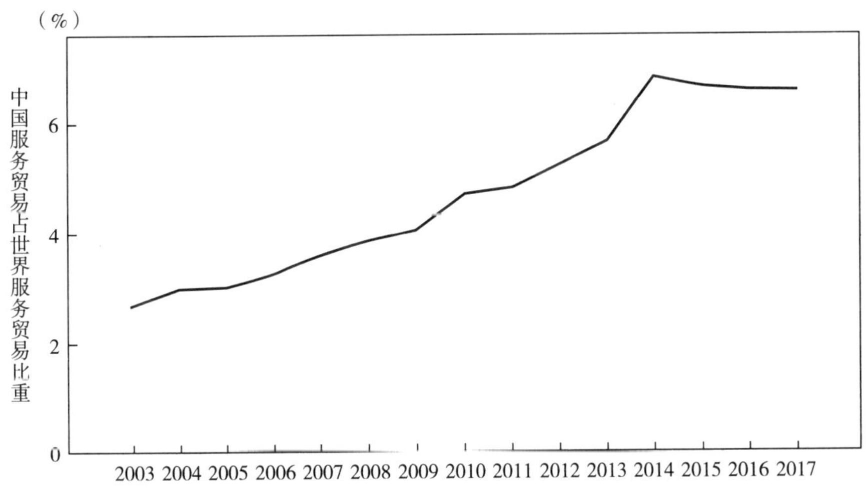

图4－7　2003～2017年中国服务贸易进出口总额占世界服务贸易总额的比重情况

我们再来考察一下其他经济体的情况，如中国香港、中国澳门、中国台湾及印度和日本，印度和日本这两个国家与中国虽同是亚洲国家，但服务贸易状况却有较大区别，一个保有较大顺差，一个存在较小逆差，都值得我们学习。最后，我们再来考虑世界服务贸易排名第一位的美国的情况。我们仅考察包括中国大陆在内的以上 7 个经济体 2005 ~ 2017 年服务贸易进出口总额占世界服务贸易总额的比重变化情况（见图 4 - 8），从中我们可以看出，这 7 个经济体中，占世界服务贸易总额的比重从均值上看居于高位的是美国，平均占比 12.43%，其次是中国内地，平均占比 5%，第三位是日本，平均占比 3.78%，第四位是印度，平均占比 2.75%，第五位是中国香港，平均占比 1.86%，第六位是中国台湾，平均占比 0.88%，第七位是中国澳门，平均占比 0.34%（见图 4 - 9），这也基本与 2017 年世界各国或地区服务贸易排名相符。

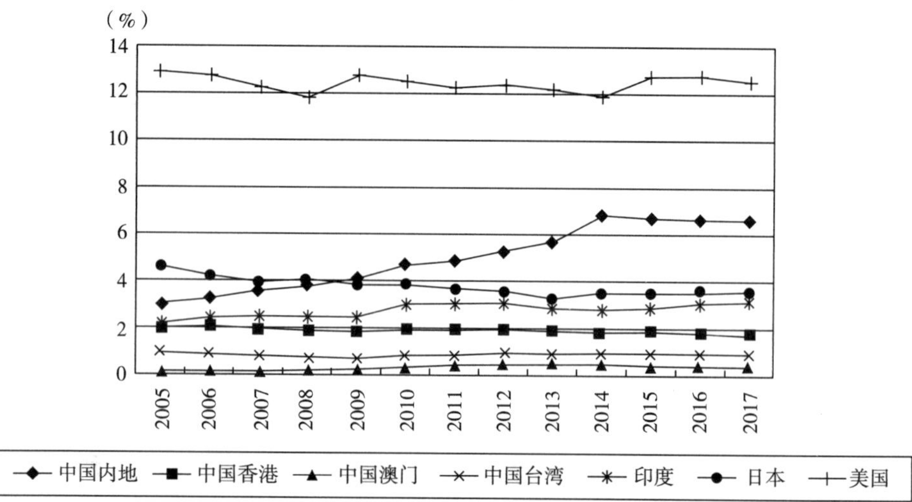

图 4 - 8　2005 ~ 2017 年 7 个经济体服务贸易进出口总额占世界服务贸易总额的比重变化情况

再来看以上 7 个经济体 2005 ~ 2017 年服务贸易进出口总额占世界服务贸易总额的比重增速的情况（见图 4 - 10），尽管美国服务贸易进出口占世界服务贸易总额的比重最高，但它的增长速度却是负值（ - 0.24%）；相反，虽然中国的三个经济体在绝对比重上不占优势，但从增长速度上可以看到中国澳门和中国内地是增速最快的两个经济体，增速分别为 7.10%

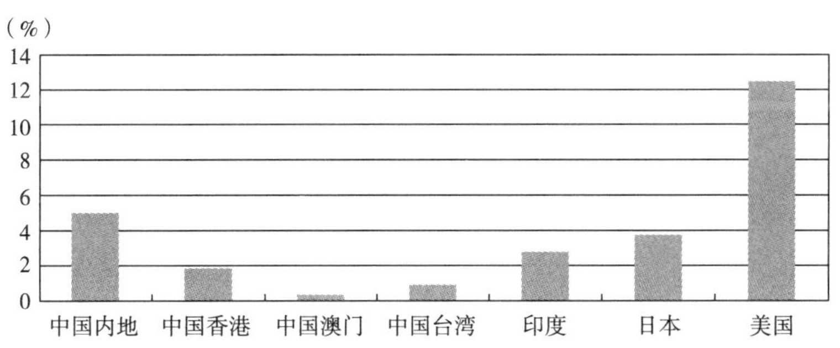

图 4－9　各国或地区服务贸易占世界服务贸易总额的比重（2005～2017 年均值）

和 6.8%。这与中国自 2001 年加入世贸组织后坚持实施的对外开放和区域发展战略密不可分，2006 年中国政府继推出“开放东部沿海地区”“西部大开发”“振兴东北老工业基地”后又推出“中部崛起”战略，中国大陆开始形成“四大板块”区域发展总体战略；党的十八大又突出强调了“创新开放模式，促进沿海内陆沿边开放优势互补，形成引领国际经济合作和竞争的开放区域，培育带动区域发展的开放高地”，并创造性地提出“一带一路”倡议和京津冀协同发展、长江经济带发展战略，从而形成东西南北纵横联动发展新格局（王一鸣，2017）；党的十九大更是提出“推动全面形成新格局，要以‘一带一路’为重点，形成陆海内外联动、东西双向互济的开放格局”“优化区域开放布局，加大西部开放力度”，在这一思想的指导下，雄安新区与海南自由贸易试验区及更多的国家积极开展双边、多边贸易谈判，以负责任的贸易大国形象投身于更多的国际事务中去，这些都彰显着我国在逆全球化背景下坚持走开放式发展道路，被学者们称为在新历史条件下推动后发展地区加快开放发展、推动形成全面开放新格局的区域振兴战略（姜荣春，2018）。统计资料显示，在“一带一路”倡议的引领下，我国与沿线国家加强在信息技术、工业设计、工程技术等领域的服务外包合作，执行额达到 1029.3 亿元，首次突破 1000 亿元，同比增长 27.7%，带动我国高铁、核电、通信、移动支付等世界领先的技术和标准加快走出去。这一系列政府措施都使得近年来我国的服务贸易增速可观。排在中国两个经济体之后的是印度，增速为3.44%。此外，有四个经济体的增速是负值，分别是中国台湾（-0.18%）、美国(-0.24%)、中国香港（-1.12%）、日本（-2.05%），这应该是在2008年金融危机之后，受世界经济复苏缓慢，世界经济增长乏力、全球性问题加剧，以美国为代表的贸易保护主义抬头的影响，致使这四个本是经济开放度比较高的经济体的服务贸易受到了影响。

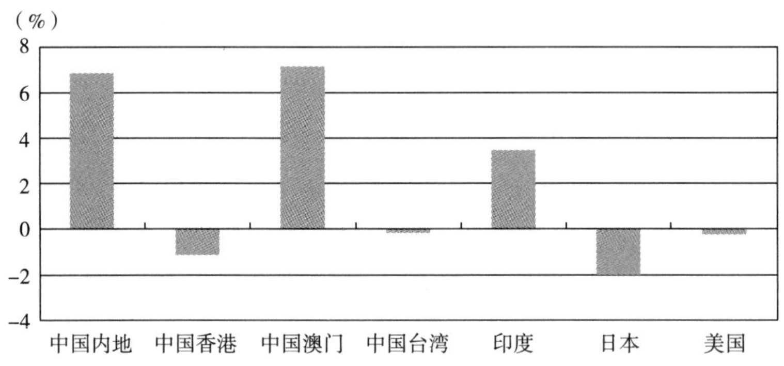

图4-10　2005~2017年各国或地区服务贸易占世界服务贸易总额比重的年均增长率

总体来说，近几年，我国服务贸易规模迅速扩大，国际地位不断提升，2017年，中国服务进出口总额居世界第二位，其中出口居世界第五位，进口居世界第二位，如表4-1所示。这得益于中国的服务贸易行业开放度不断提高，从服务业内部行业开放范围来看，中国的服务业开放水平已经与发达国家接近，服务业涵盖了《服务贸易总协定》12个服务大类中的10个，涉及总共160个小类中的100个。根据《中国统计年鉴》(2017)，2016年中国第三产业固定资产投资占全社会固定资产投资的比例高达58.3%，这一比例自2002年以来一直是持续增长的趋势，而服务领域吸引外国资本的规模也不断增长。2016年，中国实际使用外资创历史新高，高达1260亿美元，其中服务业实际使用外资863.68亿美元，占总量的68.54%，已成为吸引外资第一大产业部门。

《工业化蓝皮书：中国工业化进程报告（1995～2015）》指出："蓝皮书将整个工业化进程分为前工业化、工业化初期、工业化中期、工业化后期和后工业化五个阶段，每一个阶段又分为前半阶段和后半阶段。到'十一五'末的2010年中国刚刚进入工业化后期前半阶段（工业化综合指数为66），到'十二五'末的2015年中国则进入了工业化后期后半阶段（工业化综合指数为84）。"又根据服务经济的定义，服务经济是指服务经济产值在GDP中的相对比重超过60%的一种经济状态，或者说，服务经济是指服务经济中的就业人数在整个国民经济就业人数中的相对比重超过60%的一种经济态势。据《中国统计年鉴》（2017）数据反映，2016年我国服务业产值在国内生产总值中的比重已达到51.6%，已超过工业成为第一大产业；从就业人数上来看，服务业的就业人数已占全民经济中就业人数的43.5%，目前世界服务业产值占GDP的约68%，多数发达国家超过70%，而中国随着人均收入的增长和经济结构的优化，服务业占比上升也将是必然趋势。就中国目前服务业状态，应该说已达到服务经济初步形成的基本水平，即第三产业产值在国内生产总值中的比重达到50%的标准。准确地说，当前我国经济发展正处在由"工业经济"向"服务经济"转型阶段，又因为我国这一阶段正处在全球信息技术迅猛发展及现代管理理念日新月异的背景下，世界各国也争相发展各自的现代服务经济，而现代服务经济的发达程度也已经成为衡量各国竞争力的重要标志之一，更是区域经济新的极具潜力的增长点。

表4－1　2017年全球服务贸易排行榜　　单位：亿美元

排名	国家	服务贸易出口	服务贸易进口	服务贸易进出口	服务贸易差额
1	美国	7808.75	5381.10	13189.85	2427.65
2	中国	2280.90	4675.89	6856.79	－2494.99
3	德国	3040.58	3236.47	6277.05	－195.89
4	英国	3506.87	2149.46	5656.33	1357.41
5	法国	2494.74	2404.72	4899.46	90.02

续表

排名	国家	服务贸易出口	服务贸易进口	服务贸易进出口	服务贸易差额
6	荷兰	2183.10	2108.21	4291.31	74.89
7	爱尔兰	1864.91	1988.88	3853.79	-123.97
8	日本	1847.71	1908.89	3756.60	-61.18
9	印度	1839.80	1540.14	3379.94	299.66
10	新加坡	1646.80	1707.95	3354.75	-61.15
11	比利时	1188.69	1166.82	2355.51	21.87
12	意大利	1107.88	1149.40	2257.28	-41.52
13	瑞士	1206.63	1014.46	2221.09	192.17
14	西班牙	1390.72	762.97	2153.69	627.75
15	韩国	874.97	1219.69	2094.66	-344.72
16	加拿大	868.76	1061.72	1930.48	-192.96
17	卢森堡	1023.28	763.44	1786.72	259.84
18	阿联酋	704.97	855.00	1559.97	-150.03
19	俄罗斯	578.28	886.47	1464.75	-308.19
20	瑞典	729.35	682.50	1411.85	46.85

资料来源：世界贸易组织，https：//www.wto.org/。

二、服务贸易进出口的行业结构

中国服务贸易进出口结构在2002~2017年不断得到改善，这期间通信、计算机信息、咨询、专利、金融保险业等高附加值新兴服务贸易快速起步，总出口额从39.79亿美元增长到798.85亿美元，增长了19倍，年均增长率为22.14%；进出口总额更是从125.13亿美元上升到1221.96亿美元，年均增长率为16.4%，占服务进出口总额的比重从14.5%上升到17.6%；相比，传统服务业即劳动密集型服务贸易出口行业如运输服务、旅游行业的服务贸易的进出口总额同时期从551.15亿美元增长到4235亿美元，仅增长了6.68倍，年均增长率为14.56%，其占我国服务进出口总额比重从2002年的64%下降到2017年的60%；与此同时，与传统服务业即劳动密集型服务贸易出口行业如运输服务、旅游行业的服务贸易逆差存在逐年扩大的趋势相反，新兴服务业即知识及技术密集型或高附加价值的服务贸易出口行业如通信、计算机信息、咨询、专利、金融保险业的服务贸易顺差存在不断增长的趋势，其中这些年一直存在服务贸易顺差并保持稳步增长的行业按顺差额大小排列依次是咨询行业和计算机信息行业，2002～2017年咨询行业服务贸易差额从2002年的－13.46亿美元变为2017年的179亿美元，年均增长率达218%；同期计算机信息行业尽管2017年服务贸易顺差额有下调，服务贸易差额从2002年的－4.95亿美元变为2017年的86亿美元，年均增长率达221%。形成明显对比的是同期传统服务业的服务贸易差额有所扩大，除建筑行业服务贸易差额从2002年的2.83亿美元变为2017年的154亿美元，有31%的年均增长率外，运输业的逆差从2002年的－78.92亿美元扩大到2017年的－558亿美元，年均增长率为－14%；而旅游行业的服务贸易差额从2002年的顺差49.87亿美元发展为2017年的逆差－2161亿美元，年均增长率为－229%，即传统服务业的服务贸易逆差存在逐年增加的趋势，如图4－11和图4－12所示。这一趋势的变化，即新兴的高附加值服务业的服务贸易项目额及其顺差的加大也同样表明我国的服务贸易结构在不断地升级和改善。

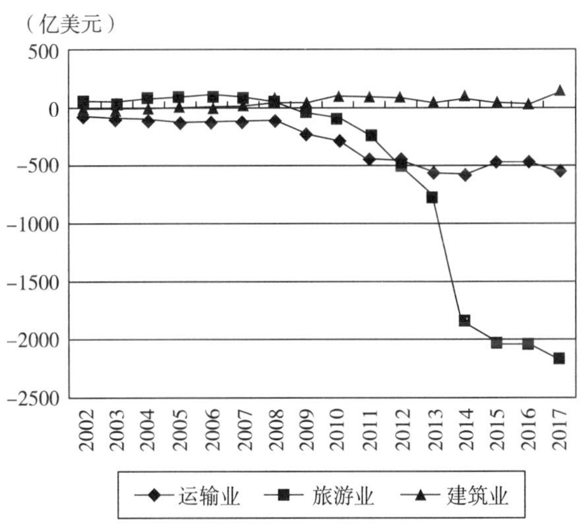

图4－11　2002～2017年运输、旅游与建筑行业服务贸易逆差变化情况

资料来源：历年《中国统计年鉴》。

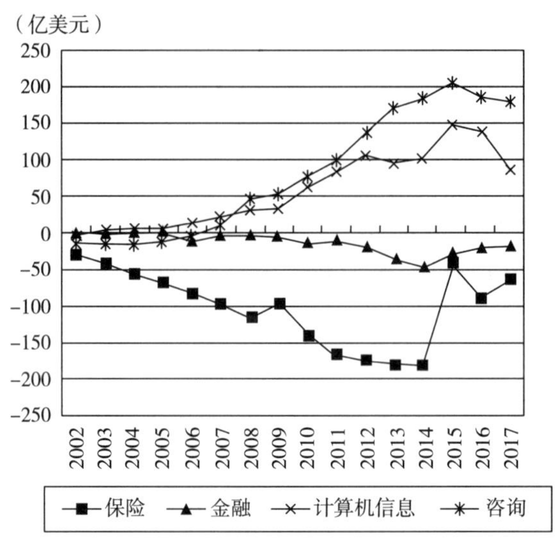

图 4－12　2002～2017 年高附加值服务业的贸易差额变化情况

资料来源：历年《中国统计年鉴》。

（一）从出口结构来看

单从出口绝对值上来看，2002 年，我国服务贸易出口额居前三位的依次是旅游（203.85 亿美元）、其他商业服务（87.61 亿美元）和运输行业（57.20 亿美元），这三个传统服务业当年出口贡献率分别为 51%、22% 和 14%，光这三个服务行业的出口贡献率合计就达 87%，说明在 2002 年，我国服务贸易出口以三大传统服务行业和货物相关行业为主导，其他服务行业的出口额所占份额非常少。新兴服务行业出口总额比重还不到 4%，其中，计算机信息服务比重为 1.6%，保险行业比重为 0.5%，特许权使用及许可和金融行业都只占到 0.3% 的出口份额。可以说，劳动密集型和资源密集型行业在 2002 年占据我国服务贸易出口的绝对主导地位，而资本和知识密集型行业的对外出口非常少。到了 2017 年，我国服务贸易出口额居前三位的依次是其他商业服务（615 亿美元）、旅游（387 亿美元）和运输行业（371 亿美元），其出口贡献率分别变化为 27%、17% 和 16%。一是这三个传统服务业依旧是我国服务贸易主要的出口赚汇来源，其出口贡献率总值仍旧高达60%；二是它们的出口占比已经有明显下降，三个行业出口贡献率总值已由87%降到60%。如果观察2002~2017年各服务行业出口增速情况（见图4－13），则可以看出，增速最快的是金融行业（33%），其次是计算机信息行业（29%），再次是专有权使用费（27%），均快于我国服务贸易总出口的增速（12%），这跟目前我们政府的努力方向相吻合，据2018年政府工作报告，我国对金融服务业国际化发展的最新决策部署是有序开放银行卡清算等市场，放开外资保险经纪公司经营范围限制，放宽或取消银行、证券、基金管理、期货、金融资产管理公司等外资股比限制，统一中外资银行市场准入标准。实施境外投资者境内利润再投资递延纳税。简化外资企业设立程序，商务备案与工商登记“一口办理”。这些措施都将进一步扩大我国金融服务业对外开放，也必将促进我国服务贸易出口行业结构不断优化，新兴行业高附加价值的行业出口正在迅速增长。商务部数据显示，2018年1~2月，新兴服务进出口增速快于整体增速，知识密集型服务出口保持较快增长是不争的事实。这些迹象都说明中国的服务贸易正在努力迈向世界贸易和价值链的更高层级。

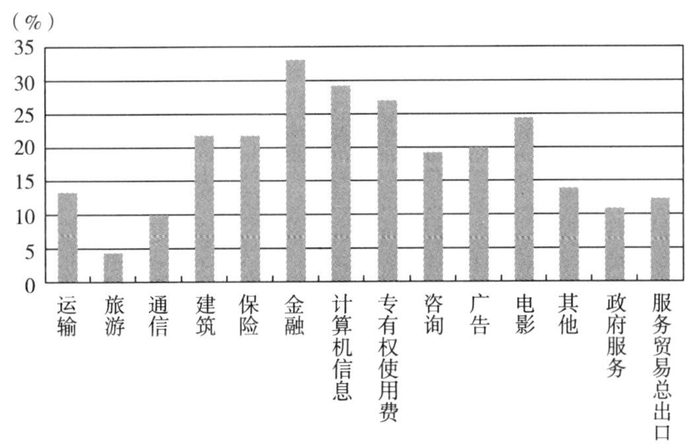

图4－13　2002~2017年各服务行业出口增速情况

相信在不久的将来以这样的增速发展的我国高附加值服务行业的出口贡献率必将超过传统行业。另外，高附加值的现代服务行业整体出口比重相较于2002年有一定提高。其中，保险行业的出口比重从2002年的0.5%上升到2017年的1.7%，计算机信息服务行业出口比重由2002年的1.6%达到2017年的12.18%，使得我国的计算机信息服务行业成为现代服务行业中出口贡献率最高的产业。与此同时，我国个人文化娱乐、特许权使用及专利和金融服务行业的出口比重仍然很低，三个行业总体出口比重仅为4%。总的来看，2017年我国服务贸易各行业出口贡献率依然呈现不均衡现象，与世界服务贸易发达国家相比，我国高附加值的现代服务行业总体出口比重仍较低。值得欣慰的是，2017年两会上提出要扩大金融业的开放力度，推动保险业对外发展，保险和养老金服务进出口贸易的国际合作将迎来新的发展机遇。

（二）从进口结构来看

再看2002年我国服务贸易进口额居前三位的依次是旅游（153.98亿美元）、运输行业（136.12亿美元）和其他商业服务（49.32亿美元），当年这三个行业进口占全国服务贸易总进口额的比重分别为33%、29%和11%，光这三个行业的进口额合计就占当年服务贸易总进口额的73%，说明2002年我国对外服务需求主要体现在我国公民境外旅游消费的需求及商品贸易过程中附加的对运输服务的需求，而其他需求比较少；2017年服务贸易进口额居前三位的依然是旅游（2548亿美元）、运输行业（929亿美元）和其他商业服务（429亿美元），三者占全国服务贸易总进口额的比重变化为54%、20%和9%。其中，旅游的进口额迅速扩大与近几年中国人民的生活水平提高、人们增加对出境旅游的需求有很大关系，这一需求的扩大也致使旅游的服务贸易逆差逐年增长。而运输和其他商业服务的进口比重已有较明显的下降，其他行业的进口额变动情况存在一定差异，其中进口额较大的还有特许权使用及专利和计算机信息及通信两个行业，分别达到286亿美元和192亿美元。如果观察2002~2017年各服务行业进口增速情况（见图4-14），则可以看出，增长最快的是个人娱乐电影行业（25%），其次是旅游（21%）、计算机信息行业（21%）与金融（21%），均快于我国服务贸易总进口的增速（17%），反映了这几年我国人民生活水平不断改善提高，中国人民物质生活丰富了，人们开始追求高质量精神文化生活，从而增加了对海外影视作品及出境旅游的大量需求。另外，虽然计算机信息、金融的进口增速也较快，但远低于这些行业这些年的出口增速，这同样反映出我国这类新兴服务业的竞争力正在不断增强。最后还可以了解到，2002～2017年，我国服务贸易总进口的增速（17%）要快于我国服务贸易总出口的增速（12%），这与近几年我国服务贸易逆差不断扩大相吻合。

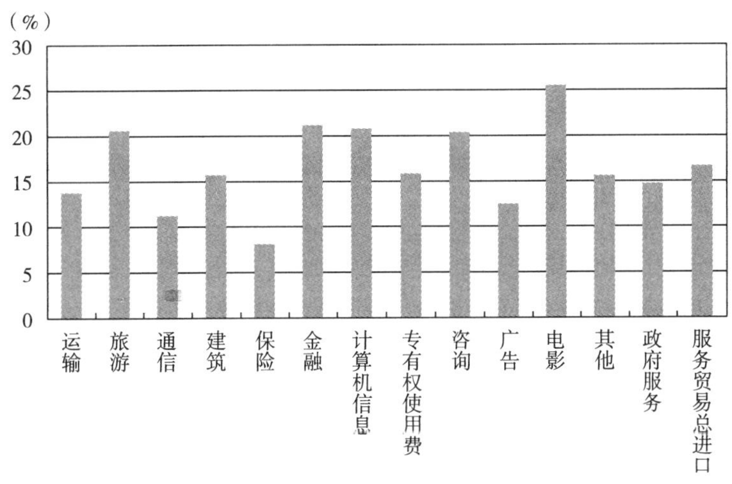

图4－14　2002～2017年各服务行业进口增速情况

第二节　服务贸易依存度分析

一、中国服务贸易依存度情况

根据服务贸易依存度的计算方法，可以计算出2002～2017年中国服务贸易依存度的变化趋势，如图4－15所示。我们不难看出，随着中国服务贸易的迅速发展和服务业对外开放领域的扩大，中国服务贸易依存度不断上升，2002 年中国服务贸易开放度为 4.89%，至 2017 年除个别年头外，其总体趋势是不断向上攀升的。其中，2008 年有明显的下降，主要是受全球金融危机影响，导致全球货物贸易和服务贸易进出口都出现了下跌，但随着全球经济形势的复苏和不断利好的中国政府服务贸易政策的颁布，中国服务贸易得以较快发展，2010 年起持续攀升，2014 年上升到 7.49%，但 2015 年我国服务贸易依存度有明显的下降，至 2017 年服务贸易依存度都有不同程度的下降。一方面，由于世界经济深度调整、国内经济下行压力持续加大，一定程度上影响了我国服务贸易进出口的数量；另一方面，也是比较重要的原因，笔者发现关于 2015～2017 年的我国服务贸易进出口金融在我国各统计资料中数据存在差异，有时在同一个统计刊物不同年份登记数据都有较大不同，这给研究者造成了困扰，不知该采用哪一个数据，而不同数据必然带来不同的分析结果。

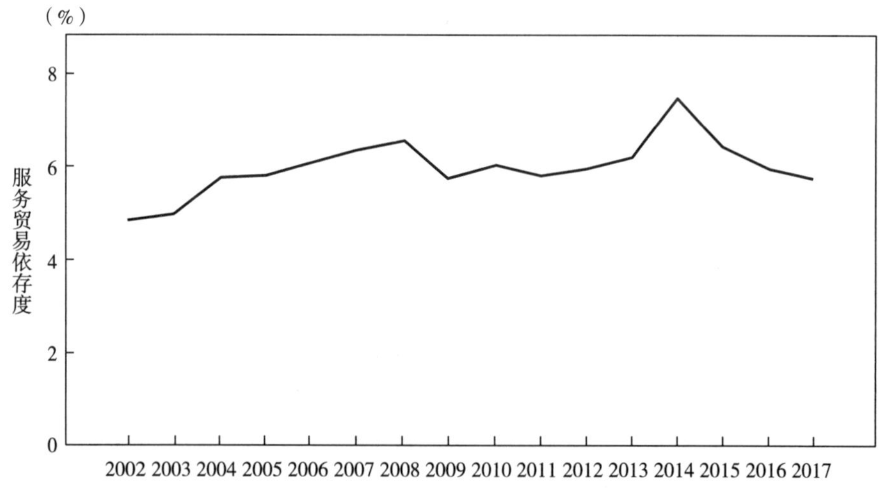

图 4－15　2002～2017 年中国服务贸易依存度的变化趋势

二、与其他经济体比较

再将中国内地服务贸易依存度与中国香港、中国澳门和中国台湾及其他国家相比，在这里我们主要选取在2017年全球服务贸易排名榜中榜上有名，且同是亚洲国家但是服务贸易存在较大顺差的印度和服务贸易存在较小逆差的日本，及世界服务贸易进出口额排名第一的美国来进行比较研究。我们仅考察包括中国在内的以上7个经济体2005~2017年各国服务贸易依存度变化情况，并以此绘制了各经济体服务贸易依存度变化趋势（见图4-16），从中我们可以看到，服务贸易依存度最高的分别是中国澳门（第一）和中国香港（第二），其次依次是中国台湾、印度、美国、中国内地和日本。七国或地区服务贸易依存度均值情况如图4-17所示，中国澳门和中国香港两个地区的服务贸易依存度都高达60%以上，中国澳门的服务贸易依存度最为突出，高达85.74%，说明服务贸易在中国澳门经济中占据非常重要的地位，中国澳门经济对服务贸易的依赖程度也是非常高的，更确切地说，中国澳门经济严重依赖其境内的旅游服务及博彩服务，其旅游服务呈现一家独大的情况。中国台湾和印度这一比率较为靠近，在10%~20%，中国台湾的服务贸易依存度（15.51%）高过了2017年世界服务贸易排名榜上第9名的印度（14.18%），也超过了排名榜上第8名的日本（6.16%），显示了中国台湾具有较高的服务贸易开放度。美国在这13年的平均服务贸易依存度为6.41%，中国为6.18%，日本服务贸易依存度略微次之为6.16%。美国、中国和日本的服务贸易依存度比较接近，可能与三者货物贸易规模较大有关，从而导致服务贸易相比之下占国内GDP数值不高。如果再考察一下2005~2017年这7个国家或地区的服务贸易依存度的年均增速情况（见图4-18），会发现首先这一增速是正值的有4个国家或地区，按增速大小依次是日本（3.58%，可见日本的服务贸易开放度正在快速扩大）、美国（2.28%）、中国台湾（1.97%）和中国澳门（1%）；其余三个经济体这一增速都是负值，按增速大小依次是中国内地（-0.14%）、印度（-0.41%）、中国香港（-0.62%）。这三个经济体的服务贸易依存度的年均增速都出现了负值，并结合这7个经济体的服务贸易依存度变化趋势可知，这三个经济体的服务贸易出现了不同程度上的萎缩，这与近几年全球经济持续低迷、单边主义思想及贸易保护主义抬头有关。

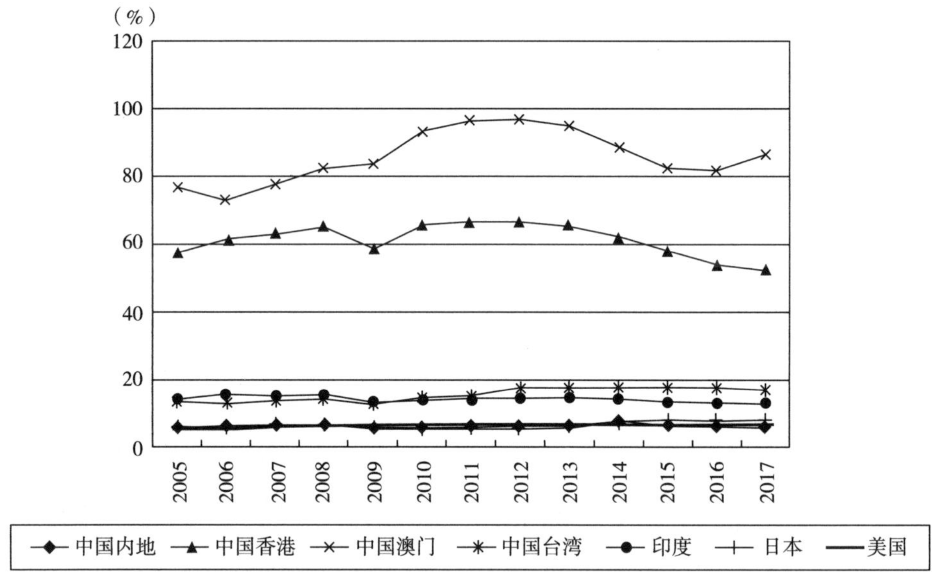

图 4－16　2005～2017 年各经济体的贸易依存度变化趋势

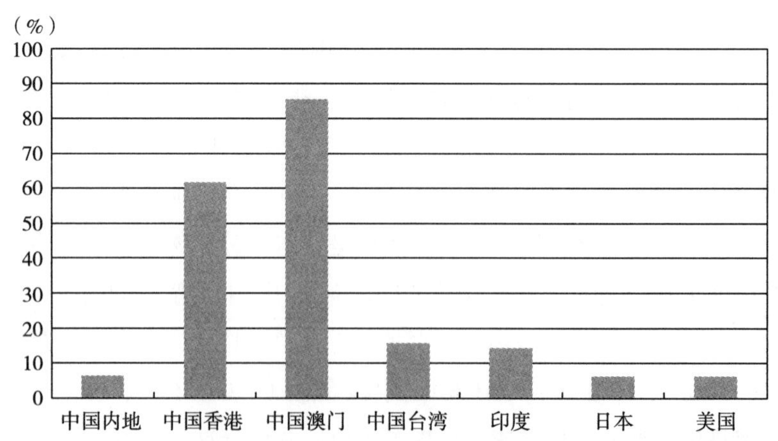

图 4－17　各经济体服务贸易依存度情况（2005～2017 年均值）

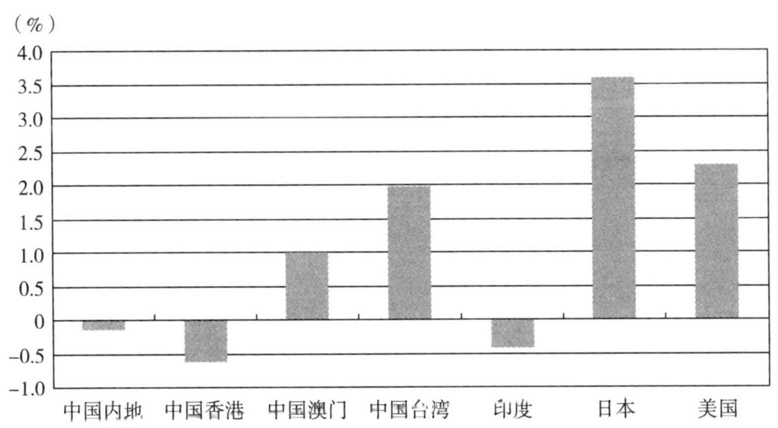

图 4-18　2005~2017 年各经济体服务贸易依存度年均增长率情况

此外，还应该看到三个服务贸易依存度是负值的经济体中包括中国内地及中国香港地区，这进一步说明了中国的经济整体服务贸易状况不容乐观。在这一情况下我国更应该发挥服务贸易开放度的“门槛效应”，利用国际服务外包、开放国内服务市场等形式扩大服务产业的开放水平，进而增强我国服务贸易的国际竞争力。

第三节　国际市场占有率及出口贡献率指标分析

一、国际市场占有率分析

（一）服务贸易整体国际市场占有率情况

1. 中国服务贸易整体国际市场占有率情况

根据程大中（2017），国际市场占有率表示的是一国服务贸易出口占世界市场的比例，一般认为该比例越高，出口的国际竞争力就越强。2003~2017 年中国服务贸易国际市场占有率变动情况如图 4-19 所示，可知这15年间，我国服务贸易国际市场占有率整体趋势是上升的，只有个别年份出现了下跌，如2008年、2010年和2014~2016年，其中原因有美国金融危机的影响，也跟近几年的全球经济低迷影响了我国服务贸易的出口有关。除去这几年的轻微下跌，我国服务贸易国际市场占有率总体趋势是上升的，从2002年的2.47%到2016年的4.36%，最高值出现在2015年的5.84%，实现了平均年增速4%，2001年中国加入WTO组织，从此中国开始践行对WTO的承诺，卓有成效地降低了与其他国家间的服务贸易壁垒，并积极参与全球服务外包这一新的国际商务模式，对内引进新技术新理念，对外输出服务，16年间中国对外服务贸易飞速发展，中国服务贸易的国际市场占有率稳步提升，排名也由2002年的世界第9位上升到2017年的第2位。

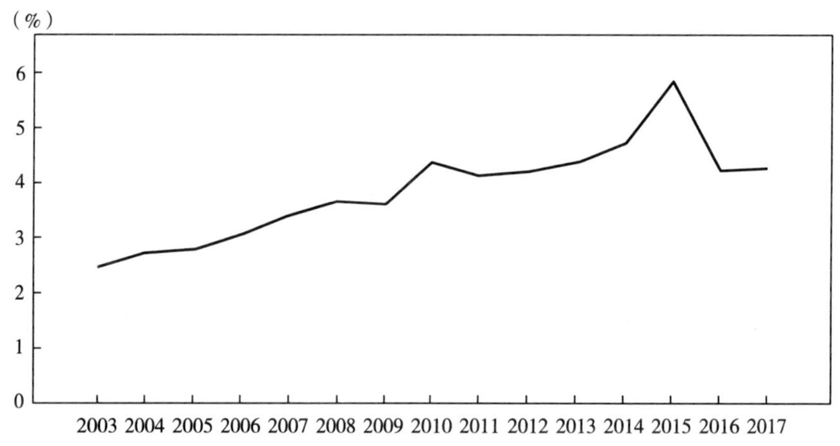

图4-19　2003~2017年中国服务贸易国际市场占有率变化趋势

2. 与其他经济体比较

对比一下2005~2017年中国内地、中国香港、中国澳门和中国台湾及日本、印度、美国的服务贸易国际市场占有率情况（见表4-2），可以看出，美国作为世界第一服务贸易大国，其服务贸易的国际市场占有率遥遥领先，2005～2017年，其国际市场占有率均值为14.3%，与其他几个国家或地区保持着较大的差距，其次是中国大陆（4.05%）、日本（3.35%）、印度（2.86%）、中国香港（1.96%）、中国台湾（0.71%）、中国澳门（0.6%）（见图4－20），其中，美国、中国内地、日本和印度的国际市场占有率排名情况与2017年各国在世界服务贸易的总体排名基本一致。从这几个考察国或地区服务贸易国际市场占有率的年均增长率来看（见图4－21），增长最快的是中国澳门（7.87%），这与中国澳门积极发展境内的旅游、博彩服务业不无关系。其次由快到慢依次是印度（4.48%）、中国内地（3.56%）、中国台湾（1.78%）、美国（1.23%）、中国香港（0.72%），可见虽然美国服务贸易国际市场占有率在绝对值上是世界第一，但其服务贸易国际市场占有率的增速并不显著，相比而言，印度和中国正在快速提高本国的服务贸易国际市场占有率，这得益于两国目前都在大力发展本国的服务贸易，实施促进服务业更加开放的策略。如中国自2013年“一带一路”倡议的提出及实施开展，到2016年10月1日人民币被正式纳入国际货币基金组织特别提款权货币篮子，再到2016年12月，人民币成为继美元、欧元、英镑、日元、加元后的全球第六大支付货币，这些都极大促进了我国服务贸易的对外开放。日本（－0.89%）是唯一一个负增长率的经济体，可见作为全球服务贸易第8大国的日本，其服务贸易的规模并没有那么大，与其国际地位有些不符。

表4－2　2005～2017年考察国或地区服务贸易国际市场占有率变化情况

单位:%

国家或地区 年份	中国内地	中国香港	中国澳门	中国台湾	印度	日本	美国
2005	2.80	1.78	0.29	0.68	1.96	3.84	14.08
2006	3.07	1.82	0.30	0.63	2.32	3.65	13.90
2007	3.41	1.80	0.33	0.61	2.41	3.39	13.63

续表

年份＼国家或地区	中国内地	中国香港	中国澳门	中国台湾	印度	日本	美国
2008	3. 66	1. 74	0. 37	0. 58	2. 64	3. 51	13. 25
2009	3. 60	1. 80	0. 44	0. 57	2. 58	3. 36	14. 27
2010	4. 36	2. 05	0. 60	0. 68	2. 98	3. 43	14. 36
2011	4. 14	2. 07	0. 73	0. 69	3. 14	3. 19	14. 23
2012	4. 21	2. 17	0. 83	0. 76	3. 20	3. 01	14. 44
2013	4. 38	2. 17	0. 93	0. 75	3. 08	2. 80	14. 50
2014	4. 73	2. 06	0. 87	0. 80	3. 02	3. 15	14. 27
2015	5. 84	2. 11	0. 68	0. 83	3. 17	3. 29	15. 26
2016	4. 22	1. 99	0. 66	0. 83	3. 26	3. 50	15. 16
2017	4. 26	1. 94	0. 72	0. 84	3. 44	3. 45	14. 59

资料来源：联合国贸发组织会议（UNCTAD）。

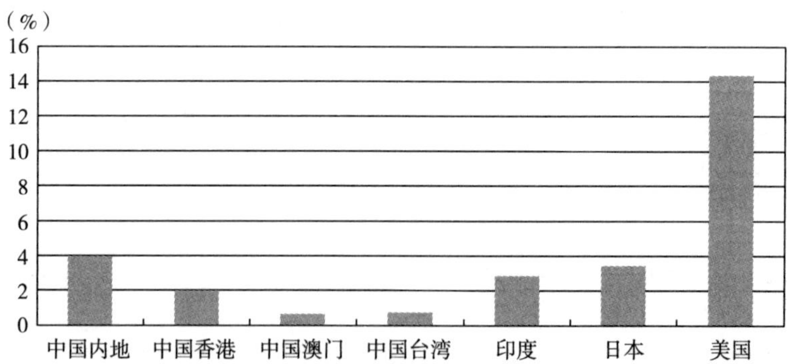

图 4－20　考察国或地区服务贸易国际市场占有率变化趋势（2005～2017 年均值）

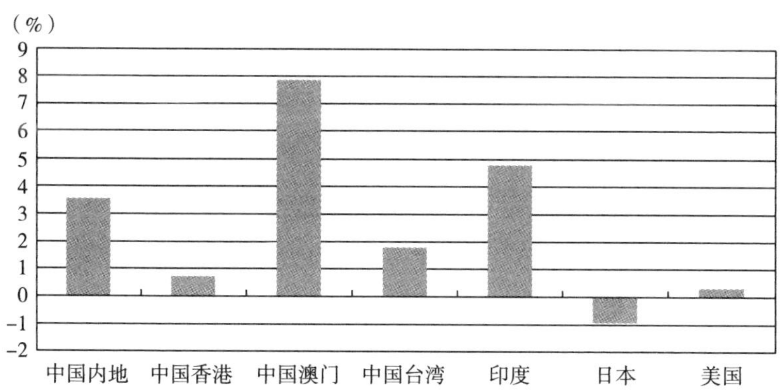

图 4-21　2005~2017 年考察国或地区服务贸易国际市场占有率年均增长率情况

（二）分行业国际市场占有率情况

1. 我国分行业国际市场占有率情况

看一下我国传统服务行业和现代服务行业的国际市场占有率情况，这里用我国某服务行业出口额与这一服务行业的世界总出口额的比值来表示，我们可以计算出我国各服务行业的国际市场占有率情况（见表 4-3），从而找出我国哪些服务行业的国际竞争力相对较强，哪些服务行业的国际竞争力相对较弱。

表 4-3　2003~2017 年我国各服务行业国际市场占有率变化情况　单位：%

年份＼行业	运输	旅游	建筑	保险	金融	计算机信息	专有权使用费
2003	1.97	3.20	3.26	0.58	0.13	1.47	0.09
2004	2.40	3.96	3.16	0.67	0.06	1.75	0.17
2005	2.66	4.23	5.71	0.82	0.07	0.91	0.10
2006	3.25	4.50	5.00	0.68	0.05	1.25	0.11
2007	4.02	4.26	7.78	0.99	0.07	1.53	0.16
2008	4.23	4.23	10.98	1.37	0.09	1.87	0.25
2009	3.32	4.52	10.88	1.58	0.14	2.04	0.19

续表

年份＼行业	运输	旅游	建筑	保险	金融	计算机信息	专有权使用费
2010	4.14	4.77	17.20	1.81	0.39	2.80	0.35
2011	3.94	4.51	15.91	2.76	0.22	3.16	0.28
2012	4.24	4.50	12.86	2.70	0.50	3.52	0.38
2013	4.00	4.31	10.98	3.08	0.69	3.48	0.31
2014	3.86	3.52	13.97	3.36	1.01	3.80	0.20
2015	4.29	3.76	17.28	4.08	0.53	5.40	0.32
2016	3.95	3.65	14.22	3.24	0.72	5.39	0.35
2017	3.98	2.96	23.73	3.17	0.80	5.27	1.26

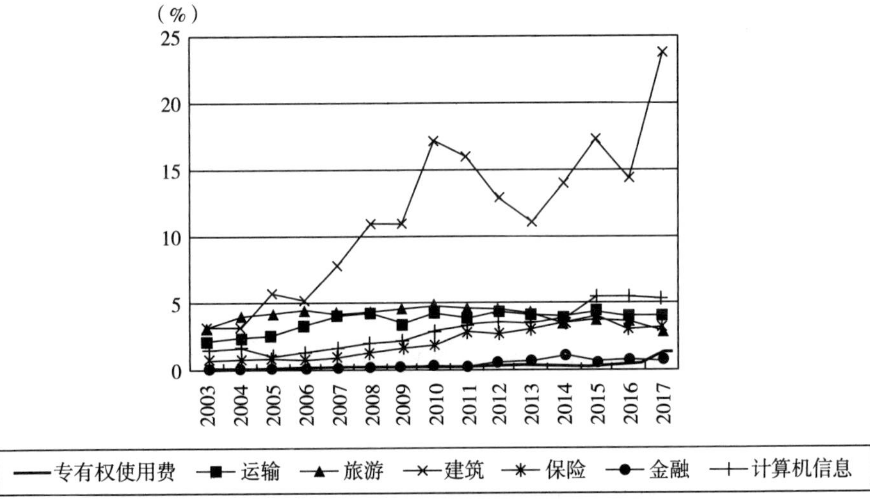

图 4－22　2003～2017 年我国各服务行业国际市场占有率变化趋势

从图 4－22 中可以看到，我国各服务行业国际市场占有率在这 15 年中都表现出不同程度的上升，其中以建筑行业最有代表性，我国建筑服务业的国际市场占有率从 2003 年的 3.26% 一路飙升，其间只有两次共 4 年里有所下降，最后在 2017 年升到 23.73%，可以看一下这几个服务行业在 15

年里的国际市场占有率均值情况，如图 4 - 23 所示。我国建筑行业的国际市场占有率均值最高为 11.53%，这与我国这几年实施的对外开放战略相关，如境外经济贸易合作园区的建设、引导企业积极参与“一带一路”沿线国家基础设施建设、中国高铁“走出去”，国际港口及交通体系的设计与建设等，这大大提升了我国建筑服务业的出口数额，也快速地提升了我国建筑服务业的国际竞争力。我国其他服务行业的国际市场占有率均值均未超过5%，第二名是旅游行业（4.06%），之后是运输（3.62%）、计算机信息（2.91%）、保险（2.06%）、金融（0.36%）和专有权使用费（0.3%）。因此，可以看出，我国的服务行业国际市场占有率排名前三位的还主要是传统行业——建筑、旅游和运输，而新兴行业或高附加值行业的国际市场占有率整体较低，如计算机信息、保险、金融和专有权使用费等。

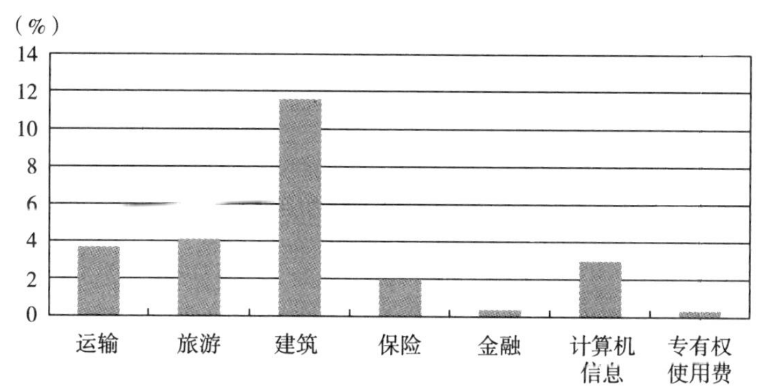

图 4 - 23　我国各服务行业国际市场占有率情况（2003 ~ 2017 年均值）

从 2003 ~ 2017 年我国各服务行业国际市场占有率年均增长率情况（见图 4 - 24）来看，就会得到不同的信息，从图中我们发现在国际市场占有率绝对值上并不突出的现代服务行业，恰恰是我国这 15 年中国际市场占有率年均增长率较高的行业，如金融（13.86%）、保险（12.9%）、专有权使用费（11.01%）、计算机信息（9.55%）。这正好说明我国的服务贸易结构正在面临新老更替，处于结构升级的过程中。建筑业仍然是增速第一（15.23%），但国内也有不少学者将它归为新兴服务业，传统服务业如运输和旅游业的国际市场占有率增速分别位居倒数第二和倒数第一，分别是5.15%和-0.56%。其中，在这几年进口不断增加，逆差不断扩大的影响下，旅游业出口的国际市场占有率为负值。

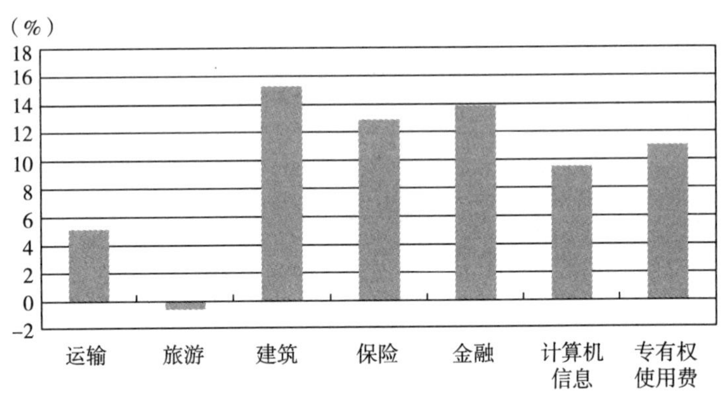

图4-24　2003~2017年我国各服务行业国际市场占有率年均增长率情况

2. 对比其他经济体情况

就我国各服务行业国际市场占有率情况，我们还可以对比其他经济体的情况来看一下我国服务贸易存在的差别和差距。由于2017年有个别经济体服务行业出口数据缺失，为方便各经济体间进行比较，我们在个别服务行业上选择了2005~2016（2017）年共12（13）年7个经济体的国际市场占有率情况进行比较，从而考察这7个经济体在传统服务业及现代服务业上存在的差别及变化的趋势。先看传统服务业运输、旅游及建筑的情况（见图4-25~图4-33）：运输行业国际市场占有率均值（2005~2017年）绝对值上（见图4-26），美国、日本、中国内地分别位居第一、第二和第三，但年均增速上印度和中国内地排名第一和第二位，而美国和日本的年均增速很小，甚至为负（见图4-27）。旅游行业国际市场占有率均值上（见图4-29），美国遥遥领先，其次是中国的三个经济体——中国内地、中国香港和中国澳门。从旅游业国际市场占有率年均增速来看（见

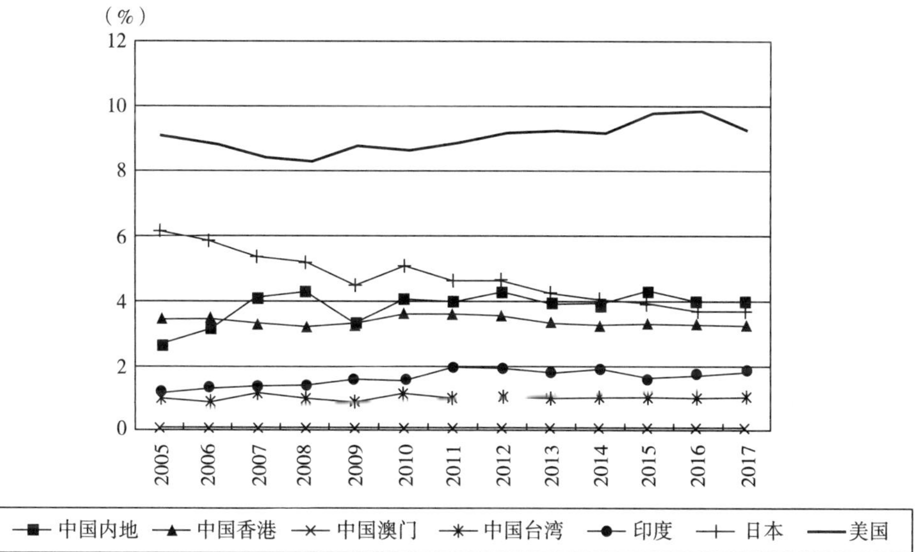

图 4－25　2005～2017 年各经济体运输行业国际市场占有率变化趋势

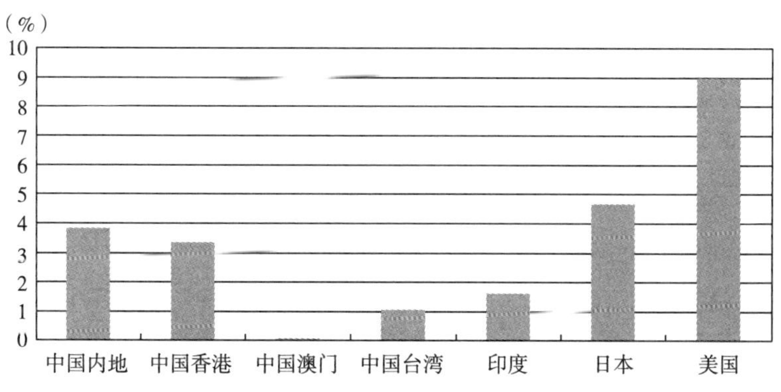

图 4－26　各经济体运输行业国际市场占有率（2005～2017 年均值）

图 4－30），前三位分别是中国澳门、印度和中国香港，中国内地受近年旅游进口大增而出口未见显著增长影响，该值是负值。建筑业国际市场占有率均值上（2005～2016 年），以日本和中国内地最为突出，分别为 13% 和 12%（见图 4－32）。其中，日本建筑业拥有如此显著的国际市场占有率得益于其

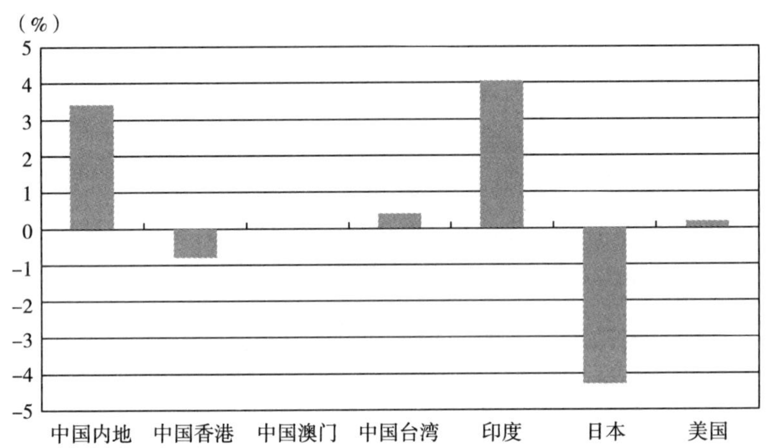

图 4-27　2005～2017 年各经济体运输行业国际市场占有率年均增长率情况

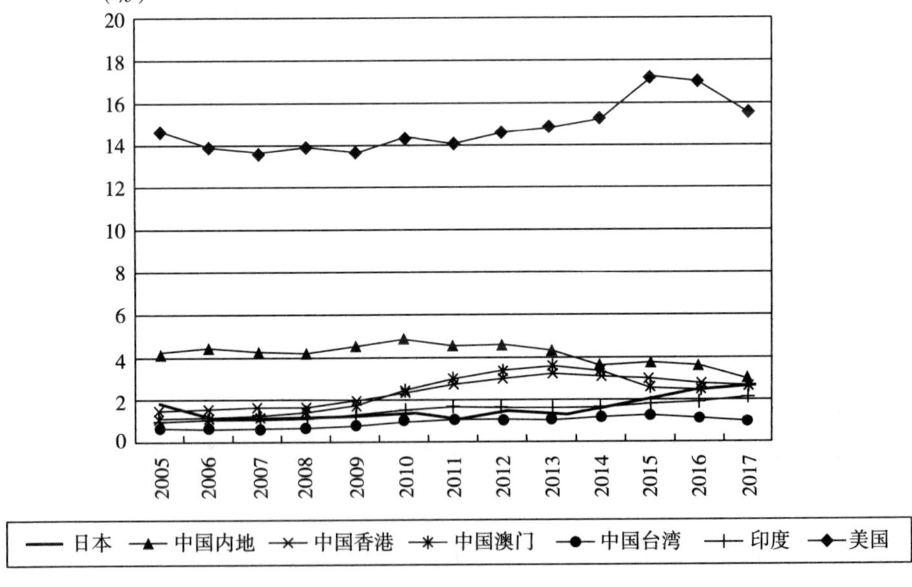

图 4-28　2005～2017 年各经济体旅游行业国际市场占有率变化趋势

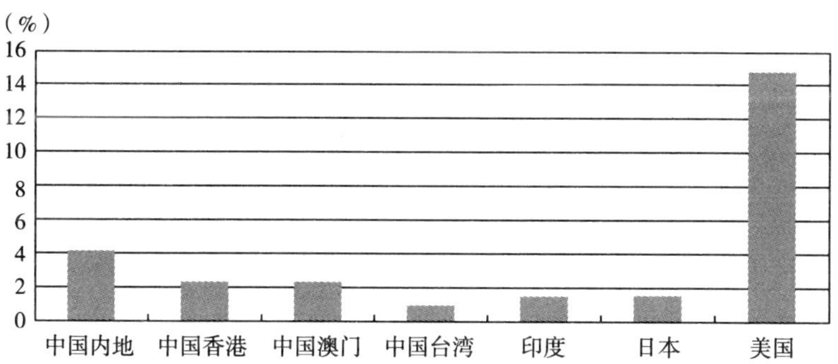

图 4-29 各经济体旅游行业国际市场占有率（2005~2017 年均值）

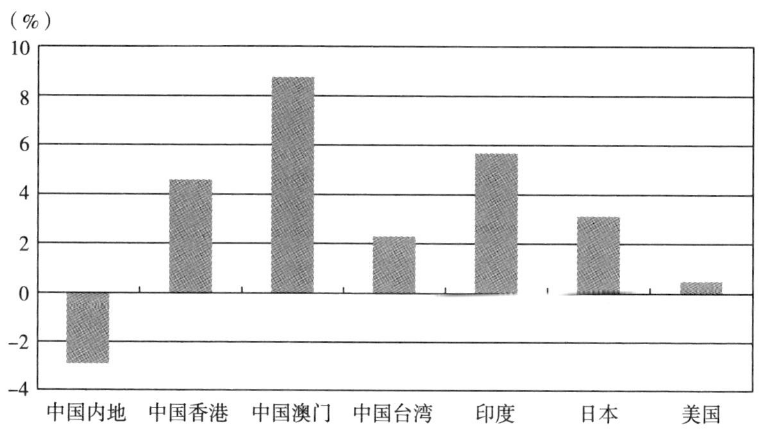

图 4-30 2005~2017 年各经济体旅游行业国际市场占有率年均增长率情况

自 1973 年“石油危机”后，日本政府大力引导本国建筑业走出去积极拓展国际市场这一举措，使日本建筑业早在 20 世纪 80 年代在国际化道路上就初显成效，日本的建筑业一直以质量管控严格、高品质低耗能、高技术水平含量及低投标价格著称，广泛参与国际投标工程，在国际市场上打造出具有良好口碑的日本品质建筑业，形成了强大的竞争力。中国内地这几年建筑业国际市场占有率高则主要由政策引导，自 2013 年中国国家主席习近平提出“一带一路”即“丝绸之路经济带”和“21 世纪海上丝绸之路”合作倡议后，我国建筑业海外承包工程不断增加。据预测，2016～2030年，亚洲地区每年将有约1.5万亿美元的基建投资需求，虽然“一带一路”沿线国家多数资金匮乏，金融实力薄弱，存在巨大的资金缺口，但我国为保障“一带一路”倡议的实施，也配套了雄厚的资金支持，如我国政策性银行——中国进出口银行、国家开发银行已成为支持“一带一路”项目的主要资金来源。另外，丝路基金、亚洲基础设施投资银行（亚投行）、金砖国家开发银行等新兴金融机构也在不断地涌现，陆续为“一带一路”沿线项目提供资金支持，这些机构也正逐渐成为政策银行之外的重要资金来源。有了这些配套措施，海外订单高增长将会有较好持续性。数据资料显示，中国占全球工程承包收入的19.3%，分区域看，除非洲市场中国占比（54.9%）较高外，在亚洲、欧洲、中东地区工程承包收入中占比分别为25.0%、3.6%、17.2%。上述区域与“一带一路”沿线地区高度重叠，工程承包收入来源丰富。这必将有利于建筑企业的优质产能借“一带一路”之机向外输出，为进一步打开海外市场提供契机。从这几年建筑业国际市场占有率的年均增长率看，前三名分别是中国台湾（16%）、印度（11%）和中国内地（9%）（见图4－33），说明各经济体都在积极地抢占这一领域的国际市场份额，市场竞争也趋于激烈化。再来看现代服务业情况（见图4－34～图4－42），2005～2017年美国在保险、金融及专有权使用费行业的国际市场占有率均处于非常高的水平［13.08%（见图4－35）、20.65%（见图4－37）、42.56%（见图4－41）］，远高于其他经济体，在计算机信息业的国际市场占有率居第二位（7.44%），第一位是印度，为10.95%（见图4－39），这也显示出美国在高附加价值的服务贸易国际市场上的领先地位。中国香港地区在金融业的国际市场占有率上居第二位（3.77%），与第一位的美国相去甚远，但高出中国内地很多，中国内地在保险、金融、计算机信息和专有权使用费上的国际市场占有率分别为2.21%（见图4－35）、0.41%（见图4－37）、3.11%（见图4－39）和0.33%（见图4－41），居第二位、第六位、第三位和第三位。日本在这几项现代服务业的国际市场占有率分别为1.08%、1.17%、0.62%和10.98%，

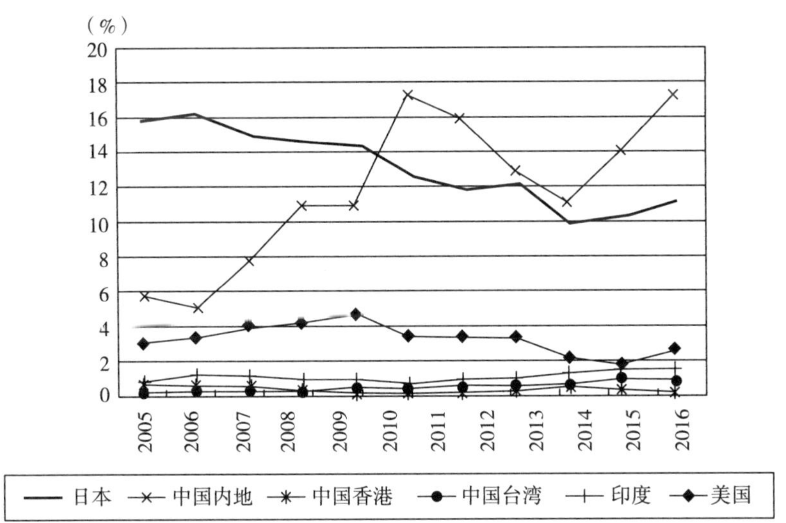

图 4-31　2005~2016 年各经济体建筑行业国际市场占有率变化趋势

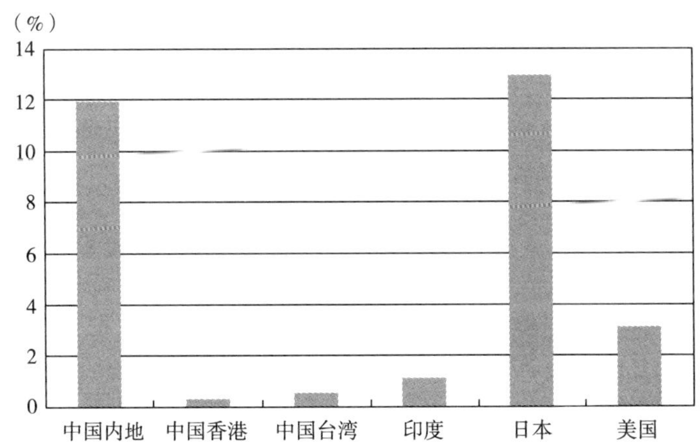

图 4-32　各经济体建筑行业国际市场占有率（2005~2016 年均值）

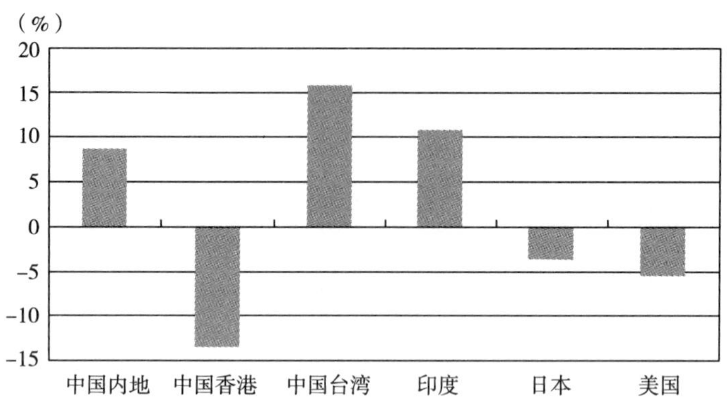

图 4-33 2005~2016 年各经济体建筑行业国际市场占有率年均增长率情况

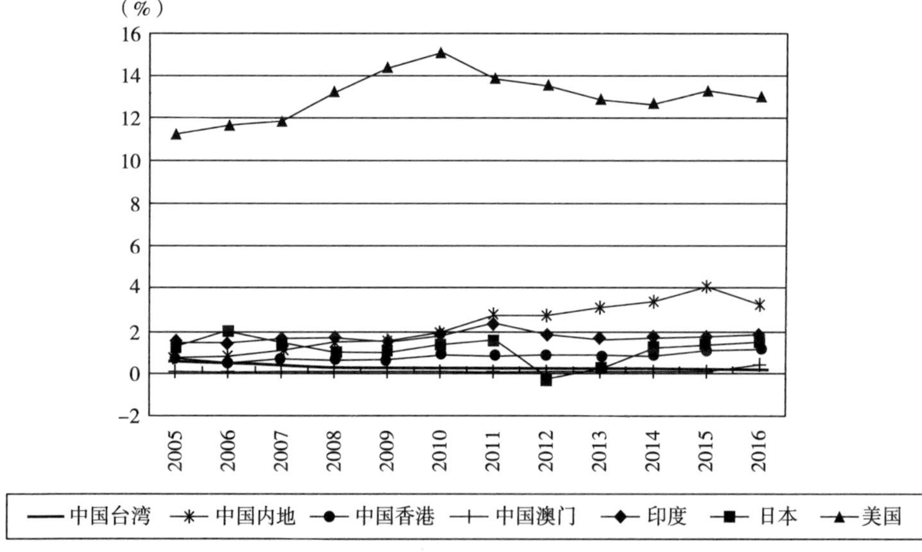

图 4-34 2005~2016 年各经济体保险行业国际市场占有率变化趋势

居第四位、第三位、第四位和第二位。说明美日这样的发达国家在金融及专有权使用费的服务贸易上占据绝对优势地位。但同时期这些现代化服务业的国际市场占有率增速上，中国内地都是最快的，其中保险业增速前三位是中国的三个经济体（见图 4-36），分别是中国澳门（30%）、中国大陆（13%）和中国香港（4%），其他三项现代服务业金融、计算机信息和专有权使用费的国际市场占有率增速第一名都是中国内地，分别为22.51%、15.76%、23.51%（见图4-38、图4-40、图4-42），均高于美国同期增速，美国只在前一项上获得了略大于1的增速，而后两项是负增长。这提示了近几年中国政府对发展现代化服务业的重视及中国在加快服务贸易结构升级的速度。

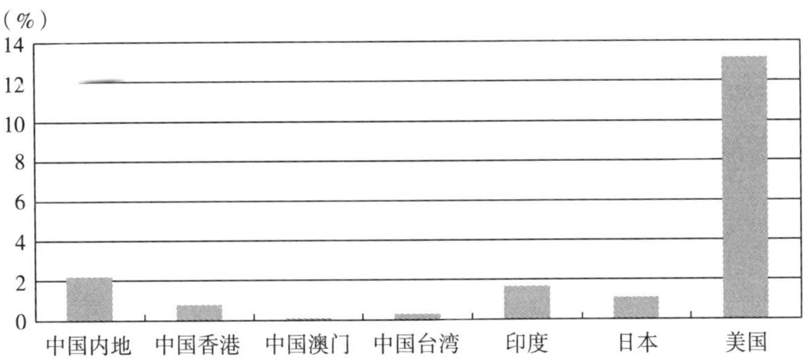

图4-35　各经济体保险行业国际市场占有率（2005~2016年均值）

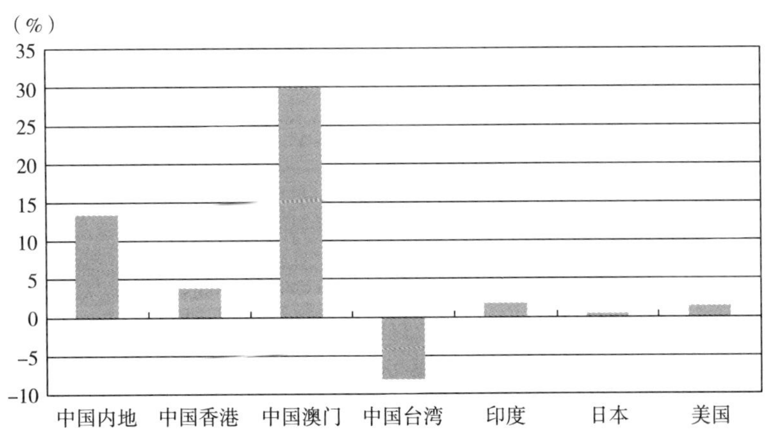

图4-36　2005~2016年各经济体保险行业国际市场占有率年均增长率情况

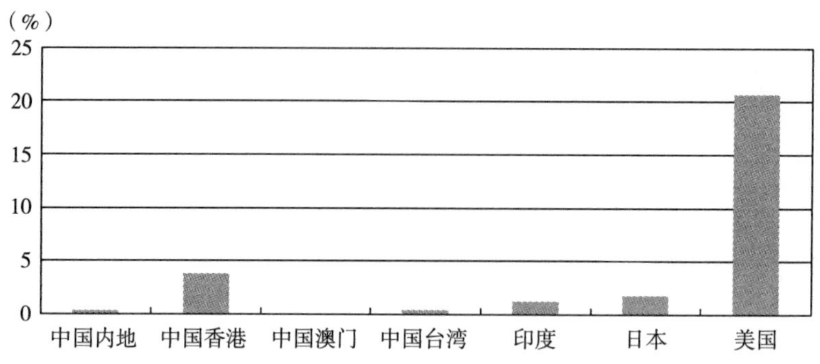

图 4-37　各经济体金融行业国际市场占有率（2005~2016 年均值）

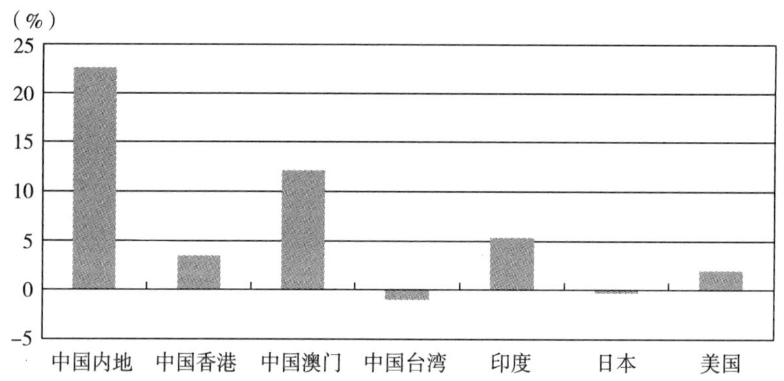

图 4-38　2005~2016 年各经济体金融行业国际市场占有率年均增长率情况

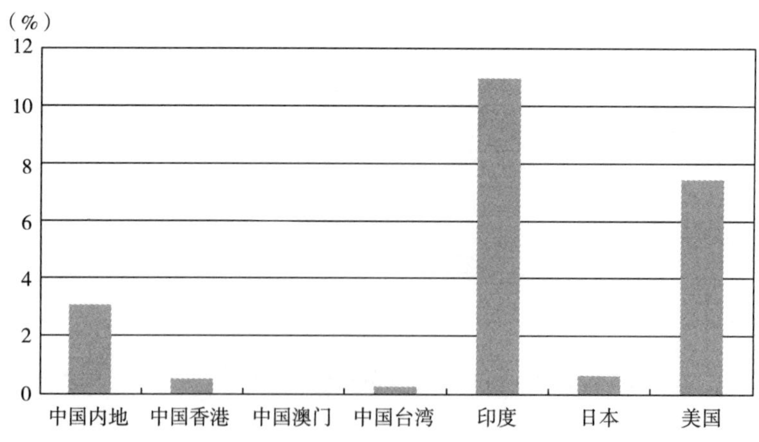

图 4-39　各经济体计算机信息行业国际市场占有率（2005~2016 年均值）

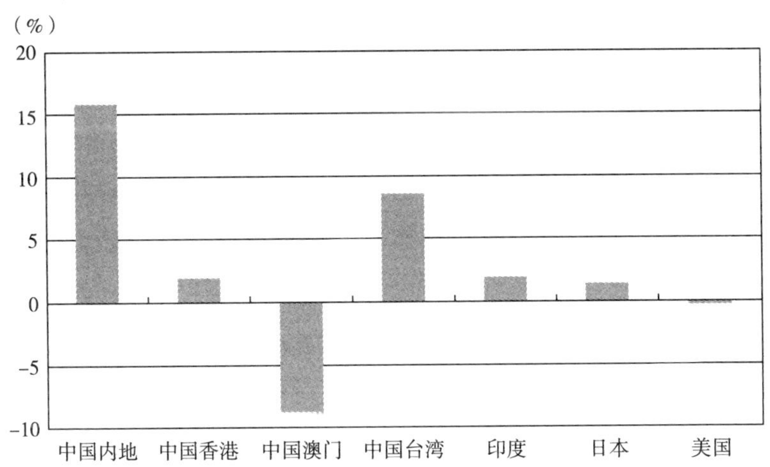

图 4-40　2005～2016 年各经济体计算机信息行业国际市场占有率年均增长率情况

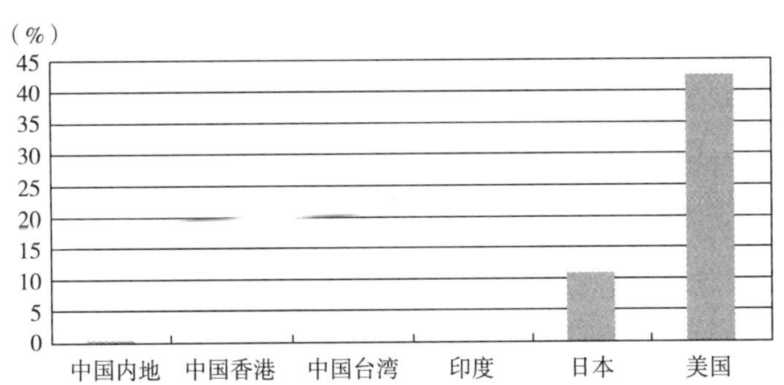

图 4-41　各经济体专有权使用费国际市场占有率（2005～2016 年均值）

二、出口贡献率分析

这里我们用某行业出口占该国服务贸易总出口的比例作为出口贡献率，该比率越大，表明这一产业的贡献越大。因此这一比值可以用来衡量一国不同服务产业对该国服务贸易总出口的贡献率，也可用来衡量一国不同地区同一产业对该国这一产业出口的贡献率。

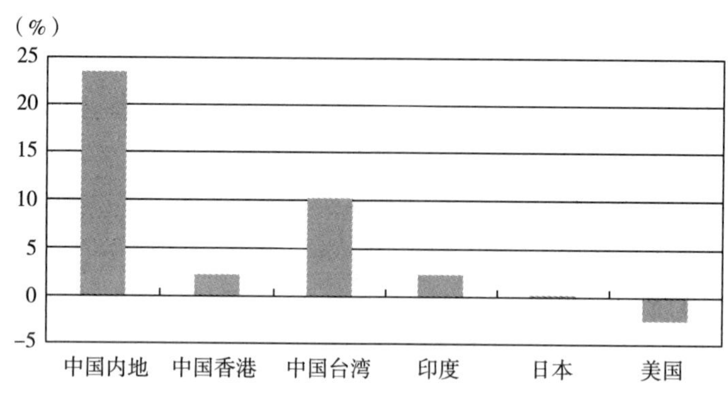

图 4－42　2005～2016 年各经济体专有权使用费国际市场占有率年均增长率情况

2002～2017 年中国各服务行业的出口贡献率变化的情况如表 4－4 所示。通过分析，我们可看到，2002～2017 年我国服务行业出口贡献率排名在前三位的行业都是旅游服务、其他服务和运输服务，这三个传统服务行业的出口贡献率合计从 2002 年高达 87.63% 到 2017 年的 60.19%，它们贡献了我国服务贸易绝大多数的出口，也说明目前我国的服务贸易依然还是传统服务行业占据主要份额，而新兴服务行业的比重还比较小，像金融、保险、计算机信息、专有权使用费，其出口贡献率合计从 2002 年的 2.6% 到 2017 年的 17.66%，虽然增长了 6.7 倍，但其比重仍然很小，这也说明目前中国服务贸易出口质量依旧相对偏低，高端服务产品的国际竞争力偏弱，服务整体出口技术处于落后的位置。加之一国对外贸易中的服务贸易与货物贸易往往是一个整体，两者之间存在较大的互补性。有不少研究也指出中国货物贸易出口复杂度不高，这在一定程度上决定了中国服务贸易出口复杂度水平也不会太高。虽然中国已成为全球第一大货物贸易进出口国及第二大服务贸易进出口国，但与中国制成品在国际制成品中所处的地位类似，中国目前只能称为服务贸易“大”国，与具有绝对竞争力的服务贸易“强”国还有较大距离（程大中，2017）。如果从大卫·李嘉图的比较优势理论来解释，那就是中国在改革开放初期在劳动、土地等要素禀赋上的低成本优势决定了中国产业大多采取低端嵌入的方式融到全球价值链当中，国际分工地位较低，导致中国低附加值、低技术含量的一般制造业发展迅速，而高端制造业和服务业（特别是生产性服务业）相对落后。

表 4－4　2002～2017 年我国不同服务行业的出口贡献率变化情况

项目 年份	运输服务	旅游服务	计算机信息服务	建筑服务	保险服务	金融服务	计算机信息	专有权使用费	咨询服务	广告服务	电影服务	其他服务	政府服务
2002	14.39	51.29	1.38	3.14	0.53	0.13	1.61	0.33	3.23	0.94	0.07	22.04	0.91
2003	16.92	37.25	1.37	2.76	0.67	0.33	2.36	0.23	4.03	1.04	0.07	32.22	0.77
2004	19.33	41.23	0.71	2.35	0.61	0.15	2.62	0.38	5.05	1.36	0.07	25.55	0.61
2005	20.73	39.37	0.65	3.48	0.74	0.20	2.47	0.21	7.15	1.45	0.18	22.69	0.66
2006	22.84	36.90	0.80	2.99	0.60	0.16	3.21	0.22	8.52	1.57	0.15	21.41	0.63
2007	25.63	30.47	0.96	4.40	0.74	0.19	3.56	0.28	9.48	1.56	0.26	22.02	0.45
2008	26.11	27.76	1.07	7.02	0.94	0.21	4.25	0.39	12.33	1.50	0.28	17.68	0.45
2009	18.19	30.63	0.92	7.30	1.23	0.34	5.03	0.33	14.37	1.79	0.08	19.06	0.73
2010	19.98	26.76	0.71	8.47	1.01	0.78	5.41	0.49	13.3	1.69	0.07	20.79	0.56
2011	19.45	26.51	0.94	8.05	1.65	0.46	6.66	0.41	15.53	2.20	0.07	17.65	0.41
2012	20.33	26.13	0.94	6.40	1.74	0.99	7.55	0.55	17.47	2.48	0.07	14.85	0.52
2013	17.77	24.39	0.79	5.03	1.89	1.38	7.29	0.42	19.14	2.32	0.07	18.95	0.57
2014	15.57	17.93	0.74	6.25	1.86	1.84	7.48	0.28	17.48	2.02	0.07	28.05	0.43
2015	17.65	20.57	0.93	7.62	2.28	1.07	11.8	0.50	9.35	1.65	0.32	26.71	0.49
2016	16.15	21.21	1.03	6.04	1.94	1.52	12.65	0.57	8.85	2.48	0.33	27.67	0.58
2017	16.26	16.97	1.00	10.52	1.75	1.62	12.19	2.10	7.94	2.59	0.35	26.96	0.75

我国各服务行业在 2002～2017 年出口贡献率年均增速的情况如图 4－43 所示，我们会发现完全不一样的信息，占我国出口贡献率绝对优势的传统服务行业如运输服务、旅游服务、其他服务，这三者的年均增速分别是 0.8%、－7% 和 1.4%，传统服务行业的出口增速不断放缓，旅游服务尤其明显，因为这几年旅游服务贸易出现了逆差不断变大的趋势，随着中国人民物质生活水平不断提高，越来越多的人开始青睐出国游，这导致我们的旅游服务贸易进口极速增加，出口却增速缓慢，从而出现出口贡献率的

增速为较大负值的情况。反过来再看我国的新兴服务业金融服务、计算机信息、专有权使用费的情况，它们的出口贡献率增速喜人，分别占据第一、第二和第三名的位置，增速依次是18.31%、14.46%和13.13%。可以看出，虽然新兴服务业在我国的出口贡献率绝对值上不占什么优势，但如果考察平均年增长速度，它们却是增长最快的；相反，传统服务业的增长速度在我国这些服务行业中最慢，有些甚至是负增长，说明我国目前处在服务贸易结构不断优化、产业结构不断调整的过程中，在我国几代领导人坚持不懈的对外开放政策引导下，我国货物贸易从20世纪80年代的初级产品、90年代的轻纺产品为主逐渐向机电产品、高新技术产品为主转变。据研究表明，1985~2016年，我国的机电产品出口增长720倍。2017年1~9月，机电产品出口占比57.5%，进口占比达到45.9%，高新技术产品出口占比接近30%。在服务贸易与货物贸易相辅相成的影响下，我国的服务贸易结构必将随之变化，由过去的以传统服务贸易为主逐步发展到以新兴服务贸易为主的模式。如果我国的新兴服务业照此增速继续发展，我们的服务贸易结构转型必将指日可待（李光辉，2018）。

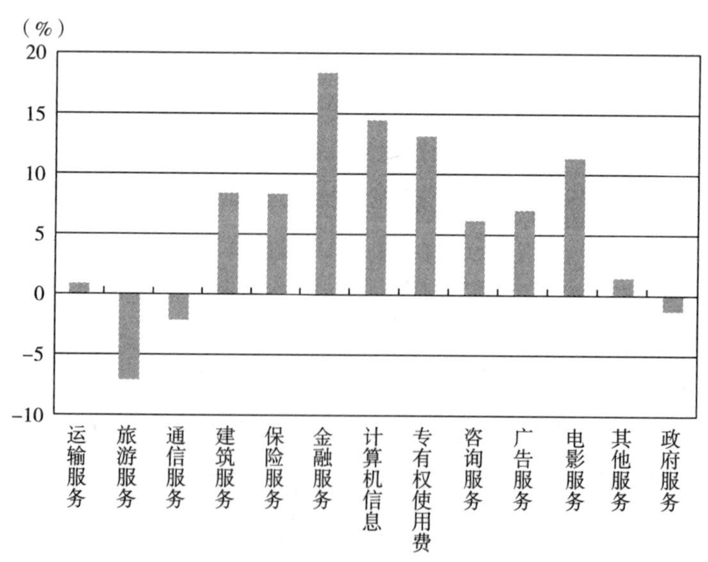

图4-43　2002~2017年我国各服务行业出口贡献率年均增速情况

第四节　贸易竞争力指数分析

目前，在国际经济不断发展以及服务贸易自由化进程不断推进的世界大背景下，各个国家都在积极地发展着自己国家的服务贸易。一国服务贸易竞争力水平的高低也直接影响着该国参与国际服务市场分工的能力，随着我国对服务贸易的重视度越来越高，服务贸易在我国获得了突飞猛进的发展，我国已成为全球主要的服务贸易国家，但相比发达国家，我国服务贸易国际竞争力水平还处于较低水平（肖乔枫，2016）。下面我们就通过竞争力指标来评价分析我国与其他经济体的服务贸易竞争力及我国主要服务贸易行业的竞争力情况，有利于寻找我国与服务贸易发达国家的差距，为提升我国服务贸易竞争力建立基础。

贸易竞争力指数（TC 指数）是指一国贸易进出口差额占其贸易总额的比重，我们用这一指数来衡量中国的服务贸易比较优势，由于 TC 指数排除各地区通货膨胀、经济波动等宏观方面的影响，也避免因地区大小不同而使得地区间数据的不可比较的局限，在不同时期、不同地区或国家之间，该指数具有相当的可比性。该指数理论值域范围为 $[-1, 1]$，该指数越接近 1，表明该地区该产业的竞争力优势越强。学者们认为，当 $TC=1$ 时，表明该地区该产业服务贸易只出口不进口；当 $TC>0.8$ 时，则表示该地区该产业服务贸易具备非常强的竞争力；若 $0.5<TC<0.8$，表示该地区该服务贸易有较强竞争力；指数值越接近 0，表示竞争力越接近于平均水平；若 $-0.8<TC<-0.5$，表示该地区该服务贸易竞争力较低；若 $TC<-0.8$，表示该地区该服务贸易竞争力非常弱，当 $TC=-1$ 时，代表该地区该服务贸易只进口不出口，即指数值越接近 -1，表示竞争力优势越弱。

一、各经济体整体贸易竞争力指数情况

我们将 2005 ~ 2017 年中国内地、中国香港、中国澳门、中国台湾、印度、日本和美国的 TC 指数绘制在一张图上（见图 4 - 44），我们可以看到，7 个经济体大部分的 TC 指数在这 13 年中是增长的趋势，但中国内地这个指数从 2008 年开始一直处在下降的走势中，这主要受到 2008 年国际金融危机的影响，欧美市场对中国内地服务产品的进口需求持续走低，从而使中国内地的服务贸易逆差近年来逐年扩大而导致中国内地服务贸易竞争力逐年下降，服务贸易的发展现状不容乐观。再从均值上看，这 7 个经济体中，TC 指数大于 0 的有 4 个经济体，中国澳门的 TC 指数最高，多数时候为 0. 6 ~ 0. 8，个别年份甚至大于 0. 8，均值为 0. 77，显示出中国澳门的服务贸易有较强竞争力。其次是美国、中国香港、印度，TC 指数均值分别为 0. 16、0. 07、0. 05（见图 4 - 45），且这 4 个经济体的 TC 指数都处于上升趋势。有 3 个经济体的 TC 指数小于 0，分别是日本（ - 0. 1）、中国内地（ - 0. 16）和中国台湾（ - 0. 18）。其中，日本和中国台湾的 TC 指数虽然为负，但其还是上升的趋势。

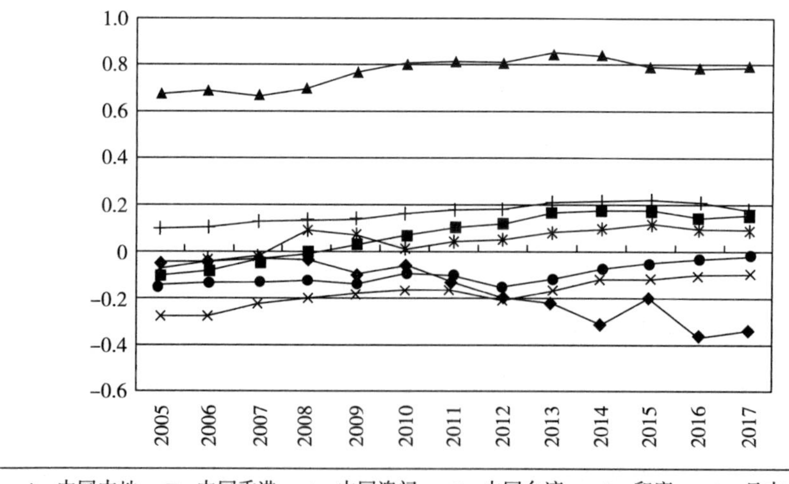

图 4 - 44　2005 ~ 2017 年 7 个经济体 TC 指数变化趋势

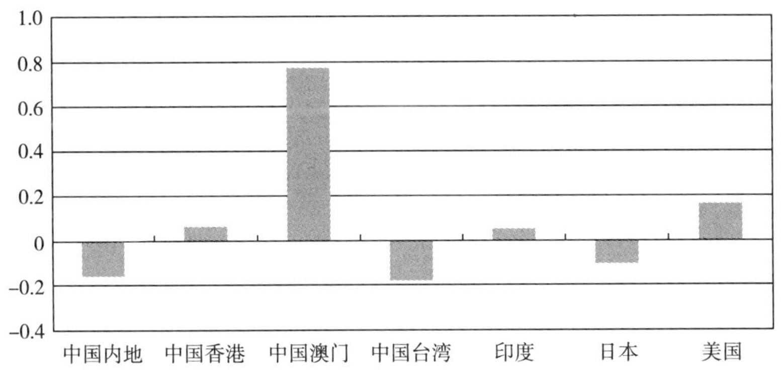

图 4－45　2005～2017 年 7 个经济体贸易竞争优势指数均值

二、分行业的贸易竞争力指数情况

（一）中国大陆 TC 指数变化情况

通过查看表 4－5 中国内地各主要服务贸易行业的 TC 指数在 2005～2017 年的变化情况，我们可看到，2017 年中国内地 TC 指数大于 0 的行业有建筑业、金融业、计算机信息业和咨询业，说明这 4 个行业的商品在 2017 年为净出口，在国际上具有比较大的优势和较强的国际竞争力，其中咨询业的 TC 指数最接近于 1，为 0.98，说明 2017 年中国内地的咨询业国际竞争力为各服务行业中最强，这主要得益于“一带一路”建设的开展，我们加强了与沿线国家和地区的经贸往来。而 2017 年中国内地 TC 指数小于 0 的行业则有旅游、专有权使用费、保险和运输业，说明这 4 个行业的商品在 2017 年为净进口，在国际上具有比较小的优势和较弱的国际竞争力，其中专有权使用费的 TC 指数最接近于－1，为－0.71，说明 2017 年中国内地在知识产权、专利权领域还处于国际上比较弱势的地位，中国内地缺乏自主研发的知识产权和专利产品，多年来一直在这一服务领域为净进口。令人欣喜的是，我们通过这 13 年的变化趋势可以看出，这一势态也在好转。另一个可喜变化是虽然在 2005 年我们在新兴现代服务业的 TC 指数几乎都小于 0，具有较弱的国际竞争力，其中在保险和专有权使用费

上该指数都接近于 -1，但经过 13 年的努力发展后，我们的新兴现代服务业的 TC 指数不断提高，金融业、计算机信息业和咨询业的该指数已表现出具有较强的国际竞争力。随着我国党的十九大报告提出的“要以‘一带一路’建设为重点，坚持引进来和走出去并重，遵循共商共建共享原则，加强创新能力开放合作，形成陆海内外联动、东西双向互济的开放格局”倡议，中国内地已建立起一批高水平高质量的自贸试验区，并形成东中西部全方位制度创新的“雁行阵”格局。支付宝、微信支付及共享单车走出去，外贸结构不断优化，全面开放新格局也会使开放水平越来越高，开放的优势也更加明显。相信未来随着“一带一路”建设不断推进，自贸区、自贸试验区和自由贸易港建设的深入开展，中国内地服务贸易结构也将不断优化升级，新兴现代服务业的国际竞争力也会不断提升。

表 4-5　2005~2017 年中国内地各服务行业 TC 指数发展情况

年份	运输	旅游	建筑	保险	金融	计算机信息	专有权使用费	咨询
2005	-0.30	0.15	0.23	-0.86	-0.05	0.06	-0.94	-0.07
2006	-0.24	0.17	0.15	-0.88	-0.72	0.26	-0.94	-0.03
2007	-0.16	0.11	0.30	-0.84	-0.41	0.33	-0.92	0.03
2008	-0.13	0.06	0.41	-0.80	-0.28	0.33	-0.90	0.15
2009	-0.33	-0.05	0.23	-0.75	-0.25	0.34	-0.93	0.16
2010	-0.30	-0.09	0.48	-0.80	-0.02	0.51	-0.88	0.20
2011	-0.39	-0.20	0.60	-0.73	0.06	0.52	-0.90	0.21
2012	-0.38	-0.34	0.54	-0.72	-0.01	0.58	-0.89	0.25
2013	-0.43	-0.43	0.47	-0.69	-0.08	0.44	-0.92	0.26
2014	-0.43	-0.68	0.52	-0.66	-0.04	0.37	-0.94	0.27
2015	-0.38	-0.69	0.24	-0.28	-0.06	0.39	-0.90	0.98
2016	-0.41	-0.70	0.20	-0.52	0.22	0.36	-0.90	0.98
2017	-0.43	-0.74	0.47	-0.44	0.40	0.18	-0.71	0.98

（二）中国港澳台TC指数变化情况

2005～2016年中国香港各主要服务贸易行业的贸易竞争力TC指数的变化情况如表4－6所示。我们可以发现，这几年香港TC指数均值大于0的行业有金融业（0.6）、运输业（0.28）、计算机信息业（0.18）、旅游（0.1）和建筑业（0.1），说明香港这几个行业的贸易在这几年中为净出口，其中金融业TC指数大于0.5，显示出在国际上具有比较大的优势和较强的国际竞争力；这期间香港服务行业TC指数均值小于0的是专有权使用费（－0.6）和保险（－0.13），其中专有权使用费TC指数小于－0.5，说明香港的这两个行业在国际上的国际竞争力不具优势或是较弱。通过上述分析可以看到，香港作为极为活跃的国际金融中心及著名的贸易自由港，其境内拥有的高端专业人士和完善的基础设施、金融体系内极高的资金流动率和世界先进的金融监管制度都保障了香港金融业及运输业的国际竞争优势地位，中国内地通过与中国香港加强经贸往来，一方面中国内地广阔的市场需求有助于扩大香港金融及运输服务贸易的出口，另一方面也

表4－6　2005～2016年中国香港各服务行业TC指数发展情况

年份	运输	旅游	建筑	保险	金融	计算机信息	专有权使用费
2005	0.29	－0.13	0.07	－0.17	0.63	0.05	－0.68
2006	0.29	－0.09	0.05	－0.29	0.64	0.12	－0.68
2007	0.27	－0.04	0.08	－0.16	0.63	0.04	－0.62
2008	0.27	－0.03	0.10	－0.13	0.58	0.14	－0.62
2009	0.29	0.03	0.08	－0.13	0.56	0.19	－0.63
2010	0.31	0.12	0.46	－0.16	0.57	0.24	－0.66
2011	0.28	0.20	0.29	－0.17	0.57	0.27	－0.63
2012	0.27	0.24	0.01	－0.13	0.60	0.24	－0.59
2013	0.27	0.29	0.06	－0.14	0.59	0.23	－0.56
2014	0.27	0.27	0.02	－0.09	0.60	0.19	－0.51
2015	0.26	0.22	0.01	－0.05	0.60	0.20	－0.49
2016	0.25	0.15	0.00	0.01	0.58	0.19	－0.47

会有助于加快中国内地金融业对外开放步伐，促进内地金融法规与世界接轨及中国内地运输服务的提升。再看中国澳门这几年的贸易竞争力 TC 指数情况（见表 4 – 7），均值大于 0 的行业有旅游（0.92）、金融（0.21）和运输（0.20），均值小于 0 的行业有保险（ – 0.43）和计算机信息业（ – 0.16），其中旅游业 TC 指数非常接近于 1，是澳门地区最具有国际竞争力的产业，金融和运输业 TC 指数大于 0，具有一定的竞争力，这些都与中国内地形成优势互补。中国政府早在 2003 年就与香港、澳门特区政府分别签署了内地与香港、澳门《关于建立更紧密经贸关系的安排》（即 CEPA），CEPA 是我国国家主体与香港、澳门单独关税区之间签署的自由贸易协议，也是内地第一个全面实施的自由贸易协议。CEPA 签订至今已有 15 年，中国内地与我国港澳台在经贸方面关系也大大加强。中国台湾的贸易竞争力 TC 指数情况（见表 4 – 8）显示，其这几年均值大于 0 的服务业只有金融业（0.42），其他服务业的 TC 指数均小于 0，其中负值较大的为专有权使用费（ – 0.73）和保险业（ – 0.47），说明台湾在金融业上略有贸易竞争力，而在其他服务行业上就都不具有竞争力了，其中专有权使用费 TC 指数接近 – 0.8，保险业 TC 指数接近 – 0.5，说明这两个产业服务贸易竞争力较低。从这个指标上可以看出，2005 ~ 2017 年中国台湾服务贸易发展状况相比较中国港澳地区不太理想。中国内地及港澳台地区共同在专有权使用费和保险业上的国际贸易竞争力较弱，显示出对于知识和技术的创新能力不断提高。

表 4 – 7　2005 ~ 2016 年中国澳门各服务行业 TC 指数发展情况

年份	运输	旅游	保险	金融	计算机信息
2005	0.30	0.89	–0.73	0.03	–0.08
2006	0.28	0.90	–0.69	0.00	–0.15
2007	0.21	0.91	–0.69	0.03	–0.07
2008	0.22	0.91	–0.67	0.14	–0.05
2009	0.19	0.92	–0.62	0.19	–0.16

续表

年份	运输	旅游	保险	金融	计算机信息
2010	0.25	0.93	-0.51	0.28	0.02
2011	0.22	0.94	-0.49	0.13	-0.03
2012	0.21	0.94	-0.46	0.20	-0.13
2013	0.17	0.95	-0.43	0.39	-0.22
2014	0.11	0.94	-0.30	0.51	-0.29
2015	0.10	0.92	0.02	0.43	-0.32
2016	0.16	0.92	0.46	0.24	-0.42

表4-8　2005~2017年中国台湾各服务行业TC指数发展情况

年份	运输	旅游	建筑	保险	金融	计算机信息	专有权使用费
2005	-0.16	-0.27	-0.51	-0.45	0.05	-0.32	-0.77
2006	-0.17	-0.26	-0.32	-0.31	-0.07	-0.22	-0.81
2007	-0.05	-0.27	-0.30	-0.52	0.24	-0.24	-0.84
2008	-0.09	-0.21	0.00	-0.52	0.54	-0.18	-0.88
2009	-0.09	-0.07	0.55	-0.47	0.35	-0.21	-0.87
2010	0.02	-0.04	0.19	-0.47	0.59	-0.18	-0.83
2011	0.01	0.05	0.20	-0.49	0.54	-0.11	-0.75
2012	0.01	0.05	-0.12	-0.47	0.62	-0.03	-0.72
2013	0.01	0.00	-0.15	-0.52	0.59	0.08	-0.67
2014	0.03	0.02	-0.02	-0.49	0.61	0.18	-0.72
2015	-0.02	-0.04	-0.05	-0.50	0.53	0.24	-0.65
2016	-0.11	-0.11	0.01	-0.43	0.50	0.28	-0.62
2017	-0.06	-0.19	-0.01	-0.43	0.37	0.24	-0.30

（三）印度、日本及美国TC指数变化情况

从表4-9显示的2005~2017年印度各主要服务贸易行业的贸易竞争力TC指数的变化情况可知，这几年TC指数均值在计算机信息业上（0.83）贸易竞争力突出，在旅游和金融业上TC指数略大于0，具有贸易

表 4-9　2005~2017 年印度各服务行业 TC 指数发展情况

年份	运输	旅游	建筑	保险	金融	计算机信息	专有权使用费
2005	-0.67	0.10	-0.27	-0.59	0.14	0.84	-0.53
2006	-0.65	0.12	-0.12	-0.59	0.09	0.82	-0.87
2007	-0.66	0.13	0.02	-0.56	0.02	0.75	-0.75
2008	-0.54	0.10	0.09	-0.47	0.10	0.79	-0.82
2009	-0.52	0.09	-0.14	-0.45	-0.02	0.83	-0.81
2010	-0.56	0.16	-0.31	-0.48	-0.08	0.84	-0.90
2011	-0.53	0.13	-0.15	-0.41	-0.14	0.87	-0.81
2012	-0.55	0.19	-0.09	-0.48	0.00	0.87	-0.85
2013	-0.54	0.23	-0.07	-0.47	0.04	0.87	-0.80
2014	-0.52	0.15	0.17	-0.44	0.16	0.85	-0.76
2015	-0.57	0.17	0.22	-0.45	0.26	0.87	-0.83
2016	-0.52	0.16	0.37	-0.41	0.01	0.84	-0.82
2017	-0.54	0.20	0.30	-0.44	-0.13	0.80	-0.82

顺差。TC 指数小于 0 的行业为专有权使用费（-0.8）、运输（-0.57）和保险业（-0.48），显示出这三个服务业贸易竞争力较弱。这说明印度的服务贸易国际竞争力主要源于它的计算机信息业大力发展的对外承接软件及信息流程的外包业务，其他服务业发展不平衡，印度服务贸易的发展单一依赖于其计算机软件业。2005~2017 年，日本 TC 指数排名前三且为正值的服务贸易行业分别为专有权使用费、金融服务、建筑服务，其 TC 指数值分别为 0.22、0.21、0.13（见表 4-10），说明这三个行业是日本有较强竞争优势的行业。日本自很早便开始注重知识及技术的创新运用，专有权使用费服务贸易在世界范围内具有一定优势，且近些年该优势不断增强。日本服务贸易 TC 指数小于 0，也是其竞争劣势较大的行业为保险服务（-0.63）、计算机信息（-0.49）和旅游服务（-0.22）。此外，运输业也呈现贸易逆差的情况。整体来看，日本的服务贸易竞争优势主要体现在部分知识密集型现代服务贸易产业，传统服务贸易产业大多处于竞争

劣势，表明日本服务贸易结构具有高度现代化和高附加值的特征。最后看美国的情况（见表4－11），贸易竞争力TC指数为正的行业有金融业（0.59）、专有权使用费（0.52）及旅游业（0.21），前两个行业的TC指数都大于0.5，说明美国在金融业和专用权使用费上具有较强的竞争力，在这两个行业中处于世界第一强国的位置，拥有较强的创新研发能力，在发明专利和高端技术研发领域都遥遥领先其他国家。美国的旅游行业TC值较高，与语言环境有关，可以吸引较多国外游客来本国旅游观光。此外，美国TC指数为负的、劣势较显著的行业是保险业（－0.56），可能因为人口基数高、进口规模较大，导致保险行业TC值偏低。另外，运输和计算机信息业的TC指数也略小于0，不具有竞争优势。

表4－10 2005～2017年日本各服务行业TC指数发展情况

年份	运输	旅游	建筑	保险	金融	计算机信息	专有权使用费
2005	－0.06	－0.50	0.20	－0.38	0.30	－0.34	0.09
2006	－0.06	－0.52	0.18	－0.49	0.35	－0.47	0.13
2007	－0.08	－0.48	0.13	－0.51	0.26	－0.51	0.16
2008	－0.07	－0.44	0.10	－0.69	0.16	－0.52	0.17
2009	－0.12	－0.42	0.04	－0.71	0.22	－0.52	0.13
2010	－0.05	－0.36	0.15	－0.68	0.07	－0.44	0.17
2011	－0.09	－0.43	0.17	－0.61	0.10	－0.45	0.21
2012	－0.13	－0.31	0.20	－1.11	0.18	－0.42	0.23
2013	－0.09	－0.18	0.13	－0.95	0.12	－0.40	0.28
2014	－0.07	－0.01	0.04	－0.53	0.16	－0.57	0.28
2015	－0.07	0.22	0.13	－0.50	0.26	－0.61	0.36
2016	－0.09	0.25	0.12	－0.54	0.31	－0.57	0.33
2017	－0.08	0.30	0.11	－0.52	0.22	－0.49	0.34

表 4-11　2005~2017 年美国各服务行业 TC 指数发展情况

年份	运输	旅游	建筑	保险	金融	计算机信息	专有权使用费
2005	-0.18	0.12		-0.58	0.53	-0.01	0.49
2006	-0.15	0.11	0.06	-0.61	0.53	-0.07	0.54
2007	-0.09	0.14	0.04	-0.63	0.52	-0.05	0.57
2008	-0.06	0.18	0.06	-0.63	0.57	-0.03	0.55
2009	-0.02	0.19	0.06	-0.63	0.63	-0.04	0.52
2010	-0.02	0.23	0.06	-0.62	0.65	-0.07	0.54
2011	-0.01	0.25	0.03	-0.57	0.64	-0.06	0.55
2012	-0.01	0.23	-0.01	-0.54	0.64	0.00	0.53
2013	-0.02	0.29	-0.09	-0.52	0.63	-0.01	0.53
2014	-0.02	0.29	-0.08	-0.49	0.62	-0.03	0.51
2015	-0.05	0.28	-0.07	-0.49	0.60	-0.01	0.51
2016	-0.07	0.25	-0.05	-0.49	0.59	-0.01	0.47
2017	-0.08	0.20		-0.47	0.58	-0.02	0.45

第五节　显示性比较优势分析

显示性比较优势指数（RCA 指数）是指一个国家某种商品或服务出口额占其出口总值的份额与世界出口总额中该类商品或服务出口额所占份额的比率。它是衡量一国产品或服务国际市场竞争力的最具说服力的指标，通过 RCA 指数可以判断出一国的服务贸易是否具有比较优势；这一指数也可以判定一国的哪些产业更具出口竞争力，从而揭示一国在国际贸易中的比较优势。公式为：

$$RCA = \frac{s_1}{\sum_{i=1}^{n} s_i} \div \frac{w_1}{\sum_{i=1}^{n} w_i}$$

其中，RCA 表示一国或一地区在某项服务贸易的显示性比较优势指数；s_i 表示一国服务 i 的出口额；$\sum_{i=1}^{n} s_i$ 表示一国服务贸易的总出口额；w_i 表示服务 i 的世界的出口总额；$\sum_{i=1}^{n} w_i$ 表示世界服务贸易的总出口额。一般而言，当 $RCA>2.5$，代表该国 j 产业具备极强的竞争力，当 $1.25<RCA<2.5$，说明该国 j 产业有很强的竞争力，当 $0.8<RCA<1.25$，说明该国 j 产业有较强的竞争力，当 $RCA<0.8$，说明该国 j 产业竞争力较弱。先来看一下 7 个经济体总的 RCA 指数情况，这一指数公式可以变化为一国或经济体的服务贸易总体 RCA 指数 =（一国服务贸易出口额/一国出口总额）/（世界服务贸易出口额/世界出口总额）。

一、不同经济体整体服务贸易 RCA 指数比较

通过对 7 个经济体服务贸易 RCA 指数在 2005～2017 年的变化进行观察（见表 4－12），发现从该指数均值上看，大于 1 的经济体有中国澳门（4.27）、印度（1.62）和美国（1.44）；小于 1 的经济体有日本（0.8）、中国香港（0.78）、中国台湾（0.42）和中国内地（0.23）（见图 4－46）。中国澳门的 RCA 指数居首位，为 4.27，大于 2.5，表明该经济体的服务产业在国际市场上具备极强的比较优势；印度（1.62）和美国（1.44）的 RCA 指数处于［1.25，2.5］区间内，说明这两个国家的服务产业有很强的比较优势，其中美国服务贸易 RCA 指数比较稳定，在 13 年的时间内基本稳定在 1.44 左右，具备较强的国际竞争力；日本的 RCA 指数正好等于 0.8，中国香港该指数也非常接近于 0.8，说明日本和中国香港服务产业还是具有一定的竞争力的；而中国台湾和中国内地这一指数远小于 0.8，说明这两个经济体服务产业国际比较优势较弱。中国内地在 2005～

2017 年，RCA 指数均值只有 0.23，在 7 个经济体中比较优势最弱，而且中国内地的 RCA 指数这几年有恶化的趋势，如在 2010 年该指数达到 0.25，但随后几年一直下降，到 2017 年下降为 0.20，说明近些年中国内地服务贸易的出口规模落后于世界同期水平且有加重趋势，服务贸易的竞争力较弱。

表 4－12　2005～2017 年各经济体服务贸易 RCA 指数发展情况

年份	中国内地	中国香港	中国澳门	中国台湾	印度	日本	美国
2005	0.23	0.71	3.66	0.39	1.63	0.73	1.40
2006	0.23	0.75	3.85	0.36	1.77	0.74	1.41
2007	0.24	0.79	3.97	0.38	1.74	0.73	1.42
2008	0.25	0.81	4.31	0.39	1.71	0.78	1.42
2009	0.23	0.75	4.13	0.38	1.57	0.80	1.43
2010	0.25	0.82	4.62	0.41	1.62	0.74	1.46
2011	0.23	0.88	4.91	0.44	1.58	0.77	1.50
2012	0.22	0.87	4.83	0.41	1.63	0.75	1.48
2013	0.22	0.83	4.69	0.42	1.54	0.79	1.48
2014	0.23	0.79	4.41	0.45	1.49	0.87	1.43
2015	0.27	0.73	4.05	0.46	1.56	0.89	1.43
2016	0.20	0.68	3.98	0.49	1.57	0.90	1.42
2017	0.20	0.69	4.07	0.49	1.60	0.90	1.42

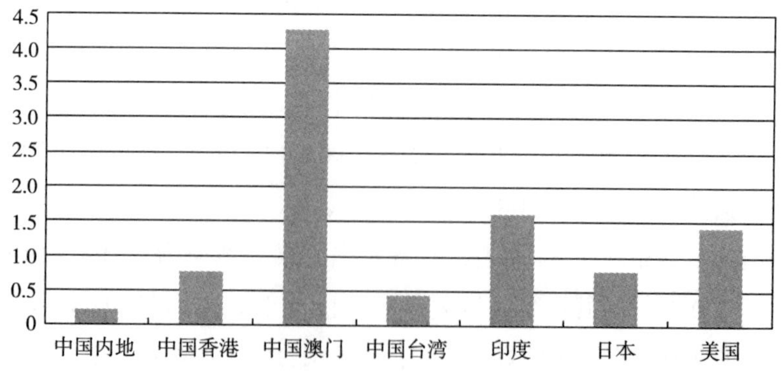

图 4－46　各经济体服务贸易 RCA 指数情况（2005～2017 年均值）

二、不同经济体分行业服务贸易RCA指数比较

（一）中国内地及港澳台情况

由表4-13可计算出2005～2017年中国内地RCA指数均值大于0.8的行业分别是建筑（2.84）、旅游（1.1）、运输（0.95），说明这几个传统行业在中国内地具有较强的比较优势，具备一定的国际出口能力且出口水平高于同期世界平均水平。但在所有行业当中，只有建筑业RCA指数大于1.25，即具有明显的比较优势，说明建筑行业作为中国内地最主要的服务出口部门，出口比重远高于世界同期水平，形成了很强的国际竞争力。而中国内地现代服务行业的竞争力普遍偏低，计算机信息业（0.72）、保险（0.5）、金融（0.08）、专有权使用费（0.08）的RCA指数都小于0.8，说明中国内地知识密集型现代服务行业的出口能力较弱且市场竞争力水平低下。若观察2003～2017年中国内地这些服务行业的年均增速情况（见图4-47），会发现不一样的现象，即运输（1%）、旅游（-4%）传统行业的增速很小甚至为负值，但是现代服务产业增速却十分可观，如专有权使用费（15%）、建筑（11%）、金融业（10%）和保险业（9%）。可见，虽然目前中国内地传统服务业在国际市场上绝对值仍占比较优势，但从年增速水平上看，现代化服务业的比较优势正在以较高的速度增长。通过表4-14可进行中国香港各服务行业RCA指数均值的比较，我们看到中国香港具有很强比较优势的服务业，即RCA指数大于1.25的是金融（1.93）和运输业（1.73），这与其国际金融中心及自由港口地位相符，此外，旅游业RCA指数（1.18），也显示出较强的比较优势，其RCA指数小于0.8的行业有保险（0.42）、计算机信息（0.25）、建筑（0.16）和专有权使用费（0.09），这些行业的国际比较优势较弱。表4-15表明中国澳门服务业一家独大现象显著，即旅游业RCA指数（3.78）明显大于2.5，代表其旅游业具备极高比较优势，具有极强的国际竞争力。而其他服务业RCA指数都远小于0.8，国际比较优势较弱，这表明中国澳门服务业出现极化发展，发展极不平衡，服务贸易过度依赖旅游业本身就蕴含

表 4-13　2003～2017 年中国内地各服务行业 RCA 指数发展情况

年份	运输	旅游	建筑	保险	金融	计算机信息	专有权使用费
2003	0.80	1.30	1.32	0.23	0.05	0.60	0.04
2004	0.89	1.46	1.17	0.25	0.02	0.65	0.06
2005	0.95	1.51	2.04	0.29	0.02	0.32	0.03
2006	1.06	1.47	1.63	0.22	0.02	0.41	0.04
2007	1.18	1.25	2.28	0.29	0.02	0.45	0.05
2008	1.16	1.16	3.00	0.37	0.02	0.51	0.07
2009	0.92	1.25	3.02	0.44	0.04	0.56	0.05
2010	0.95	1.09	3.94	0.41	0.09	0.64	0.08
2011	0.95	1.09	3.84	0.67	0.05	0.76	0.07
2012	1.01	1.07	3.05	0.64	0.12	0.84	0.09
2013	0.91	0.98	2.51	0.70	0.16	0.79	0.07
2014	0.82	0.74	2.96	0.71	0.21	0.80	0.04
2015	0.74	0.64	2.96	0.70	0.09	0.92	0.06
2016	0.94	0.87	3.37	0.77	0.17	1.28	0.08
2017	0.93	0.69	5.57	0.74	0.19	1.24	0.30

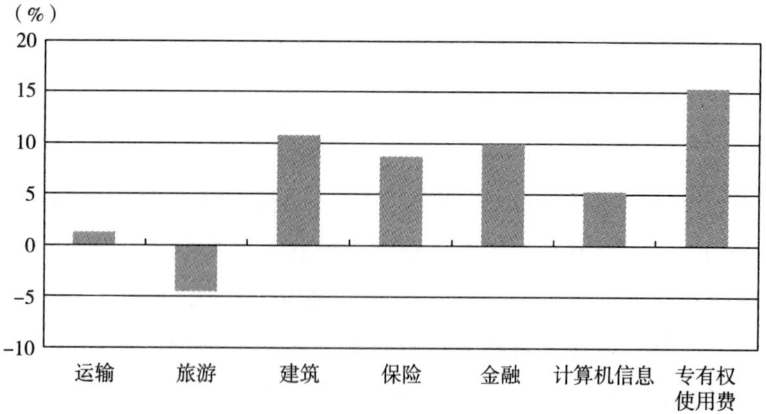

图 4-47　2003～2017 年中国内地各服务行业 RCA 指数年均增速

表 4-14　2005~2017 年中国香港各服务行业 RCA 指数发展情况

年份	运输	旅游	建筑	保险	金融	计算机信息	专有权使用费
2005	1.98	0.83	0.39	0.43	1.61	0.26	0.08
2006	1.92	0.85	0.27	0.31	1.90	0.22	0.08
2007	1.83	0.88	0.28	0.42	1.99	0.16	0.09
2008	1.84	0.91	0.12	0.34	1.95	0.21	0.10
2009	1.85	1.04	0.09	0.34	1.99	0.22	0.10
2010	1.76	1.13	0.08	0.44	1.88	0.27	0.08
2011	1.72	1.28	0.07	0.38	1.79	0.27	0.08
2012	1.61	1.37	0.16	0.35	1.89	0.27	0.09
2013	1.53	1.50	0.19	0.36	1.80	0.27	0.09
2014	1.57	1.49	0.16	0.43	1.91	0.28	0.09
2015	1.57	1.43	0.08	0.51	2.06	0.28	0.09
2016	1.66	1.36	0.07	0.58	2.05	0.29	0.10
2017	1.67	1.31		0.61	2.21		

表 4-15　2005~2017 年中国澳门各服务行业 RCA 指数发展情况

年份	运输	旅游	保险	金融	计算机信息
2005	0.23	3.41	0.08	0.22	0.09
2006	0.23	3.56	0.08	0.18	0.08
2007	0.18	3.71	0.08	0.18	0.09
2008	0.13	3.80	0.05	0.25	0.08
2009	0.11	3.82	0.04	0.16	0.05
2010	0.10	3.84	0.05	0.20	0.05
2011	0.09	3.90	0.05	0.13	0.03
2012	0.08	3.90	0.05	0.18	0.02
2013	0.07	3.85	0.05	0.20	0.01
2014	0.07	3.92	0.08	0.28	0.01
2015	0.10	3.84	0.21	0.37	0.02
2016	0.10	3.78	0.52	0.32	0.01
2017	0.09	3.81			0.01

着风险。中国台湾服务业具有很强国际竞争力的是运输（1.5）和旅游（1.27），而其他行业的 RCA 指数都小于0.8，国际比较优势较弱，其中比较优势最弱的后三个行业分别是保险（0.47）、计算机信息（0.37）和专有权使用费（0.33）（见表4－16）。这表明中国台湾服务业也表现出传统服务业占优势，现代化服务业占劣势的状况。

表4－16　2005～2017年中国台湾各服务行业 RCA 指数发展情况

年份	运输	旅游	建筑	保险	金融	计算机信息	专有权使用费
2005	1.48	1.05	0.39	0.80	1.02	0.30	0.21
2006	1.53	1.09	0.44	0.94	0.73	0.29	0.22
2007	1.82	0.97	0.47	0.60	0.61	0.24	0.17
2008	1.73	1.06	0.43	0.51	0.56	0.24	0.14
2009	1.56	1.36	0.59	0.44	0.40	0.26	0.19
2010	1.73	1.34	0.62	0.46	0.37	0.27	0.29
2011	1.54	1.48	0.54	0.48	0.34	0.30	0.45
2012	1.43	1.39	0.62	0.41	0.61	0.35	0.45
2013	1.42	1.36	0.68	0.32	0.64	0.41	0.47
2014	1.39	1.46	1.11	0.30	0.67	0.45	0.32
2015	1.31	1.45	0.99	0.25	0.66	0.51	0.42
2016	1.24	1.32	1.62	0.27	0.71	0.58	0.43
2017	1.26	1.12	1.57	0.38	0.74	0.64	0.53

（二）印度、日本及美国情况

再来看另外三个国家2005～2017年各自服务行业 RCA 指数情况，印度服务贸易也出现一家独大的情况（见表4－17），其计算机信息业 RCA 指数均值最高，为3.87，表现出极强的比较优势，而其他服务业的 RCA 指数这几年的均值虽均小于0.8，说明其他服务业的国际竞争力较弱，但却发展相对平衡，除了专有权使用费 RCA 指数最小，为0.04，其他服务业 RCA 指数均在0.5左右，表现出良好的发展潜力，这一现象说明印度的服务贸易虽目前主要依赖于它的计算机软件外包服务，但印度作为2017

年国际服务贸易排名第9位的国家，其各服务行业基础良好。从这几年RCA指数均值上看，日本的建筑业（3.78）和专有权使用费（3.3）表现出极强的比较优势，在国际服务市场上具有极强的竞争力。另外，日本的运输业（1.4）也表现出很强的国际竞争力，日本国际服务贸易比较优势较弱的行业分别是金融（0.52）、旅游（0.46）、保险（0.33）和计算机信息业（0.19）。日本服务贸易国际排名在2017年为第8名，从RCA指数上（见表4－18）也可看出日本极其注重知识和技术创新，并且还在不断加强这方面的优势，并充分发挥其作为一个岛国的优势。这也与日本作为国际服务贸易排名第8位的地位相符合。最后看一下美国的情况，2005～2017年的RCA指数均值显示（见表4－19），美国国际服务贸易比较优势极强的是专有权使用费（2.99），国际竞争力极强，但这一数值不如日本高。美国的金融业RCA指数均值（1.44）大于1.25，具有很强的国际竞争力，同时美国的旅游业（1.03）和保险业（0.92）RCA指数均值都大于0.8，表现出较强的国际竞争力，美国建筑业RCA指数均值最低，为0.22，并有逐年下降趋势。另外，运输（0.63）和计算机信息业（0.52）虽比较优势较弱，但这几年发展都非常平稳，RCA指数也并不是太低，说明具有良好的发展基础。这些数值表明美国牢牢占据产业链高端，在高新技术领域遥遥领先。以知识产权出口为例，2017年美国出口达1279亿美元，稳居世界首位，是中国的26倍（朱民，2018）。

表4－17　2005～2017年印度各服务行业RCA指数发展情况

年份	运输	旅游	建筑	保险	金融	计算机信息	专有权使用费
2005	0.57	0.55	0.39	0.72	0.27	4.24	0.06
2006	0.58	0.49	0.49	0.59	0.38	4.10	0.01
2007	0.54	0.51	0.45	0.68	0.40	4.18	0.03
2008	0.53	0.47	0.34	0.59	0.46	4.22	0.02
2009	0.61	0.49	0.36	0.58	0.44	4.12	0.03

续表

年份	运输	旅游	建筑	保险	金融	计算机信息	专有权使用费
2010	0.54	0.51	0.21	0.62	0.58	4.10	0.02
2011	0.62	0.53	0.29	0.75	0.51	3.90	0.04
2012	0.60	0.50	0.30	0.57	0.44	3.71	0.04
2013	0.58	0.50	0.41	0.54	0.49	3.93	0.05
2014	0.62	0.52	0.49	0.55	0.41	3.73	0.06
2015	0.50	0.56	0.49	0.51	0.38	3.64	0.04
2016	0.54	0.57	0.72	0.52	0.35	3.38	0.05
2017	0.53	0.61	0.66	0.57	0.28	3.03	0.05

表 4-18　2005～2017 年日本各服务行业 RCA 指数发展情况

年份	运输	旅游	建筑	保险	金融	计算机信息	专有权使用费
2005	1.61	0.47	4.15	0.34	0.61	0.20	2.80
2006	1.60	0.31	4.48	0.53	0.63	0.16	3.08
2007	1.59	0.31	4.40	0.44	0.53	0.16	3.23
2008	1.48	0.32	4.16	0.27	0.44	0.14	3.21
2009	1.32	0.35	4.25	0.25	0.45	0.14	2.92
2010	1.49	0.40	3.68	0.39	0.31	0.16	3.32
2011	1.44	0.32	3.71	0.48	0.33	0.16	3.37
2012	1.55	0.44	4.04	-0.11	0.41	0.19	3.86
2013	1.50	0.45	3.56	0.05	0.39	0.22	3.90
2014	1.27	0.48	3.27	0.36	0.52	0.21	3.52
2015	1.19	0.63	3.37	0.39	0.71	0.21	3.26
2016	1.05	0.72	3.02	0.39	0.76	0.22	3.23
2017	1.06	0.75	2.99	0.45	0.65	0.26	3.17

表 4-19 2005~2017 年美国各服务行业 RCA 指数发展情况

年份	运输	旅游	建筑	保险	金融	计算机信息	专有权使用费
2005	0.64	1.04	0.21	0.81	1.30	0.54	3.22
2006	0.64	1.00	0.24	0.84	1.28	0.52	3.36
2007	0.62	1.00	0.29	0.87	1.29	0.52	3.39
2008	0.62	1.05	0.31	1.00	1.34	0.52	3.37
2009	0.61	0.96	0.32	1.01	1.43	0.52	3.13
2010	0.60	0.99	0.23	1.05	1.49	0.53	3.19
2011	0.62	0.99	0.24	0.97	1.42	0.53	3.21
2012	0.63	1.01	0.23	0.94	1.40	0.55	3.14
2013	0.64	1.02	0.15	0.89	1.55	0.54	3.05
2014	0.64	1.07	0.12	0.89	1.67	0.50	2.69
2015	0.64	1.13	0.17	0.87	1.53	0.49	2.41
2016	0.65	1.12	0.10	0.86	1.47	0.49	2.37
2017	0.64	1.07		0.97	1.57	0.51	2.30

第六节 中国服务贸易国际竞争力提升中存在的问题

通过以上对中国服务贸易国际竞争力的分析，我们可以看出中国服务贸易国际竞争力提升的关键问题和阻碍如下。

一、产业政策需要及时调整

中国服务业整体表现出对外开放程度相对滞后，国际竞争力明显偏弱。这是由于中国改革开放以来产业政策向制造业倾斜，一直强调发展第一、第二产业，使得第三产业发展起步晚。一是造成服务业的发展及开放程度相对滞后；二是使服务贸易出口最先形成比较优势的行业是与制造业关联密切的传统服务业，如运输、建筑等。中国服务业发展起步晚，国际竞争力弱必然对外开放程度就低、开放进程就缓慢，这也符合德国经济学李斯特（Friedrich List，1789—1846）提出的幼稚产业保护理论的主张，即一国的新兴产业还处于最适度规模的初创时期时，可能经不起外国的竞争。如果通过对该产业采取适当的保护政策，提高其竞争能力，将来可以具有比较优势，就应采取过渡性的保护、扶植政策。

二、现代服务业是提升中国服务贸易国际竞争力的关键

我国传统服务行业即建筑、旅游和运输行业在贸易往来中虽然有较大的逆差，但是我国传统服务行业的出口规模仍然具备一定的比较优势，我国服务贸易进出口仍集中于运输和旅游等传统服务部门，虽然专利服务、保险、金融服务等现代服务行业近几年也在不断发展，甚至在计算机信息、咨询等行业上服务贸易顺差额有逐年增大的趋势，但是各项测量服务贸易竞争力的指标都显示，中国的现代服务行业国际竞争力还很弱，基本不具有比较优势，与世界同期水平相比也处于落后的地位。因此，提高我国服务贸易竞争力的重点在于提高现代服务贸易的发展水平。

三、现代服务业的开放力度小，国内垄断未打破

我国现代服务业开放力度小，与政府对外资投资的严格管制是分不开的，这些管制不仅包括对外国企业的限制，还包括对本国新进企业的限制，管制的领域涉及电信、金融、教育、交通等多数服务贸易领域。严格的市场准入制度使得服务贸易缺乏公平的竞争环境，而且以国有经济为主导的服务贸易部门工作效率低下，严重妨碍了我国服务贸易国际贸易竞争力的提高。保护幼稚产业理论也是强调要对受保护的产业确定适当保护期限的，而不能一味保护下去，否则适得其反。中国自2001年加入WTO后也已承诺对电信业、金融业、保险业实行逐步开放原则。根据承诺，这些行业的对外开放也应基本上在“入世”后的5~6年内完成，做到在这些

行业内取消地域限制、打破垄断格局，形成竞争性市场，然而“入世”十几年过去了，我们在这些领域取得了很多成绩，但离“打破垄断格局，形成竞争性市场”还有不小距离。因此，中国长期对金融、保险、通信等高技术高资本的服务领域过度垄断，服务贸易壁垒程度过高，致使中国服务效率低下，间接影响了中国服务的国际竞争力（赵若锦，2017）。

四、中国内地与港澳台之间的服务贸易未形成合力

在中国内地与香港的经贸合作上，尽管双方于2003年签订了《内地与香港关于建立更紧密经贸关系的安排》，以及在随后的时间里，一共又签署了10份补充协议，目前，两地服务业合作的框架日趋成熟，但有学者研究指出CEPA的服务贸易创造效应并没有达到预期效果，如在运输、保险服务、金融业和其他商业服务方面效果都不如预期。这是因为内地一些城市与香港在软件的配置上依旧存在很大的差距，有些问题已经成为两地深化合作的机制性和技术性障碍。如内地相关配套的法律和法规还没有建立，无形中给香港企业在内地开展业务增加了困难。另外，一些技术性标准在内地和香港之间仍然存在很大的差距，这对两地服务贸易的进一步合作造成障碍。内地在一些关键部门对香港的服务提供者仍然有明确的限制，如通信和银行。同时香港进入内地的服务型企业大多为中小企业，很难与国有垄断性企业相竞争。这些都限制了CEPA对香港和内地的服务贸易的促进作用（闫琛，2016）。另外，中国大陆与台湾之间的服务贸易往来也进展不畅，大陆海协会与台湾海基会早在2010年6月就签署了《两岸经济合作框架协议》（ECFA），ECFA中包括大多数的货物关税减让和服务合作，在发展水平上属于自由贸易区，下一发展阶段机制为共同市场。可以说，ECFA的签订为两岸下一步的合作深化提供了一个机制平台，为两岸走向共同市场奠定了坚实的基础。但由于台湾方面不乏人士疑虑台商西进将导致资金失血、产业空洞化、培养对手及恶化失业等经济冲击，更疑虑海峡两岸经贸交流造成的政治影响，如大陆人员、资金借服务贸易之名大规模进入台湾后形成不战而统的后果。因而在投资、人员流动、教育

认证中处处限制开放范围和条件，给两岸服务贸易自由化的推进造成了很大的阻碍。这些因素都使中国内地与港澳台之间的服务贸易难以做到实质融合，更难真正做到优势互补。

第七节　小结

2002～2017年，中国服务贸易总额不断扩大，增长速度迅猛，年均增长速度高于同期世界服务贸易总额增长水平。但这期间服务贸易一直存在逆差，并且服务贸易逆差有逐年扩大的趋势。在我们考察的7个经济体中，服务贸易总额占对外贸易总额的比重，中国内地并不高，仅略高过台湾，但从年增速上看，中国的服务贸易占总贸易比重增速最快。2005～2017年，中国服务贸易进出口总额占世界服务贸易总额的比重在我们考察的7个经济体中位居第二，美国这一比重位居第一且比值远高于中国内地，其次是日本、印度、中国香港、中国台湾和中国澳门，基本与2017年世界各国服务贸易排名相符。从这一比重年增速的情况看，中国澳门和中国内地是增速最快的前两个经济体，美国服务贸易进出口占世界服务贸易总额的比重最高，但它的增长速度却是负值（－0.24%）；中国服务贸易进出口结构在2002～2017年不断得到改善，高附加值新兴服务贸易进出口总额年均增长率高于劳动密集型服务贸易的进出口年均增长率，且存在逐年增长的贸易顺差，相比而言，中国传统服务业即运输服务、旅游行业的服务贸易逆差存在逐年扩大的趋势，表明中国的服务贸易结构在不断地升级和改善。从进口增速情况上看，增长最快的是个人娱乐电影行业（25%），其次是旅游（21%）、计算机信息行业（21%）、金融（21%），均快于我国服务贸易总进口的增速（17%）。2001～2017年，我国服务贸易总进口的增速要快于总出口的增速，造成我国服务贸易逆差不断扩大。

从2005～2017年7个经济体服务贸易依存度变化趋势上看，该值按高低排序分别是中国澳门、中国香港、中国台湾、印度、美国、中国内地和日本。从服务贸易依存度的年均增速上看，日本增速最快（3.58%），其次是美国（2.28%）、中国台湾（1.97%）和中国澳门（1%）；另有三个经济体的服务贸易依存度为负增长，是中国内地、印度和中国香港，说明中国的经济整体服务贸易状况不容乐观。

2002～2017年，我国服务贸易国际市场占有率整体趋势是上升的，只有个别年份出现了下跌。16年间中国服务贸易的国际市场占有率稳步提升，排名也由2002年的世界第9位上升到第2位。对比2005～2017年7个经济体国际市场占有率情况，美国作为世界第一服务贸易大国，其服务贸易的国际市场占有率遥遥领先，与其他几个国家或地区保持着较大的差距，其次是中国内地、日本、印度、中国香港、中国台湾、中国澳门，从年均增长率来看，增长最快的是中国澳门，其次依次是印度、中国内地、中国台湾、美国和中国香港，日本（-0.89%）是唯一一个增长率为负的经济体。从这15年里国际市场占有率均值的服务行业结构上看，中国内地建筑行业的国际市场占有率均值最高，传统行业位居中国内地服务业国际市场占有率排名前三位，而新兴行业或高附加值行业的国际市场占有率整体较低。但现代服务行业的国际市场占有率年均增长率高于传统服务业水平。在传统服务业运输行业的国际市场占有率均值上，美国、日本、中国内地分别位居第一、第二和第三，但年均增速上印度和中国内地分别居第一和第二位，而美国和日本的年均增速很小，甚至为负。旅游行业国际市场占有率均值上，美国遥遥领先，其次是中国的三个经济体——中国内地、中国香港和中国澳门。但从旅游业国际市场占有率年均增速来看，前三位分别是中国澳门、印度和中国香港，中国内地该值为负值。建筑业国际市场占有率均值上，以日本和中国内地最为突出。现代服务业情况上，2005～2017年的数据显示，美、日这样的发达国家在金融及专有权使用费的服务贸易中占据绝对优势地位，其中美国在保险、金融及专有权使用费行业的国际市场占有率均处于绝对优势的地位，其国际市场占有率水平远高于其他经济体水平，显示出美国在高附加价值的服务贸易国际市场上的领先地位。中国香港地区在金融业的国际市场占有率上居第二位，且比值远高于中国内地，中国内地在保险和计算机信息上的国际市场占有率有较大提高，分别位居第二位和第三位，但在金融和专有权使用费上，国际市场占有率水平极低，居第六位和第三位，显著低于美国和日本。但从这些行业的国际市场占有率增速上看，都能看到中国的身影，其中中国内地在现代服务业金融、计算机信息和专有权使用费的国际市场占有率增速位居第一名，均高于美国同期增速，显示出近几年中国政府对发展现代化服务业的重视及我国在加快服务贸易结构升级的速度。

出口贡献率上，中国传统服务业依然是主要的出口赚汇来源，旅游服务、其他服务和运输服务出口贡献率总值高达60%，但出口占比已经有明显下降。说明目前我国的服务贸易依然还是传统服务行业占主要份额，与世界服务贸易发达国家相比，中国高附加值的现代服务行业的比重还比较小，像金融、保险、计算机信息、专有权使用费，出口比重仍较低，说明目前中国服务贸易出口质量依旧相对偏低，高端服务产品的国际竞争力偏弱，服务整体出口技术处于落后的位置。可喜的是，这些服务行业的出口增速均快于我国服务贸易总出口的增速。它们的出口贡献率增速分别占据了中国各服务行业出口贡献率增速的第一、第二、第三名的位置。

再从7个经济体TC指数均值上看，中国澳门的服务贸易具有最强竞争力。其次是美国、中国香港、印度，且这四个经济体的TC指数都处于上升趋势。而日本、中国内地和中国台湾的TC指数小于0，其中中国内地TC指数在2005~2017年呈现出下降趋势，说明中国内地服务贸易的国际竞争力在不断恶化。2017年中国TC指数大于0的行业有建筑业、金融业、计算机信息业和咨询业，说明这四个行业在国际上具有比较大的优势和较强的国际竞争力，其中咨询业的国际竞争力最强。而旅游、专有权使用费、保险和运输业在国际上具有比较小的优势或较弱的国际竞争力，其中专有权使用费处于国际上比较弱势的地位。中国香港TC指数显示在金融业、运输业、计算机信息业、旅游和建筑业上具有国际竞争力，其中金融业国际竞争力最强，在专有权使用费和保险业上的国际竞争力不具优势或较弱。中国澳门在旅游、金融和运输上具有竞争力，其中旅游业是澳门地区最具有国际竞争力的产业，不具竞争力的行业有保险和计算机信息业。中国台湾的TC指数显示，其略具竞争力的服务业只有金融业（0.42），而在其他服务行业上就都不具有竞争力了，其中专有权使用费和保险业的竞争力较低。印度在计算机信息业上贸易竞争力突出，在旅游和金融业上也具有国际竞争力，专有权使用费、运输和保险业显示出较弱的贸易竞争力。日本在专有权使用费、金融服务、建筑服务具有较强竞争优势。美国在金融业、专有权使用费及旅游业上都具有良好的竞争力，其中在金融业和专用权使用费上具有较强的竞争力，在保险业、运输和计算机信息业上不具竞争优势。

在服务贸易RCA指数上，2005～2017年数据显示，中国澳门的服务产业在国际市场上具备极强的比较优势，印度和美国的服务产业有很强的比较优势，日本和中国香港服务产业次之，具有一定的竞争力；而中国台湾和中国内地的服务产业国际比较优势较弱。中国内地的建筑、旅游、运输这几个传统行业具有较强的比较优势，其出口水平高于同期世界平均水平，其中只有建筑业具有明显的比较优势，说明我国建筑行业已形成很强的国际竞争力，而我国知识密集型现代服务行业的出口能力较弱且市场竞争力水平低下，但从这些服务行业的年均增速情况上看，传统行业的增速很小甚至为负值，现代服务产业增速却十分可观。中国香港的金融、运输业及旅游业显示出较强的比较优势，保险、计算机信息、建筑和专有权使用费的国际比较优势较弱。中国澳门旅游业具备极高比较优势，具有极强的国际竞争力。而其他服务业国际比较优势较弱。中国台湾服务业具有很强国际竞争力的是运输和旅游，而其他行业国际比较优势较弱，其中比较优势较小的行业分别是保险、计算机信息和专有权使用费。印度的计算机信息业表现出极强的比较优势，而其他服务业的国际竞争力较弱，但发展相对平衡，具有良好的发展潜力。日本的建筑业和专有权使用费表现出极强的比较优势，其运输业也表现出很强的国际竞争力，日本国际服务贸易比较优势较弱的行业分别是金融、旅游、保险和计算机信息业。美国国际服务贸易比较优势极强的是专有权使用费，国际竞争力极强，但这一数值不如日本高，说明日本在知识和技术创新能力上更胜一筹。此外，美国的金融业也具有很强的国际竞争力，同时旅游业和保险业都表现出较强的国际竞争力，运输和计算机信息业虽比较优势较弱，但这几年发展都非常平稳。美国建筑业国际竞争力最低，并有逐年下降趋势。

综上所述，中国服务业整体表现出对外开放程度相对滞后，国际竞争力明显偏弱。中国内地服务贸易依存度较低且内地及香港的服务贸易依存度这几年为负增长，中国内地和中国台湾的 TC 指数小于 0，其中中国内地 TC 指数在 2005 ~ 2017 年呈现出下降趋势，说明中国内地服务贸易的国际竞争力在不断恶化。从服务贸易 RCA 指数上，台湾和中国内地的服务产业国际比较优势也显示出较弱的情况。可看出我国 TC 指数与 RCA 指数的变化趋势基本一致，说明我国服务贸易竞争力不足是因为本国进出口规模差额不断扩大，同时服务贸易出口能力也持续落后于世界服务出口的平均水平。

从服务贸易结构上看，中国目前服务贸易的出口还是以传统服务业为主，高附加价值的现代服务业起步晚，发展状态还较为落后，不具国际竞争力，在国际市场占有率排名前三位的是我国传统服务业，而新兴行业或高附加值行业的国际市场占有率整体较低。从出口贡献率上看，中国传统服务业依然是主要的出口赚汇来源，旅游服务、其他服务和运输服务的出口贡献率总值高达 60%，中国高附加值的现代服务行业的比重还比较小，像金融、保险、计算机信息、专有权使用费，出口比重仍较低。服务贸易 RCA 指数也显示，中国内地的建筑、旅游、运输这几个传统行业具有较强的比较优势，其出口水平高于同期世界平均水平，其中中国建筑业具有明显的比较优势，而知识密集型现代服务行业的出口能力较弱且市场竞争力水平低下。

从数据分析中也可看到，尽管目前中国现代服务行业的国际竞争力各项指标绝对值偏低，比较优势不强，但发展速度良好，可以从以下方面得到证实。中国现代服务业的国际市场占有率年均增长率高于传统服务业水平，且这些服务行业的出口增速快于我国服务贸易总出口的增速。它们的出口贡献率增速分别占据中国各服务行业出口贡献率增速的第一、第二、第三名。从这些服务行业的 RCA 指数年均增速情况也可以看到，传统行业的增速很小甚至为负值，现代服务产业增速却十分可观，这反映出我国服务贸易目前正处在结构升级转型的关键时期。

通过竞争力分析可知，2017 年中国内地具有比较大的优势和较强的国际竞争力的行业有建筑业、金融业、计算机信息业和咨询业，其中咨询业的国际竞争力最强，而旅游、专有权使用费、保险和运输业在国际上具有比较小的优势或较弱的国际竞争力，其中专有权使用费处于国际上比较弱势的地位。中国香港在金融业、运输业、计算机信息业、旅游业和建筑业上具有国际竞争力，其中金融业国际竞争力最强，在专有权使用费和保险业上的国际竞争力不具优势或是优势较弱。中国澳门在旅游、金融和运输上具有竞争力，其中旅游业是澳门地区最具有国际竞争力的产业，不具竞争力的行业有保险和计算机信息业。中国台湾具竞争力的服务业有金融业、运输和旅游业。从中可看出，中国内地和港澳台在服务贸易领域可以加强经济往来，密切经贸关系，做到优势互补。内地可以在金融业、运输业、旅游业上吸收港澳台世界领先的管理理念、制度安排及先进的体系如金融开放和监管体系、物流体系等。同时，港澳台也需要中国内地这样一个广阔的市场。同时我们也看到，无论中国内地还是港澳台，在专有权使用费和保险业上的国际竞争力都较弱，在计算机信息领域也未形成强有力的国际竞争力优势，有待今后在这些方面加强投入，充分发挥港澳世界经贸窗口优势，加强海峡两岸合作力度，打造中国服务贸易强国地位。

第五章

我国服务贸易国际竞争力影响因素的实证分析

第一节 对我国服务贸易国际竞争力影响因素的选择

一、国内外对服务贸易竞争力影响因素的相关文献

（一）国内文献综述

殷凤和陈宪（2009）分析了我国服务贸易竞争力的影响因素，指出对我国服务贸易有促进作用的因素主要是国内生产总值、人均国民收入、服务业开放度、货物贸易进出口额。陈虹和章国荣（2010）在波特钻石模型的基础上研究中国服务贸易国际竞争力，分别从微观、中观和宏观的角度进行深入分析。文中指出，GDP 对我国服务贸易竞争力影响最大，服务业开放度影响位居第二，服务业开放度仅次于 GDP，人力资本（有高中和中专以上学历的第三产业人数）每增加 1 个百分点，服务贸易出口就会增加 0.77 个百分点；外商直接投资和货物贸易出口额对服务贸易出口的影响可

以忽略不计。姚海棠和方晓丽（2013）通过对金砖五国服务贸易竞争力的影响因素进行分析，得到法律和教育环境、基础设施等对其有显著影响。庄惠明和包婷（2014）通过借鉴波特的“钻石模型”，基于服务开放度指标实证分析了我国服务贸易竞争力及其影响因素，得出人力资本、人均GDP以及货物贸易发展水平对竞争力具有显著影响。宋加强和王强（2014）基于跨国面板数据分析了现代服务贸易国际竞争力的影响因素。陈恩和曾纪斌（2014）分析了我国台湾省的服务贸易竞争力并对其影响因素进行了实证检验。杨玲和徐舒婷（2014）搜集了1982～2012年具有代表性的13个国家的数据，建立向量自回归模型，探讨了它们的货物和服务贸易的相互影响的关系，得出的结果显示，在长期发展中，各个国家的货物与服务贸易竞争力之间具有反方向的均衡关系。朱明明（2014）选取入境旅游人数、入境旅游住宿人数、旅游服务业从业人数、旅游外汇收入、星级饭店数、旅行社的数量、福建省人均收入、物价指数、城市化水平及政府基础设施投入10个变量构建VEC模型，结合脉冲响应函数研究旅游服务贸易国际竞争力的影响因素。结论为城市化水平与物价指数对旅游外汇收入影响最大，而旅行社数量及政府投入对入境旅游人数影响最大。侯慧芳（2015）通过建立VAR模型进行分析，得出人力资本的提高将会促进我国服务贸易的发展。陈京京和李成才（2015）的研究相对于侯慧芳来说更加细化，他们将研究具体到我国的保险业，不过三者的角度一样，都是生产要素。他们的研究结果显示，在影响因素中人才要素的影响是最为显著的，人才的缺少限制了我国服务贸易的发展。刘宏和梁文化（2017）用灰色关联分析法实证研究了服务贸易开放度（STO）、国内生产总值（GDP）、第三产业占国内生产总值的比重（TG）、货物贸易进出口总额（GG）、专利申请量（PA）和每万人中高等教育人数（HC）等因素对北京市服务贸易竞争力的影响程度。实证结果表明，第三产业占国内生产总值比重和服务贸易开放度与北京市服务贸易竞争力关系较为密切。李雨凝和姜锋（2018）通过对影响中国旅游业的国际贸易竞争力的因素进行分析和计量检验，分析影响因素对国际旅游竞争力的影响，并基于模型和现状提出行之有效的对策和建议。李志伟（2018）用2009～2016年的数据，采用灰色关联度分析法分析了我国旅游服务贸易国际竞争力的影响因素。结果表明，“钻石模型”的五大因素均对其有重要影响。其中，政府、生产要素条件尤其是人力资本和资金投入对旅游服务贸易竞争力的影响极其显著，相关性、支持性产业和需求条件影响次之，技术要素的影响最小。

（二）国外文献综述

美国哈佛大学经济学家迈克尔·波特在1990年的著作《国家竞争优势》中指出，一个国家或地区是否具备适合某一产业发展所需要的良好环境条件决定该产业国际竞争力的强弱。其中，要素状况、需求状况、相关产业和辅助产业以及企业战略、结构与竞争等共同决定这个环境是否良好。迈克尔·波特提出的国家竞争优势理论成为当前流行的国际贸易理论学说。Hoekman B. 和 Karsenty G. 运用 RCA（Revealed Comparative Advantage Index）分析了收入水平对服务贸易比较优势的影响，分析得出人均收入水平与服务贸易国际竞争力呈正相关关系。Eswaran 和 Kotwal（2000）认为，在开放经济背景下，提升服务贸易竞争力的因素是服务业分工的深化和规模经济的产生。Koi 和 Soo（2013）通过研究新加坡的服务贸易和对外直接投资的关系，认为新加坡的对外直接投资与服务贸易之间没有因果关系。

二、影响因素选择的理论依据

本书对我国服务贸易国际竞争力影响因素指标的选取，在波特钻石理论的基础上，又借鉴了前人学者在该领域研究中所使用的指标。

波特菱形理论又称为波特钻石模型、国家竞争优势理论。由哈佛大学教授 Michael E. Poter 在1990年分析一个国家如何形成整体优势、在国际市场上拥有较强的竞争力时提出，“集群”的观点能够指导形成相互关联的企业、供应商、相关行业以及特定组织机构更具有竞争力的新贸易方式。波特指出，一国兴衰的根本在于是否在国际竞争中赢得优势。他强调不仅一国的所有行业和产品参与国际竞争，并且要形成国家整体的竞争优势，而国家竞争优势的取得，关键在于四个基本要素和两个辅助要素的整合作用。四个基本要素包括资源要素、需求状况、辅助产业、企业战略，波特将这四个方面的特质构成一个菱形，并认为当某些行业或行业内部的菱形条件处于最佳状态时，该国企业取得成功的可能性最大。在四大要素之外还存在两大变数——机遇和政府，这是另外两个能够对国家菱形条件产生重要影响的变量，也是两个辅助要素（黄佳琦，2017）。

三、各因素的解释

对于波特钻石模型中提到的 6 种要素，除了政府行为，我们都可以用现实中可以计量的时间序列数据来表达，而政府行为本身难以量化衡量且从时间序列角度来讲缺乏连贯性，因此本书中的实证模型中并没有找到一个科学的指标用于表达这一要素，但考虑到政府行为最终都会作用于服务贸易本身，可从服务贸易发展的各种数据指标中得以体现。因此，综合考虑模型的拟合效果和数据的可获得性等方面的因素，拟选择人均 GDP（元/人）$PGDP_i$、劳动力参与率（用第三产业的就业人数/总就业人数）HMR_i、人力资本（用专科以上学历人数表示）HC_i、服务贸易开放度（服务贸易进出口总额/GDP）SO_i、货物贸易出口额（亿美元）EXG_i、外商直接投资额 FDI_i 6 个变量作为分析样本服务贸易国际竞争力的影响因素。以下是对各因素的解释。

人均 GDP，可以将其理解为在波特钻石模型中代表一地区竞争力形成的需求状况因素构成，用于反映经济发展水平对服务贸易国际竞争力的影响，一般认为经济发展水平越高，服务产业越发达，服务贸易国际竞争力越强，因此，$PGDP_i$ 的值倾向于为正。

劳动力参与率可以反映波特钻石模型中促进一地区竞争力形成的资源要素构成，即用第三产业的就业人数除以总就业人数，这一比值越大，说明促进该地区服务贸易国际竞争力形成的现实劳动力要素越多，则越有利于发展服务贸易。因此，HMR_i 的值预期为正。

人力资本也可以反映波特钻石模型中促进一地区竞争力形成的资源要素构成内容，它用于表示拥有大学专科及以上学历的人口数量，一个地区经济的发展离不开人才的储备，一个地区服务贸易竞争力的形成过程中，充足的人才聚集和储备是必不可少的要素。也就是说，一个地区的人力资本数值即 HC_i 数值越大，越能促进这一地区服务贸易国际竞争力形成。因此，HC_i 的值预期为正。

服务贸易开放度用来代表波特钻石模型中的机遇因素，是指一个国家或地区服务贸易进出口总额占该国家或地区生产总值（GDP）的比重，它是衡量国民经济对进出口的服务贸易依赖程度的一个指标。理论上讲，一个地区经济的发展对它的服务贸易依赖程度高，这一地区政府必然会大力发展服务贸易，将服务贸易提高到战略高度，从而更有利于形成这一地区的服务贸易国际竞争力。因此，我们预期 SO_i 的值也为正。

货物贸易出口额用于反映波特钻石模型中的相关产业因素，表示与服务贸易互补产业的发展对服务贸易国际竞争力的影响，即考察服务业相关产业和支持产业的发展对服务贸易国际竞争力的影响。根据钻石理论，相关产业和支持产业越发达，服务贸易国际竞争力就越强。因此，EXG_i 的值预期为正。

外商直接投资额 FDI_i 用于考察波特钻石模型中的企业战略决策因素，是在非流动性要素服务贸易中，跨国公司对子公司的贡献所涉及的对外直接投资对服务贸易国际竞争力的影响，因为外商直接投资对服务贸易进出口的影响随投资方式和周期的不同，所表现出的作用也不尽相同。因此，FDI_i 的值不确定。

第二节 回归模型建立及分析

一、模型建立

根据以上对服务贸易国际竞争力影响因素指标的解释，我们选择服务贸易出口总额 EXS_i 为因变量（亿美元），选择人均 GDP（元/人）$PGDP_i$、劳动力参与率（第三产业的就业人数/总就业人数）HMR_i、人力资本（用专科以上学历人数表示）HC_i、服务贸易开放度（服务贸易进出口总额/GDP）SO_i、货物贸易出口额（亿美元）EXG_i、外商直接投资额 FDI_i 6 个变量作为自变量。我们对因变量和自变量收集了长达 36 年的数据，利用 SPSS 统计软件进行系列回归分析。为了消除量纲的影响、减少多重共线性，对数据都取自然对数，建立多元线性回归模型。

$$\ln EXS_i = \beta_0 + \beta_1 \ln PGDP_i + \beta_2 \ln HMR_i + \beta_3 \ln HC_i + \beta_4 \ln SO_i + \beta_5 \ln EXG_i + \beta_6 \ln FDI_i + e_i$$

其中，e_i 为残差，是因变量实测值与其估计值之差，表示不由自变量决定的部分；β_0 为常数项，它表示当所有自变量取值均为 0 时因变量的估计值；β_i（i 为 1～6）为偏回归系数，依次代表服务出口总额对人均 GDP、劳动力参与率、人力资本、服务贸易开放度、货物贸易出口额和外商直接投资额的弹性，每一个偏回归系数都表示当其他自变量取值固定时，自变量每改变一个单位时，因变量估计值的变化量（因为要求其他自变量的取值固定，所以被称为“偏”）。

二、数据初步分析

将各经济区域的因变量和自变量 36 年的数据进行分布考察，可通过

SPSS 软件进行观测，看一下变量是否服从正态分布，如不服从，则提示我们在后面的数据处理中要注意这一变量的残差问题。作出回归模型中的因变量 lnEXS_i 的直方图如图 5－1 所示，发现其并不服从正态分布，而更像一个左偏态分布。此外，我们还发现自变量 lnHC_i、lnFDI_i 也不是正态分布（见图 5－2 和图 5－3），于是我们在后面进一步检验中就要注意残差问题。

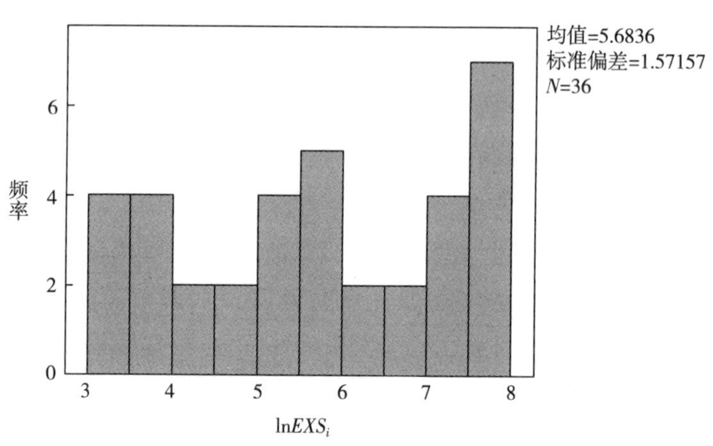

图 5－1　因变量 lnEXS_i 的直方图

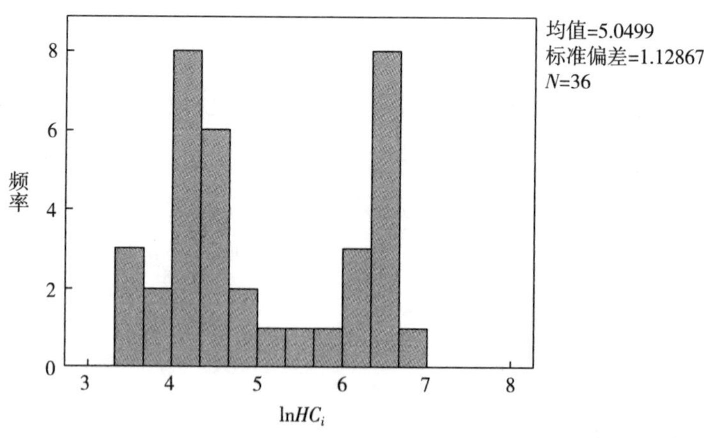

图 5－2　自变量 lnHC_i 的直方图

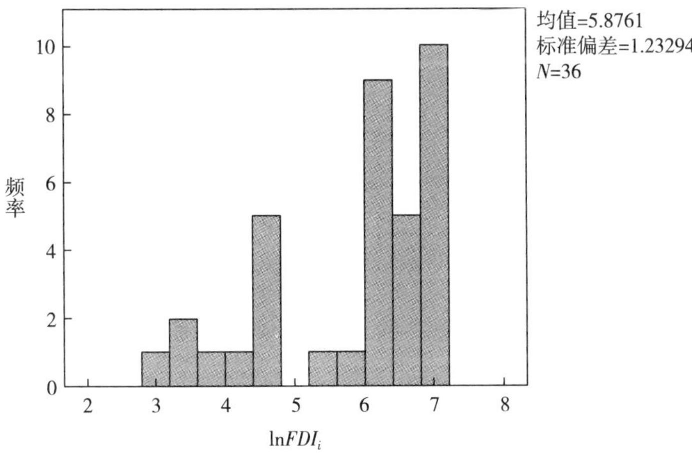

图 5－3　自变量 $\ln FDI_i$ 的直方图

三、散点图

模型中共有 6 个自变量，我们需要通过做出因变量与各个自变量之间的散点图，来直观了解各变量间是否呈线性相关特征。由于我们这里共有 7 个变量，我们通过散点图矩阵同时绘制各自变量间的散点图，这样可以快速发现多个变量间主要相关性，如图 5－4 所示。从图中可以看出，因变量服务贸易出口总额与外商直接投资额、货物贸易出口额、服务贸易开放度、人力资本（HC）、人均 GDP 之间都存在明显的正向的线性趋势，只是因变量服务贸易出口总额与服务贸易开放度之间的散点图较为分散，存在个别强影响点或离群值，但还是可看出存在一种正向的直线趋势（见图 5－5），我们后续还可通过残差分析解决这一问题。从这个散点图矩阵中我们还可以看到 6 个自变量之间也存在着线性关系，这说明我们的模型存在比较严重的多重共线性问题，后面我们还需要对这个问题加以解决。

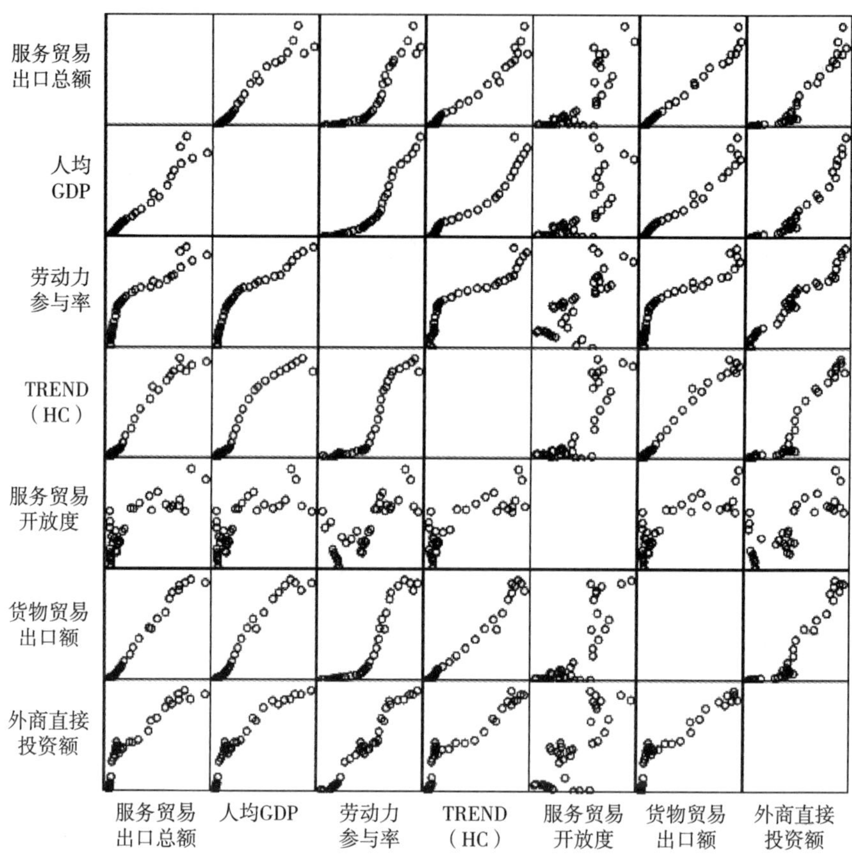

图5－4　7个变量间的散点图矩阵

四、模型拟合

模型拟合过程即变量预复筛的过程，将每个自变量分别与因变量建立单自变量回归模型，这里我们将本模型中的6个自变量分别与因变量服务贸易出口额之间进行线性回归，即

$$\ln EXS_i = \beta_0 + \beta_1 \ln PGDP_i + e_i$$

$$\ln EXS_i = \beta_0 + \beta_2 \ln HMR_i + e_i$$

$$\ln EXS_i = \beta_0 + \beta_3 \ln HC_i + e_i$$

$$\ln EXS_i = \beta_0 + \beta_4 \ln SO_i + e_i$$
$$\ln EXS_i = \beta_0 + \beta_5 \ln EXG_i + e_i$$
$$\ln EXS_i = \beta_0 + \beta_6 \ln FDI_i + e_i$$

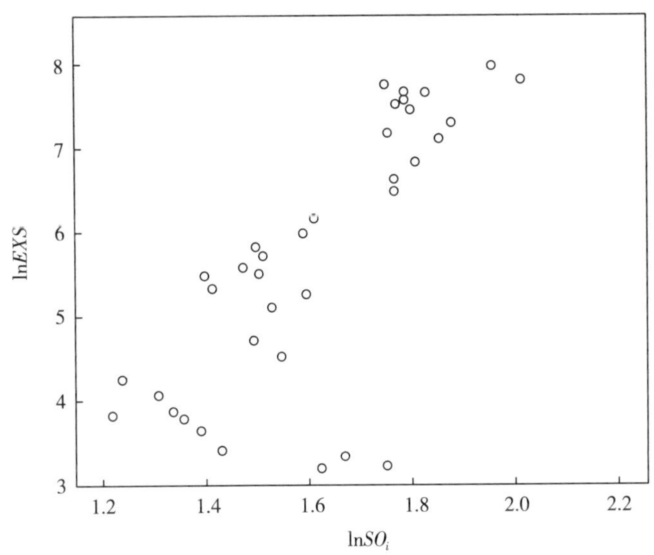

图 5-5　因变量服务贸易出口总额与自变量服务贸易开放度之间的散点图

通过考察线性回归结果中的 P 值（Sig.）是否具有统计学意义（一般设这个值的界值在0.1，或是0.3～0.4，这个值小于0.05 是具有统计学意义的表示），将没有统计学意义或价值的变量剔除掉。在这个过程中，如有结果显示某一自变量的 P 值没有统计学意义，但这一变量在专业上有价值，这个变量还是应该保留的。我们通过 SPSS 软件完成这一过程，发现模型中的 6 个自变量分别与因变量服务贸易出口额之间的线性回归结果中 P 值都通过检验，说明这 6 个自变量都具有统计学意义，应该纳入模型中。

五、进行残差分析

一是通过绘制残差与该自变量的散点图进行判断（见图 5-6），即考察残差的离散程度不随所有变量取值水平的改变而改变，也即考察方差齐性，可以达到比前面通过散点图矩阵判断自变量与因变量之间是否存在线性关系更好的效果。我们可以看到随着标准化预测值的增加，标准化残差的数值基本平均分布在 0 轴上下波动，没有明显的偏正或偏负的趋势。这样的残差图说明当前模型结构所假设的因变量与 6 个自变量之间呈线性关系是正确的。

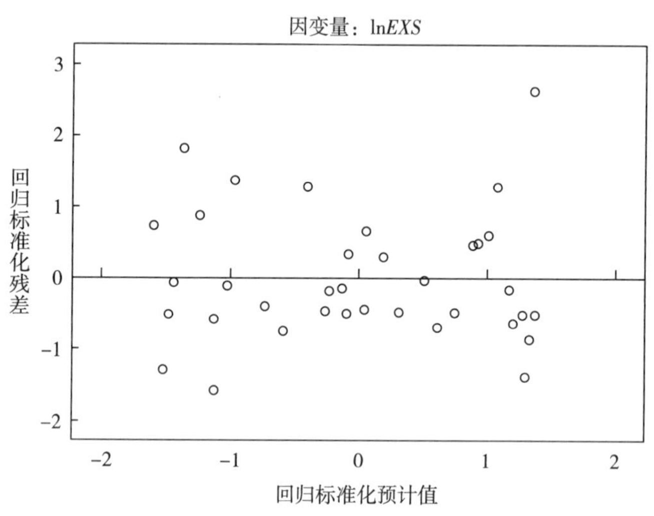

图 5－6　残差与该自变量的散点图

二是判断残差间是否相互独立，即任意两个案例残差的协方差是否为 0。这主要是考察当各案例间在时间或地理上有一定次序时，残差值的大小是否会随着次序的变化而变化。如果残差随次序呈现明显的上升或下降趋势，或者呈现一定的周期性，则有必要考虑是否向模型中引入时间这个因素，甚至直接改用时间序列模型等来分析。对于残差间是否相互独立，可利用德宾—沃森（Durbin－Watson）检验判断残差中是否存在自相关。该统计量的取值为 0～4，2 代表完全无自相关，越接近 0 或者 4，就表示正向或负向自相关越强。一般地，该统计量取值为 1～3 时，自相关的问题都不大。我们利用 SPSS 软件对本书模型的德宾—沃森统计量的计算结果如表 5 - 1 所示，最后一栏显示的 Durbin - Watson 数值为 2. 149，说明残差间相互独立。

表 5 - 1　德宾—沃森统计量的模型汇总[b]

模型	R	R^2	调整 R^2	标准估计的误差	Durbin - Watson
1	0. 999[a]	0. 999	0. 999	0. 05491	2. 149

注：a. 预测变量：（常量）、ln*FDI*、ln*SO*、ln*HC*、ln*HMR*、ln*EXG*、ln*PGDP*。

b. 因变量：ln*EXS*。

三是考察残差 e_i 是否服从正态分布。因多重线性回归要求模型中的残差 e_i 服从正态分布 N（0，σ^2），其方差 σ^2 = var（e_i）反映回归模型的精度，σ 越小，所得到的回归模型预测 y 的精确度就越高。这可以采用直观的图示法来分析，即通过绘制标准化残差的直方图和正态概率分布图(P - P 图）进行（见表 5 - 2）。理想情况下，标准化残差的取值应该在 ±3 以内，并且应该是左右对称、中间高、两边低的形状。我们可以从图 5 - 7 看出，取值在 ±3 范围内，图形也是中间高、两边低的单峰形态，左右虽不是十分对称，但也基本对称，不存在严重偏离对称的情况。再通过 P - P 图来看模型残差是否符合假设的理论分布，即如果残差 e_i 服从正态分布 N（0，σ^2），P - P 图中的那条对角线就代表理想的正态残差分布。图 5 - 8 中的散点代表实际数据的残差分布，从图 5 - 8 可看出，散点基本是围绕着对角线，没有偏离太远，并跟对角线呈现出大致一样的趋势。

表 5 - 2　残差统计量[a]

指标	极小值	极大值	均值	标准偏差	*N*
预测值	3. 1706	7. 8345	5. 6836	1. 57077	36
残差	- 0. 08694	0. 14495	0. 00000	0. 04998	36
标准预测值	- 1. 600	1. 369	0. 000	1. 000	36
标准残差	- 1. 583	2. 640	0. 000	0. 910	36

注：a. 因变量：ln*EXS*。

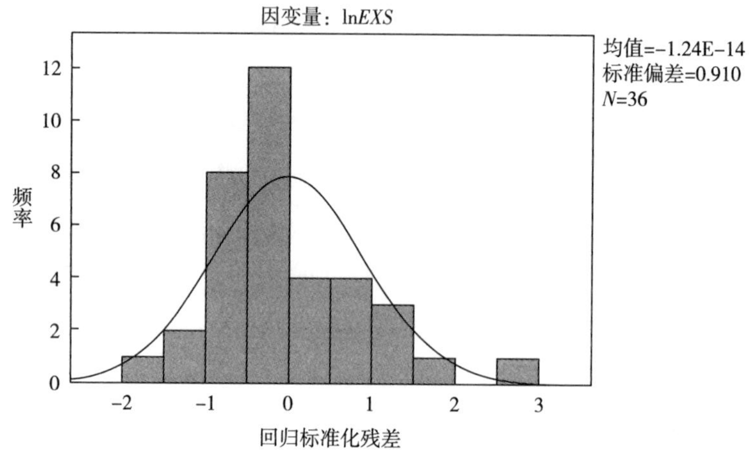

图 5－7　模型标准化残差的直方图

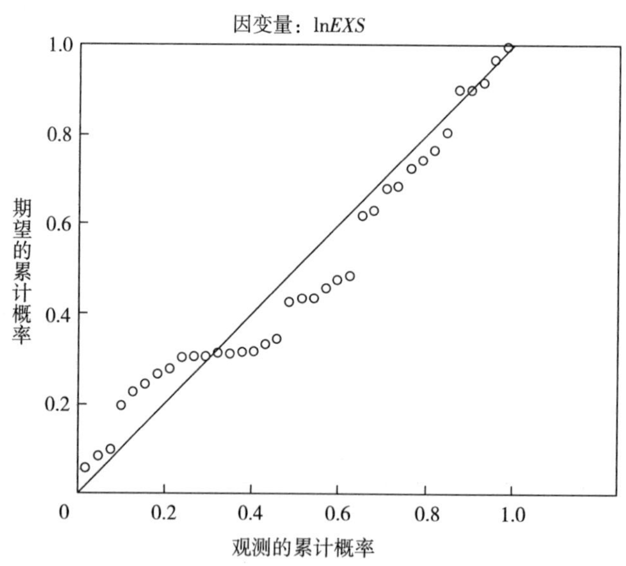

图 5－8　模型标准化残差的标准 P－P 图

六、模型检验

把6个自变量都纳入线性回归方程中，通过以下三点来考察各自变量的统计学含义。一是整个模型的决定系数值（R^2 越大越好，如85%就不错了）；二是对总模型的检验，P值（Sig.）越小越有意义。三是看结果系数表里的Sig. 值，对比单自变量回归方程中Sig. 值，会发现有变化，也就是在后者没有统计学意义的，在这里有意义；在后者表中显示具有统计学意义的，在这里变得没有意义，出现这一现象，一般都是自变量存在多重共线性的表现，即自变量之间有相关性，这样同时进入方程就会影响检验结果和参数估计结果。

将因变量和自变量进行多元线性回归，由表5-3可得到，模型的决定系数 R^2 及调整后的决定系数 R^2 数值都很接近于1，说明模型效果较好。由表5-4可知回归平方和大于残差平方和，说明因变量与6个自变量之间存在线性回归关系，$F=4774.010$，$P<0.001$，说明至少一个自变量的偏回归系数不为0，所建立的回归模型具有统计学意义。依据表5-5除了可以写出模型方程表达式外，还输出了各自变量的偏回归系数估计值的标准误差，以及对各参数是否为0的t检验结果，可以发现两个自变量劳动力参与率 $\ln HMR_i$ 和人力资本 $\ln HC_i$，按 $\alpha=0.05$ 的水准，没有通过检验，它们的P值分别是0.976和0.585，这两个自变量在前面的变量预筛过程中显示是具有统计学意义的，但在这里变得没有意义，说明无法排除偏回归系数 β_2 和 β_3 为0的假设。出现这一现象，一般都是自变量存在多重共线性的表现，即自变量之间有相关性，这样同时进入方程就会影响检验结果和参数估计结果。除这两个自变量外，其他自变量都显示通过了t检验。

表5-3 模型汇总——决定系数值

模型	R	R^2	调整 R^2	标准估计的误差
1	0.999[a]	0.999	0.999	0.05491

注：a. 预测变量：（常量）、$\ln FDI$、$\ln SO$、$\ln HC$、$\ln HMR$、$\ln EXG$、$\ln PGDP$。

表 5－4　对总模型的检验 P 值 Anova[b]

模型		平方和	df	均方	F	Sig.
1	回归	86.356	6	14.393	4774.010	0.000[a]
	残差	0.087	29	0.003		
	总计	86.444	35			

注：a. 预测变量：（常量）、ln*FDI*、ln*SO*、ln*HC*、ln*HMR*、ln*EXG*、ln*PGDP*。

b. 因变量：ln*EXS*。

表 5－5　系数[a]

模型		非标准化系数		标准系数	t	Sig.
		B	标准误差	试用版		
1	（常量）	－2.243	0.540		－4.153	0.000
	ln*PGDP*	0.338	0.137	0.314	2.455	0.020
	ln*HMR*	－0.009	0.313	－0.002	－0.030	0.976
	ln*HC*	0.034	0.061	0.024	0.553	0.585
	ln*SO*	0.499	0.090	0.066	5.515	0.000
	ln*EXG*	0.475	0.093	0.501	5.109	0.000
	ln*FDI*	0.158	0.037	0.124	4.279	0.000

注：a. 因变量：ln*EXS*。

七、多重共线性的判断

多重共线性指自变量间存在线性相关关系，即一个自变量可以用其他一个或几个自变量的线性表达式来表示。若存在多重共线性，计算自变量的偏回归系数 β 时，会导致 β 存在无穷多个解或无解。在实际分析中模型主要有以下几种表现：

一是整个模型的检验结果为 $P \leqslant \alpha$，但各自变量的偏回归系数的检验结果却为 $P > \alpha$。

二是专业上认为应该有统计学意义的自变量检验结果却无统计学

意义。

三是自变量的偏回归系数的取值大小甚至符号明显与实际情况相违背，难以解释。

四是增加或删除一个自变量或一个案例，自变量偏回归系数发生较大变化。

以上情况最终使得所得到的线性回归模型特别是其中的偏回归系数难以有合乎专业知识的解释。在我们这个模型检验中就存在上述的情况，也就是发现有两个自变量即劳动力参与率 HMR_i、人力资本 HC_i，按 $\alpha=0.05$ 的水准，没有通过检验，它们的 P 值分别是 0.976 和 0.585，但整个模型是通过检验的，而劳动力参与率与人力资本两变量在对我国服务贸易发展的贡献上从专业角度讲应该是有重要意义的，而不应是检验结果显示的那样无统计学意义，甚至劳动力参与率的偏回归系数的值为 -0.009，即模型检验显示第三产业劳动力参与率对我国服务贸易出口额起相反的作用，第三产业劳动力参与率每增加 1 个单位，我国服务贸易出口额就下降 0.009 个单位，这显然是与实际情况不相符的，无法给予合理解释。因此，我们可以怀疑有可能是共线性导致的。现在我们运用 SPSS 软件来考察一下模型的共线性问题，结果如表 5-6 和表 5-7 所示。

表 5-6 对系数多重共线性的检验结果[a]

模型		非标准化系数		标准系数	t	Sig.	共线性统计量	
		B	标准误差	试用版			容差	VIF
1	（常量）	-2.243	0.540		-4.153	0.000		
	ln*PGDP*	0.338	0.137	0.314	2.455	0.020	0.002	468.002
	ln*HMR*	-0.009	0.313	-0.002	-0.030	0.976	0.008	127.058
	ln*HC*	0.034	0.061	0.024	0.553	0.585	0.018	55.361
	ln*SO*	0.499	0.090	0.066	5.515	0.000	0.244	4.092
	ln*EXG*	0.475	0.093	0.501	5.109	0.000	0.004	275.741
	ln*FDI*	0.158	0.037	0.124	4.279	0.000	0.042	24.008

注：a. 因变量：ln*EXS*。

表 5-7　共线性诊断[a]

模型	维数	特征值	条件索引	（常量）
1	1	6.946	1	0
	2	0.04	13.167	0
	3	0.011	25.375	0
	4	0.003	51.964	0.01
	5	0.001	110.856	0.02
	6	0	238.307	0.14
	7	3.92E-05	421.084	0.83

注：a. 因变量 ln*EXS*。

表 5-6 中的“容差”项，是指某自变量的容忍度等于 1 减去以该自变量为因变量，以模型中其他自变量为自变量所得到的线性回归模型的决定系数。显然，容差越小，多重共线性就越严重。有研究者提出当这一值小于 0.1 时，存在严重的多重共线性。从我们的这个结果来看，除 ln*SO* 外，各项的容差值都小于 0.1，说明本模型存在严重的多重共线性问题。另外，表 5-6 中的“VIF”项（即方差膨胀因子）是容差的倒数，一般认为这个值不应大于 10，而我们这个结果也只有 ln*SO* 一项的方差膨胀因子符合要求，其他项都不符合要求。从表 5-7 的“特征值”项来看，它是对模型中常数项及所有自变量提取主成分，如果自变量间存在较强的线性相关关系，则前面的几个主成分数值较大，而后面的几个主成分数值较小，甚至接近 0，在本案模型中恰好是这个情况，我们的第 6 个主成分数值直接是 0，说明自变量间确实存在较强的线性相关关系。此外，还有一个“条件索引”项，它等于最大的主成分与当前主成分的比值的算术平方根，所以第一个主成分对应的条件指数总为 1。同样，如果几个条件指数较大（如大于 30），则提示存在多重共线性。从本模型的检验结果看，第 4 个、第 5 个、第 6 个和第 7 个主成分对应的条件指数都大于 30，更是说明模型存在多重共线性。

八、自变量的剔除

将上面模型检验过程中发现 P 值（Sig.）大的自变量，即没有通过 t 检验的自变量 $\ln HMR_i$ 和 $\ln HC_i$ 在线性回归中剔除，再进行线性回归，结果如表 5－8～表 5－10 所示，剔除后方程的 R^2、调整 R^2 的值，跟之前一样都很接近于1，说明模型效果较好。再进一步看表5－9的Sig. 值，剩下的4个自变量系数的检验结果显示 P 值都小于 0.05，则可判断自变量 $\ln HMR_i$ 和 $\ln HC_i$ 应剔除。这时我们可以依据表中的非标准化系数来写出方程式 $\ln EXS_i = -2.251 + 0.325\ln PGDP_i + 0.488\ln SO_i + 0.514\ln EXG_i + 0.149\ln FDI_i$。

表 5－8　剔除未通过检验自变量后的模型汇总[b]

模型	R	R^2	调整 R^2	标准估计的误差
1	0.999[a]	0.999	0.999	0.05342

注：a. 预测变量：（常量）、ln*FDI*、ln*SO*、ln*EXG*、ln*PGDP*。

b. 因变量：ln*EXS*。

表 5－9　剔除未通过检验自变量后的总模型 P 值 Anova[b]

模型		平方和	df	均方	F	Sig.
1	回归	86.355	4	21.589	7565.996	0.000[a]
	残差	0.088	31	0.003		
	总计	86.444	35			

注：a. 预测变量：（常量）、ln*FDI*、ln*SO*、ln*EXG*、ln*PGDP*。

b. 因变量：ln*EXS*。

九、逐步回归法

对于原模型，我们发现自变量间存在多重共线性问题，下面我们就考虑用逐步回归法来解决模型中存在的多重共线性问题，这一方法可以在一定程度上筛选存在多重共线性的自变量组合中对因变量变异解释较大的变量，而将解释较小的变量排除在模型之外。前面提到的自变量剔除实际上就是 SPSS 软件中逐步回归方法中的向前法，即依次纳入最重要的候选自变量，该方法首先会分别对 P 个候选自变量（X_1，X_2，…，X_P）拟合它与因变量的简单线性回归模型，共有 P 个。考察其中有统计学意义的 k 个简单线性回归模型（$k \leqslant P$），将 P 值最小的模型所对应的自变量 X_i 首先引入模型。如果所有模型均无统计学意义，则运算过程终止，没有模型被拟合。第二步是在已经引入模型的 X_i 的基础上，再分别拟合引入模型外的 $P-1$个自变量的线性回归模型，即自变量组合为 X_i+X_1，…，X_i+X_{i-1}，X_i+X_{i+1}，…，X_i+X_P 的 $P-1$ 个线性回归模型，将 X_1，…，X_{i-1}，X_{i+1}，…，X_P 等 $P-1$ 个自变量中 P 值最小且有统计学意义的那个自变量 X_j 引入模型。如此反复进行，直至模型中剩余的所有自变量均有统计学意义。

表 5-10 剔除未通过检验自变量后的系数检验结果[a]

模型		非标准化系数		标准系数	t	Sig.
		B	标准误差	试用版		
1	（常量）	-2.251	0.092		-24.564	0.000
	ln*PGDP*	0.325	0.081	0.302	4.002	0.000
	ln*SO*	0.488	0.086	0.065	5.661	0.000
	ln*EXG*	0.514	0.062	0.542	8.229	0.000
	ln*FDI*	0.149	0.031	0.117	4.782	0.000

注：a. 因变量：ln*EXS*。

现在我们再用逐步回归法来检验一下结果是否一致，这一方法的前两步与向前法相同。第三步是考察第一步引入模型的自变量 X_i 是否仍有统计学意义，若没有统计学意义，则将其剔除出模型。随后拟合包含第二步引入模型的自变量 X_j 与除 X_i 外的 $P-2$ 个自变量的模型，将其中 P 值最小且有统计学意义的自变量引入模型。此时若没有自变量有统计学意义，则运算过程终止；如果第一步引入模型的自变量 X_i 有统计学意义，则进行第四步，在模型引入自变量 X_i，X_j 的基础上继续拟合包含其他 $P-2$ 个自变量的回归模型，考察剩余的 $P-2$ 个自变量是否有统计学意义。引入 P 值最小且有统计学意义的自变量。如果剩余的 $P-2$ 个自变量均无统计学意义，则运算过程终止。如此反复进行，直至模型外的自变量均无统计学意义，而模型内的自变量均有统计学意义。由此可见，与前面提到的向前法相比，逐步回归是比较"负责任"的，每向模型引入一个新变量，均要考察原来在模型中的自变量是否还有统计学意义，是否可以被剔除。下面我们就看一下 SPSS 运用的逐步回归法的结果（见表 5－11～表 5－14）。

表 5－11　输入/移去的变量[a]

模型	输入的变量	移去的变量	方法
1	ln*EXG*	0	步进（准则：F－to－enter 的概率 < ＝0.050，F－to－remove 的概率 > ＝0.100）
2	ln*FDI*	0	步进（准则：F－to－enter 的概率 < ＝0.050，F－to－remove 的概率 > ＝0.100）
3	ln*SO*	0	步进（准则：F－to－enter 的概率 < ＝0.050，F－to－remove 的概率 > ＝0.100）
4	ln*PGDP*	0	步进（准则：F－to－enter 的概率 < ＝0.050，F－to－remove 的概率 > ＝0.100）。

注：a. 因变量：ln*EXS*。

表 5－12　逐步回归法的模型汇总[e]

模型	R	R^2	调整 R^2	标准估计的误差
1	0.997[a]	0.995	0.995	0.11550
2	0.999[b]	0.998	0.998	0.07736
3	0.999[c]	0.998	0.998	0.06475
4	0.999[d]	0.999	0.999	0.05342

注：a. 预测变量：（常量）、ln*EXG*。
b. 预测变量：（常量）、ln*EXG*、ln*FDI*。
c. 预测变量：（常量）、ln*EXG*、ln*FDI*、ln*SO*。
d. 预测变量：（常量）、ln*EXG*、ln*FDI*、ln*SO*、ln*PGDP*。
e. 因变量：ln*EXS*。

表 5-13 逐步回归法中的总模型 P 值 Anova[e]

模型		平方和	df	均方	F	Sig.
1	回归	85.990	1	85.990	6445.399	0.000[a]
	残差	0.454	34	0.013		
	总计	86.444	35			
2	回归	86.246	2	43.123	7205.586	0.000[b]
	残差	0.197	33	0.006		
	总计	86.444	35			
3	回归	86.309	3	28.770	6862.675	0.000[c]
	残差	0.134	32	0.004		
	总计	86.444	35			
4	回归	86.355	4	21.589	7565.996	0.000[d]
	残差	0.088	31	0.003		
	总计	86.444	35			

注：a. 预测变量：（常量）、ln*EXG*。

b. 预测变量：（常量）、ln*EXG*、ln*FDI*。

c. 预测变量：（常量）、ln*EXG*、ln*FDI*、ln*SO*。

d. 预测变量：（常量）、ln*EXG*、ln*FDI*、ln*SO*、ln*PGDP*。

e. 因变量：ln*EXS*。

表 5-14 逐步回归法中的模型系数检验结果[a]

模型		非标准化系数		标准系数	t	Sig.
		B	标准误差	试用版		
1	（常量）	-1.723	0.094		-18.287	0.000
	ln*EXG*	0.946	0.012	0.997	80.283	0.000
2	（常量）	-1.817	0.065		-28.073	0.000
	ln*EXG*	0.828	0.020	0.873	41.967	0.000
	ln*FDI*	0.173	0.027	0.136	6.542	0.000

续表

模型		非标准化系数		标准系数	t	Sig.
		B	标准误差	试用版		
3	（常量）	-2.186	0.109		-19.997	0.000
	ln*EXG*	0.748	0.026	0.789	28.465	0.000
	ln*FDI*	0.235	0.027	0.185	8.614	0.000
	ln*SO*	0.389	0.100	0.051	3.887	0.000
4	（常量）	-2.251	0.092		-24.564	0.000
	ln*EXG*	0.514	0.062	0.542	8.229	0.000
	ln*FDI*	0.149	0.031	0.117	4.782	0.000
	ln*SO*	0.488	0.086	0.065	5.661	0.000
	ln*PGDP*	0.325	0.081	0.302	4.002	0.000

注：a. 因变量：ln*EXS*。

从表5－14可以看到，SPSS中的逐步回归法最终筛选后的结果跟我们上面自变量剔除的结果是一样的，同样可得到模型方程式：$\ln EXS_i = -2.251 + 0.325\ln PGDP_i + 0.488\ln SO_i + 0.514\ln EXG_i + 0.149\ln FDI_i$。

十、小结

从得出的模型方程式中，我们可知道人均GDP、服务贸易开放度、货物贸易出口额和外商直接投资额与服务贸易出口额之间都存在正相关关系，这也与波特菱形理论内容相符，即一个国家在某个行业取得国际成功的可能性程度是该国资源与才能要素、需求条件、关联和辅助性行业以及战略、结构和竞争企业四个方面综合作用的结果。波特认为“菱形”中四个组成部分只有同时存在，方可有效地影响和促进竞争力的发展。我们看到模型中货物贸易出口额与服务贸易出口额之间的相关性最强，表现为我国的货物贸易出口额每增加1个单位，就会带来0.514个单位服务贸易出口增加，可见相关产业货物贸易的出口对服务贸易出口额的拉动作用是十分明显的。因此，未来我国要大力发展服务贸易，改善服务贸易国际收支逆差，使我国服务贸易水平在国际市场分工中从劳动密集和资源密集向技术密集和知识密集升级，继续扩大货物贸易的出口是一个有效途径。此外，模型显示与服务贸易出口额正相关性次之的是服务贸易开放度这一机遇要素，服务贸易开放度每增加1个单位，就会带来0.488个单位服务贸易出口的增加。这也反映出政府在制定服务贸易对外开放决策时，应放宽对于服务贸易的管制，促进服务贸易扩大市场开放的领域和深度，从而能为我国服务贸易发展带来更多的机遇。人均GDP在模型中作为需求要素，每增加一个单位，就会带来0.325个单位服务贸易出口的增加，这印证了波特对一国需求要素会如何影响一国某行业竞争力的看法，即如果一国内的消费者是成熟复杂和苛刻的，就有助于该国企业赢得国际竞争优势，因为成熟复杂和苛刻的消费者会迫使本国企业努力达到产品高质量标准和产品创新。一国人均GDP的提高，有助于培养一国成熟复杂和苛刻的消费者的增加，进而有助于本国的服务业在本国不断提高产品技术、提高效率，同时促进客户不断提高需求档次，并与它们共同合成优势产业群，从而有助于优势产业群成长为在国际上具有强劲国际竞争力的产业。最后，作为企业战略要素进入模型的外商直接投资每增加1个单位，就会带来0.149个单位服务贸易出口的增加。外商直接投资尤其是服务业引进的外商直接投资会帮助企业在短时间内提高生产技术或管理水平，从而提高服务行业的竞争力。本书限于篇幅，并没有将国内企业对外直接投资数据作为企业战略要素纳入模型进行分析，但随着我国企业走出去战略已初显成效，这一因素势必对我国服务贸易的发展带来不可忽视的影响，值得深入研究，这也成为本书今后可待完善之处。

第六章

中国港澳台地区及国外服务贸易发展经验借鉴

进入21世纪以来，在信息技术进步和现代科技革命的推动下，全球化进程不断加快，世界各国间联系日益频繁，国际贸易也呈几何倍数增长。随着国际产业结构升级和世界范围内的产业转移，国际市场竞争的重点从货物贸易转向服务贸易，服务贸易作为国际贸易的重要组成部分，也进入快速增长期，在世界经济中的重要性与日俱增，服务贸易竞争力已成为衡量一个经济体经济发展和现代化水平的重要标志之一。综观目前全球服务贸易的发展，呈现出如下特征和趋势。

一、世界服务贸易增长速度渐趋稳定

根据世界贸易组织（WTO）和国际货币基金组织（IMF）的统计，20世纪70年代初，全球服务贸易规模与货物贸易相比，还显得微不足道。1970年，世界服务贸易出口额仅为710亿美元，但自20世纪80年代以来，国际服务贸易进入快速发展时期。1980~2011年，全球服务贸易总额从7674亿美元增加到8.5万亿美元，增长了10倍以上，年均增长速度超过8%，远高于世界同期GDP的增长速度。2011年之后，逐渐进入平稳增长期；2014年，首次突破10万亿美元；2015年，受全球经济影响再次出现下滑，随后又缓慢上升；到2017年总量再次突破10万亿美元，达到历史最高的10.35万亿美元。2011~2017年，年均增长速度约4%。2005~2017年世界服务贸易总量情况如图6-1所示。

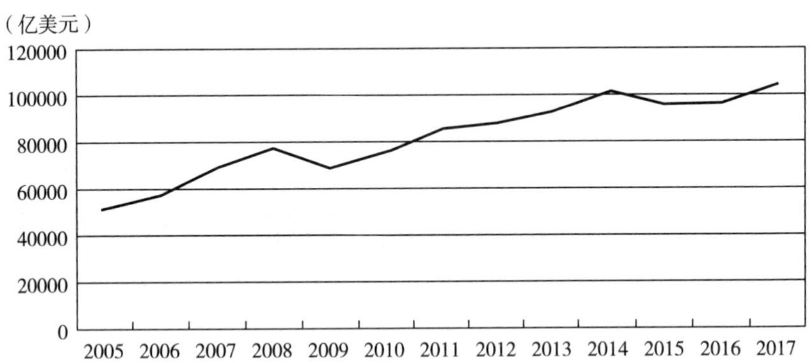

图 6-1　2005～2017 年世界服务贸易总量情况

二、世界服务贸易地区发展仍不平衡

全球科技、经济及服务业发展越来越不平衡，导致全球服务贸易发展的地区及国别不平衡性越来越突出，且这种不平衡性将在较长时间内存在。这种不平衡表现在以下几个方面：第一，发达国家占有绝对优势。2017 年世界服务贸易额排前 10 位的国家中有 8 个是发达国家。第二，世界各区域之间发展不平衡。欧洲、北美和亚洲（中日印及“亚洲四小龙”）三大地区一直是世界服务贸易的核心区域。2017 年，三个区域占世界服务贸易进出口额的 77.78%。从 2017 年服务贸易出口额前 30 位国家（地区）地理分布来看，欧洲占 16 席，居第 1 位，亚洲占 10 席，北美占 2 席，大洋洲占 1 席，南美洲占 1 席，非洲无国家（地区）上榜，如表 6-1 所示。第三，新兴发展中国家如中国、印度等发展势头良好，增长速度较快。

表 6-1　2017 年世界服务贸易额前 30 名国家和地区

排名	国家（地区）	服务贸易出口（亿美元）	服务贸易进口（亿美元）	服务贸易进出口（亿美元）	服务贸易差额（亿美元）	占世界比值（%）
1	美国	7808.75	5381.10	13189.85	2427.65	12.34
2	中国	2280.90	4675.89	6856.79	-2494.99	6.67

续表

排名	国家（地区）	服务贸易出口（亿美元）	服务贸易进口（亿美元）	服务贸易进出口（亿美元）	服务贸易差额（亿美元）	占世界比值（%）
3	德国	3040.58	3236.47	6277.05	-195.89	6.00
4	英国	3506.87	2149.46	5656.33	1357.41	5.38
5	法国	2494.74	2404.72	4899.46	90.02	4.72
6	荷兰	2183.10	2108.21	4291.31	74.89	4.12
7	爱尔兰	1864.91	1988.88	3853.79	-123.97	3.72
8	日本	1847.71	1908.89	3756.60	-61.18	3.56
9	印度	1839.80	1540.14	3379.94	299.66	3.25
10	新加坡	1646.80	1707.95	3354.75	-61.15	3.24
11	比利时	1188.69	1166.82	2355.51	21.87	2.25
12	意大利	1107.88	1149.40	2257.28	-41.52	2.15
13	瑞士	1206.63	1014.46	2221.09	192.17	2.13
14	西班牙	1390.72	762.97	2153.69	627.75	2.07
15	韩国	874.97	1219.69	2094.66	-344.72	2.00
16	加拿大	868.76	1061.72	1930.48	-192.96	1.84
17	中国香港	1036.01	770.69	1806.70	265.32	1.74
18	卢森堡	1023.28	763.44	1786.72	259.84	1.72
19	阿联酋	704.97	855.00	1559.97	-150.03	1.49
20	俄罗斯	578.28	886.47	1464.75	-308.19	1.39
21	瑞典	729.35	682.50	1411.85	46.85	1.36
22	澳大利亚	1306.52	640.42	666.10	-25.68	1.26
23	丹麦	1263.76	645.95	617.81	28.14	1.22
24	泰国	1209.13	753.54	455.59	297.94	1.17
25	奥地利	1206.94	659.84	547.10	112.73	1.17
26	巴西	999.69	336.77	662.93	-326.16	0.97
27	中国台湾	974.92	447.21	527.71	-80.50	0.94
28	波兰	972.64	592.08	380.55	211.53	0.94
29	挪威	859.25	369.97	489.29	-119.32	0.83
30	马来西亚	783.60	366.62	416.98	-50.37	0.76

资料来源：根据 WTO 官方网站数据整理。

第一节　中国香港服务贸易发展特点及国际竞争力情况

香港是以服务业经济为主的自由港，交通发达，公路、铁路、水路和航空港构成香港四通八达的运输网络，是中国通向世界的重要枢纽，良好的区位优势使香港成为世界经济、贸易、金融的集聚地。但由于自然资源缺乏，香港一直以来都以服务业作为经济支柱，服务业占 GDP 总值超过 90%；同时香港也是一个贸易依存度极高的地区，对外贸易在香港经济中占据举足轻重的地位，服务贸易成为香港经济动力的重要来源，其国际竞争力也远强于国内其他大城市。香港是服务贸易较发达的地区，服务贸易在其总体贸易中占有重要地位，在香港经济中发挥着重要作用。

一、香港服务贸易发展历程

顾宝炎和许秋菊（2007）根据香港经济和服务贸易发展变化情况，将香港服务贸易的发展分为三个阶段。

第一阶段：服务贸易初始阶段（1980 年以前）

这一阶段大约可追溯到香港开埠一直到 1980 年以前，主要以自然型服务贸易为主。香港由于自然资源缺乏，难以大力发展制造业，只有借助其港口的区位优势，以发展港口运输、转口贸易、旅游等服务产业为主。这一时期的香港服务业主要集中在劳动密集型的产业，未成为香港的主导产业。20 世纪 50 年代以前，香港服务业主要以转口贸易为主，经济进入恢复时期。50 年代至 70 年代末，在朝鲜战争和对华禁运的形势下，香港走上工业化道路，在纺织、成衣、电子等劳动密集型产业方面取得飞速发展，同时香港转口贸易额直线下降。70 年代，香港政府开始推行多元化、全方位的经济发展方针，以金融业为龙头，迅速发展金融、通信、地产、贸易等服务业，当时服务业主要集中在港口运输业和旅游业这些劳动密集型产业。

第二阶段：知识型服务贸易阶段（1980～1997年）

这一时期，香港服务业和服务贸易开始向资本密集型、知识密集型产业转变。随着经济的发展和国际地位的提高，再加上经济全球化与资源紧张开始加剧，香港政府意识到，土地空间和劳动力市场狭小，服务贸易在传统经济领域的竞争力越来越弱，必须从自然型向知识型转变。因此，自1980年起，香港政府采取“最大支持，最小干预”的“积极不干预”政策，开始实行低税率的自由贸易政策，充分利用地理优势大力发展转口贸易，带动本地服务业共同振兴，香港金融、运输、仓储、保险、咨询、法律、会计、营销等现代服务行业开始迅速发展，服务贸易规模不断扩大，服务功能逐步多元化，形成部门齐全的服务贸易体系，服务业开始成为经济发展的主要支柱，香港逐渐成为国际服务中心和世界级中心城市。香港经济在1980年以后实现第二次转型，转变为以服务业经济为主的自由港，服务业向专业化、国际化发展。

第三阶段：战略型服务贸易阶段（1997年以后）

1997年亚洲金融危机后，香港经济因过度依赖金融、地产等服务业，受到了极大冲击，陷入了通货紧缩和经济衰退，为了恢复经济，香港开始走服务业和高新技术产业并举的发展之路。为加强两地之间的经贸联系，2003年6月19日，香港与内地签署了《内地与香港关于建立更紧密经贸关系的安排》（以下简称CEPA）。在此基础上，后期又相继签署了CEPA补充协议及其他相关协议。自2005年1月1日起，内地在《内地与香港关于建立更紧密经贸关系的安排》附件4《关于开放服务贸易领域的具体承诺》的基础上，在法律、会计、医疗、视听、建筑、分销、银行、证券、运输、货运代理等领域对香港服务及服务提供者进一步放宽市场准入的条件。香港回归祖国和CEPA的签署，使香港发展服务贸易的目标越来越清晰，即为内地经济的发展服务，这也标志着香港服务贸易的发展正式进入战略型阶段。

二、香港服务贸易进出口商品结构

根据国际标准及中国香港服务贸易的特点，香港服务进口及服务出口按照不同服务类别，主要包括运输、旅游、保险、金融、制造服务、商业服务等。

（一）服务出口

从表6－2可以看出，近10年来，在香港服务贸易出口中，运输、旅游、金融和其他商业服务四大类服务占据重要地位，特别是运输和旅游服务，占比都基本保持在30%，优势明显。

表6－2　香港服务贸易出口商品结构　单位:%

类别＼年份	2008	2009	2010	2011	2012	2013	2014	2015	2016	2017
运输	41.4	36.6	37.1	35.2	32.5	29.8	29.9	28.5	28.6	29.2
旅游	21.9	25.4	27.6	31.2	33.6	37.2	35.9	34.6	33.3	32.0
保险	0.9	1.0	1.1	0.9	0.9	1.0	1.1	1.3	1.5	1.4
金融	17.2	17.5	16.2	15.7	15.8	15.8	16.5	18.4	18.1	19.3
计算机信息服务	1.8	2.0	2.3	2.4	2.4	2.5	2.6	2.7	2.9	2.9
其他商业服务	14.9	15.6	14.1	13.0	13.0	12.0	12.4	13.0	14.0	13.6

资料来源：根据香港特别行政区政府统计处和WTO网站数据整理。

（二）服务进口

从表6－3可以看出，近10年来，在香港服务贸易进口中，制造服务、运输、旅游和其他商业服务为服务输入的主要部分，历年来占比均超过10%。

表 6－3　香港服务贸易进口商品结构　　单位：%

类别＼年份	2008	2009	2010	2011	2012	2013	2014	2015	2016	2017
制造服务	35.1	28.4	27.2	24.1	23.4	19.9	16.1	15.7	15.3	14.8
运输	22.8	21.3	22.3	24.1	24.0	24.1	24.9	23.4	22.7	22.6
旅游	22.2	25.4	24.7	25.6	26.2	28.2	29.8	31.1	32.4	33.0
保险	1.1	1.3	1.7	1.6	1.6	1.8	2.0	2.0	1.9	1.9
金融	4.3	5.1	5.0	5.2	5.1	5.6	6.0	6.5	6.3	6.5
计算机信息服务	1.3	1.4	1.6	1.7	1.9	2.2	2.6	2.6	2.6	2.6
其他商业服务	10.3	13.5	14.2	14.4	14.3	14.6	15.1	15.5	15.5	15.4

资料来源：根据香港特别行政区政府统计处和 WTO 网站数据整理。

三、香港服务贸易的特点

（一）服务出口增幅明显，顺差逐年扩大

根据香港特别行政区政府统计处统计，2017 年香港的服务进口及服务出口总额分别为 771 亿美元和 1036 亿美元，较 2016 年分别增长 3.9% 和 6.1%，香港服务贸易进出口总额位居世界第 17 位，占世界服务贸易进出口总额的 1.74%，发展势头较好。从图 6－2 可以看出，自 2005 年以来，香港服务贸易进出口总额逐年增大，服务出口总体保持较快上涨趋势，服务进口上涨则较为平缓，自 2009 年开始，服务贸易开始由逆差转变为顺差，且顺差规模逐年扩大，服务贸易发展长期向好。

（二）服务贸易开放度高，市场受到国际肯定

香港拥有高度的自由化，据美国传统基金会于 2018 年发布的《经济自由度指数》报告，中国香港再度以 90.2 分蝉联最自由经济体，较 2017 年高 0.4 分，也是唯一一个总分超过 90 分的经济体，全球平均得分为 61.1 分。自该指数在 1995 年开始编制以来，香港连续 24 年获评为全球最

自由经济体。在报告所列的12项评估因素当中，香港在其中8项取得90分或以上，而且在“财政健康”“营商自由”“贸易自由”和“金融自由”方面，获得全球最高分。美国传统基金会负责人表示，香港回归20年来，中共中央政府始终尊重香港的经济体系，“一国两制”的成功实施为香港蝉联最自由经济体提供了有力保障。除此之外，香港自身实施的各类经济贸易制度，也使其成为全球外商青睐的投资地。

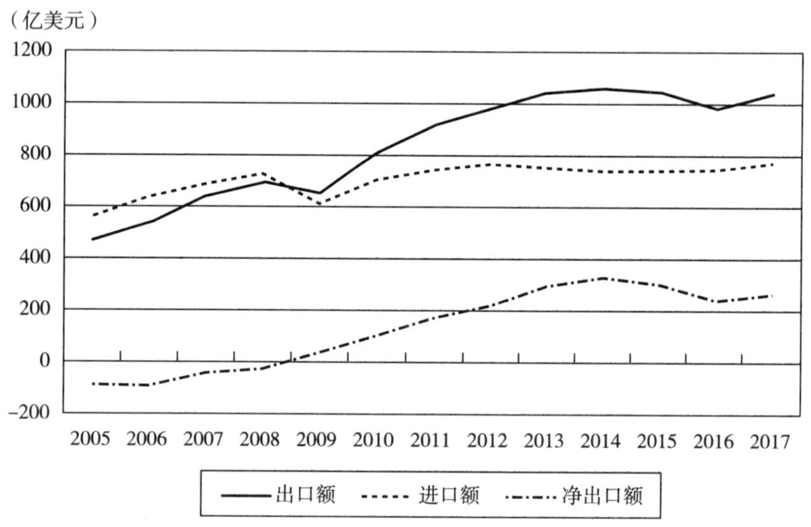

图6-2 2005~2017年香港服务贸易进出口情况

（三）服务贸易结构转变，整体竞争力强

服务业是香港经济的支柱，服务贸易更是香港经济动力的重要来源。作为外向型经济，香港十分倚重外围需求。近年来，在外围市场需求和影响下，香港服务贸易结构发生变化，旅游及运输两大行业出现下滑，金融、商务服务等行业上升，但香港的服务业涵盖整个生产生活过程，整体服务输出仍然维持高企，特别是向国际社会提供以生产服务为主的生产性服务具有显著竞争优势。总体来看，香港服务业体系成熟，功能完整，产业结构较好，整体竞争力强，其国际金融、物流、旅游和商务中心的地位将长期保持。

（四）服务业基础设施好，从业人员专业

香港是世界上象征性的大都市，政治、文化、经济都走在前沿，拥有众多高素质的专业人士和高端的基础设施，不仅如此，香港的交通条件、信息聚集及流通度、生活及旅游配套设施条件等都较为完善。在现如今香港经济以服务业为主的情况下，香港的上班人士中绝大部分从事服务业。在行业分布方面，香港服务业表现得极为成熟，服务业拥有详细的内部分工，其服务业人员平均年收入总额为 45050 美元，其管理层人员平均年基本工资总额加奖金为 265336 美元，高薪资水平、完善的服务体系，为各行各业集聚了大量高素质专业人才。

（五）物流业增速放缓，后续增长乏力

香港作为世界公认的全球航运中心，名声绝非一朝一夕成就的。从 20 世纪 90 年代初开始，香港的集装箱吞吐量便长期力压新加坡港，占据世界集装箱吞吐量榜首十余年。2005 年，香港港口集装箱处理量开始被新加坡港超越，但两者的差距并不大，香港一度将差距缩小到 50 万 TEU。与此同时，以上海港、深圳港、宁波舟山港为代表的中国内地港口竞争力与日俱增。2008 年，上海港集装箱吞吐量超过香港港；2013 年，深圳港超过香港港；2015 年，宁波舟山港超过香港港；2017 年，釜山港超越香港港；2018 年，香港港再次被广州港超越。14 年的时间从第一到第七，香港港口的变迁让人唏嘘。对于香港集装箱港口经济趋弱的原因，综合起来包括若干因素，包括行业内外竞争加剧，特别是来自内地港口城市的竞争，以及买家在空运及铁路运输上的选项增加。此外，邻近的深圳港、广州港近些年在政府的大力推动建设下逐渐崛起，两地更贴近经济腹地、对接更加顺畅的优势，正削弱香港作为海运中转站的作用，分流已成必然趋势。

（六）金融业依然发达，中心地位稳固

金融业是香港服务贸易的重要组成部分，为香港的服务出口做出了重要贡献。香港回归以来，虽然经历了诸多的风雨，面临过许多重大考验，但香港不仅没有像西方媒体所预言的那样，成为臭港、死港，反而愈挫愈顽强，东方之珠依然闪亮。香港与纽约、伦敦一起并称为“纽伦港”，是世界公认的三大国际金融中心之一。多年来，香港持续稳固保持亚洲第一金融中心的地位，拥有极高的资金流动率和世界先进的监管制度。内地经济在过去几年高速发展，也为香港提供了强大支撑，未来能为香港提供更多机遇。“十三五”规划中明确提出，强化香港成为人民币全球离岸人民币业务枢纽地位，“一带一路”也让香港有新市场可拓展，香港若能抓紧机遇，发展自己新的优势，持续打造成为中国内地与国际市场接轨的重要平台，将为香港金融业带来广阔前景，金融中心地位将长期稳固。

（七）贸易对象较集中，两地合作趋紧

香港对外贸易中的一个显著特点就是进出口贸易的目的地和来源地相对比较集中，近些年来最突出的贸易伙伴是中国内地。中国内地与香港的贸易关系已有较长的历史，自香港开埠始，中国内地就已成为香港的重要贸易伙伴之一。香港回归以后，香港与中国内地在各方面的联系呈现出日趋紧密的势态，服务贸易往来也毫不例外。香港特别行政区政府统计处数据显示（见图 6－3），2016 年，两地的服务贸易总额达 5174 亿港元，占香港服务贸易总额的 39.4%，中国内地已连续多年成为香港最大服务贸易伙伴。其他主要服务贸易伙伴包括美国（1704 亿元，占比 13.0%）、英国（941 亿港元，占比 7.2%）、日本（769 亿港元，占比 5.9%）及新加坡（539 亿港元，占比 4.1%）。总而言之，香港的服务贸易对象相对集中，主要是内地和部分发达国家，特别是与内地的经济贸易联系日趋紧密，两地间经济贸易关系更加紧密相依，交流互动更加频繁。截至 2017 年底，内地累计批准港资项目 417032 个，实际使用港资 10093 亿美元。港资占内地累计吸收境外投资总额的 53.1%，内地对香港非金融类累计直接投资达 5481.5 亿美元，占投资存量总额的 52%。

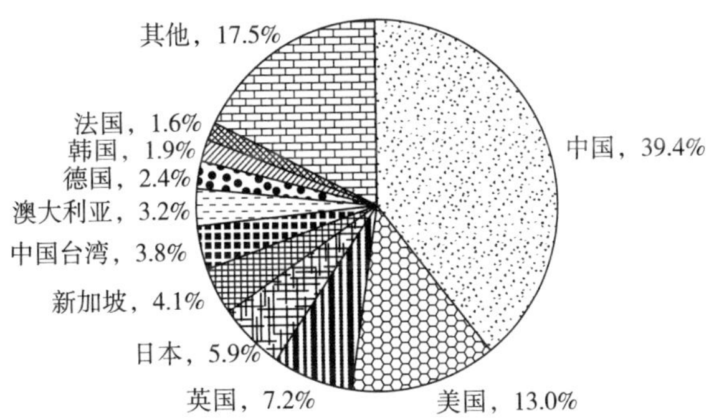

图 6－3　2016 年中国香港与主要贸易伙伴的服务贸易情况

资料来源：香港特别行政区政府统计处。

第二节　中国澳门服务贸易发展特点及国际竞争力情况

中国澳门位于中国东南沿海，地处珠江三角洲的西岸，面积 32. 8 平方公里，总人口 65. 6 万。2017 年，澳门本地生产总值为 4042. 0 亿澳门元，增长 9. 1%，是中国人均 GDP 最高的城市。澳门是中国两个国际贸易自由港之一和世界旅游休闲中心，货物、资金、外汇、人员进出自由，亦是区内税率最低的地区之一，具有单独关税区地位，与国际经济联系密切，更与欧盟及葡语国家有着传统和特殊的关系。澳门经济规模不大，但外向度高，以第三产业为主，是一个典型的以服务业为主体的微型经济体，根据澳门特区政府统计暨普查局公布的《2017 年澳门产业结构》，澳门第三产业占本地生产总值比重为 94. 93%，而博彩业是澳门经济发展的主导产业，博彩业占比高达 49. 13%。澳门主权回归后，在中央政府与其签署 CEPA 的推动下，不仅博彩业健康发展，其他服务行业的产值也得到一定提升，澳门服务贸易的结构相比回归前出现一定改变，其服务贸易发展水平在亚洲地区居于中上水平，是东亚地区服务贸易发展最快、竞争力最强的地区之一。

一、澳门服务贸易发展历程

根据澳门产业和服务贸易发展演变的情况，大致可分为三个阶段。

第一阶段：服务贸易起始阶段（1980 年以前）

澳门在民国时期的传统经济活动主要以渔业和转口贸易为主，在香港开埠后澳门失去其转口贸易优势，经济活动开始衰落，博彩业开始兴起。抗日战争结束和中华人民共和国成立后，流入澳门逃难的中国人开始返回中国内地，澳门人口逐渐减少，但赌博业照样进行。1961 年，根据澳门政府的建议，葡萄牙政府海外部颁布法令，定澳门为旅游区，准许澳门开设赌博为娱乐，并强调赌博娱乐对澳门经济发展的作用。从此，澳门赌博业获得合法的地位，不再受限制。20 世纪 70 年代初，由于受香港经济发展的诱导性拉动，富有的香港人到澳门投资博彩业、休闲消费品，使澳门经济由于博彩业得到初步发展。

第二阶段：服务贸易发展阶段（1980 ~ 1999 年）

进入 20 世纪 80 年代后，随着澳门旅游业的发展，旅客人数增多，同时亦带动赌博业的发展。澳门主要有三种博彩：一是幸运博彩；二是赛狗、回力球及赛马；三是彩票。澳门博彩税大幅度增长，其他行业望尘莫及，博彩税成澳门政府的主要收入，1984 年的博彩税收入为 44513. 5 万澳门元，占总税收的 52. 1%。到了 21 世纪，博彩税收入增长速度更为惊人，自澳门赌权开放后，多家外资赌场在澳门这块沃土上设立新的国际级赌场，博彩业成为了澳门经济的重要一部分。澳门旅游业带动了博彩业，博彩业带动了旅游业，两者之间形成了不可分割的关系。80 年代，新开设的 5 家国际水平的酒店可提供客房 1530 间，饮食业从业人数大幅上升。旅客方面，1982 年旅客量超过 400 万人次，此后逐年上升，旅游业收益仅次于博彩业，排名第二。

第三阶段：服务贸易战略阶段（1999 年以后）

1999 年 12 月 20 日正式回归后，在“一国两制”“澳人治澳”等方针的指导下，澳门特区政府根据长期以来澳门经济发展的基本格局和未来世界经济发展的总趋势，明确澳门经济的定位是“以博彩旅游业为龙头，以服务业为主体，其他行业协调发展的产业结构”。2003 年 10 月 17 日，中国中央政府与澳门特区政府签署《内地与澳门关于建立更紧密经贸关系的安排》（以下简称 CEPA），在服务贸易方面旨在逐步实现服务贸易自由化，进一步推动了澳门经济增长和服务贸易发展。2014 年 12 月 20 日，习近平主席在庆祝澳门回归祖国 15 周年暨澳门特别行政区第四届政府就职典礼讲话中，指出要“继续统筹谋划，积极推动澳门走经济适度表明多元化可持续发展的道路”。随着澳门进一步融入国家发展大局、参与“一带一路”倡议和粤港澳大湾区建设，以及澳门经济适度多元持续推进、“一个中心、一个平台”建设不断深化，澳门服务贸易发展战略更加明确，发展趋势也将保持持续稳定。

二、澳门服务贸易进出口商品结构

关红玲（2015）提出，从服务贸易视角，按照国际货币基金、联合国等多组织联合编制的《国际服务贸易统计手册 2010 年版》，博彩业属于“旅游业”项下“个人旅游”的一类。在服务贸易统计口径内，我们按旅游、金融、保险、运输、其他商业服务等类别从服务出口和服务进口两个方面对澳门进行分析比较。

（一）服务出口

从表 6－4 可以看出，近 10 年来，在澳门服务贸易出口中，以博彩业为主的旅游服务占据澳门服务出口的首要地位，占比长期保持在 90% 以上，优势明显。

（二）服务进口

从表 6－5 可以看出，近 10 年来，在澳门服务贸易进口中，运输、旅游、金融和其他商业服务为澳门地区服务输入的主要部分，历年来各类服务输入占比较为平均。

表 6-4　澳门服务贸易出口商品结构　　单位:%

类别＼年份	2008	2009	2010	2011	2012	2013	2014	2015	2016	2017
运输	3.03	2.21	2.11	1.85	1.55	1.37	1.39	1.74	1.79	1.61
旅游	91.09	93.49	93.93	94.94	95.26	95.36	94.50	92.80	92.62	93.32
保险	0.14	0.11	0.13	0.11	0.13	0.14	0.20	0.52	1.32	1.10
金融	2.20	1.42	1.69	1.17	1.47	1.78	2.40	3.27	2.83	2.76
计算机信息服务	0.66	0.46	0.39	0.25	0.18	0.13	0.12	0.16	0.14	0.10
其他商业服务	2.11	2.04	1.66	1.64	1.40	1.21	1.36	1.38	1.21	1.11

资料来源：根据 WTO 官方网站数据整理。

表 6-5　澳门服务贸易进口商品结构　　单位:%

类别＼年份	2008	2009	2010	2011	2012	2013	2014	2015	2016	2017
运输	11.08	11.51	11.98	11.93	10.07	12.06	12.89	11.96	10.41	9.71
旅游	24.22	31.19	31.58	30.38	28.43	31.16	31.22	30.69	29.59	27.21
保险	0.78	0.88	1.20	1.15	1.33	1.77	2.37	4.34	10.63	8.83
金融	9.54	7.38	9.00	9.03	9.74	9.63	9.10	11.02	13.90	13.55
计算机信息服务	4.17	4.89	3.53	2.71	2.31	2.48	2.59	2.60	2.78	1.74
专利与许可费服务	3.98	5.90	7.23	7.97	5.80	6.08	5.25	4.23	4.25	—
其他商业服务	27.15	19.18	15.36	16.95	16.64	23.47	26.73	19.94	24.25	25.19

资料来源：根据 WTO 官方网站数据整理。

三、澳门服务贸易的特点

（一）服务贸易呈长期向好趋势

澳门作为一个高度开放的微型经济体，服务业在其经济发展中一直处于支柱地位，服务贸易发展态势良好。从表6－6可以看出，2008～2017年，澳门服务贸易占总贸易比重均值为74.73%，自2009年来占比一直在70%以上，保持相对稳定。从图6－4可以看出，近10年来，澳门服务贸易一直处于净出口平稳增长阶段，进入2010年，澳门服务贸易净出口出现激增，首次突破200亿美元，是前一年服务贸易净出口的150%，之后持续攀升至2013年的最高——415亿美元，虽然在2015年和2016年出现回落，但在2017年又出现回升。据WTO官方统计数据，2017年澳门的服务进口及出口总额分别为43.52亿美元和382.79亿美元，分别较2016年增长12.35%和16.23%。总体来看，澳门服务贸易增长速度较快，服务贸易顺差较大，是澳门的经济支柱，呈现长期向好趋势。

表6－6　澳门服务贸易占总贸易的比重　　单位：%

年份 类别	2008	2009	2010	2011	2012	2013	2014	2015	2016	2017
比重	64.89	73.37	77.51	78.21	77.90	78.35	76.15	70.68	73.89	76.37

资料来源：根据WTO官方网站数据整理。

（二）旅游业在服务出口中独大

澳门土地面积狭小，第一、第二产业发展受限。同时，其经济规模小，大力发展单一产业容易达到规模经济效益，发挥比较优势。因此，以服务业为主的第三产业，逐渐成为澳门经济增长的主要动力，发展势头良好，特别是博彩业长期占据主导产业的地位。近年来，受内外因素的影响，博彩业自2014年开始进入调整期，至2015年由于博彩业毛收入大幅下滑34.3%，使2014年及2015年博彩业在澳门产业结构中的比重下降至

58.5%及48.0%，2016年博彩业出现回稳，其在产业结构的比重占到46.7%，2017年则回升至49.1%。虽然产业结构有所调整，但总体来看，澳门服务产品的出口集中度高，以博彩业为主的旅游业，长期占据服务贸易出口首要地位，历年来占比保持在90%以上，为澳门的服务贸易做出了巨大贡献。

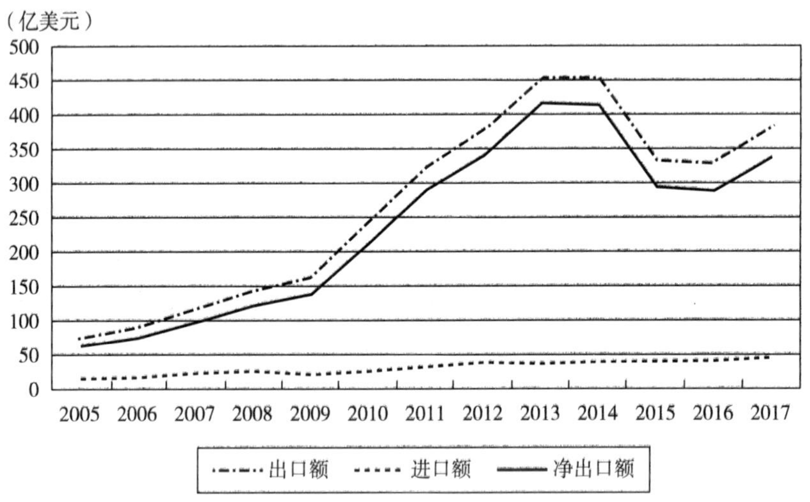

图6－4　2005～2017年澳门服务贸易进出口情况

（三）产业结构开始适度多元化

澳门自回归以来，在博彩业的带动下，各行业都取得了很大的发展，但澳门经济结构单一，高度依赖博彩服务出口的特点使经济增长呈现出高波动性，这种高波动性显示出澳门经济抗风险能力相对不足。因此，澳门社会各界普遍认同，经济的可持续发展必须走经济适度多元发展之路。近年来，会展业、金融业、文化产业等新兴多元产业得到较快发展。在澳门特区政府“以会议为先”的政策支持下，澳门举办的国际会议和专业展览数量与日俱增，行业规模平稳上升，影响力不断扩大，成为打造城市特色品牌的重要内容。特色金融业进入良性发展阶段。澳门特色金融业发展获多方支持，中葡合作发展基金总部正式落户澳门并开展运营，中银澳门与葡语国家30多家银行建立代理行关系，实现了对葡语国家资金清算网络全覆盖。2017年，澳门会展业、金融业、中医药产业及文化产业占所有行业的增加值总额的8.07%，澳门服务贸易“横向式”多元化发展效果开始显现。

第三节　中国台湾服务贸易发展特点及国际竞争力情况

中国台湾位于中国大陆东南方，隔台湾海峡与福建省相望，总面积3.6万平方公里，人口2350万，是中国第一大岛，名列亚洲四小龙之一，被世界银行、国际货币基金组织等机构认定为发达经济体。据世界银行统计，2017年，中国台湾GDP为5715亿美元，增长8.13%，位居世界各国和地区第22名，人均GDP 24331美元，居世界第36名。台湾经济以中小型企业为主，制造业与高新技术产业发达，半导体、IT、通信、电子精密制造等领域全球领先，全球大多数电脑电子零组件都在中国台湾生产。在2002年加入WTO和相关产业带动下，运输、旅游、商业服务、计算机信息服务等服务进出口快速增长，台湾服务贸易进出口规模开始大幅增长。

一、台湾服务贸易发展历程

根据台湾经济和服务贸易发展变化情况，大致可分为三个阶段。

第一阶段：服务贸易初始阶段（1986年以前）

“二战”后台湾经济基本上以农业为主，对外贸易和国际收支均逆差严重，外汇极度短缺。20世纪50~60年代，台湾人口剧增，物价飞涨，工农业生产几乎停顿，经济濒临崩溃。为此，台湾当局以稳定中求发展为指导思想，采取了一系列旨在稳定社会和恢复经济的政策与措施，确定了以农业培养工业、以工业发展农业的方针，属于以农养工发展时期，农产品及其加工品在总出口中的比重非常高，成为创汇主力。台湾自60年代起推行出口导向型工业化战略，经济社会发展突飞猛进。70～80年代，台湾抓住国际分工变化的机遇，大力发展加工出口工业带动经济发展，外资涌入台湾，民间企业从进口替代转向出口产业，成为经济成长的主力，台湾工业得到了高速发展。这一时期，在制造业的快速发展拉动下，台湾服务需求增长，交通运输等生产性服务发展较快，服务业发展水平逐步提高，服务贸易得到了初步发展。

第二阶段：服务贸易发展阶段（1986～1996年）

自20世纪80年代以来，台湾内外经济环境的变化导致民间投资意愿低落，经济发展陷入困境。台湾当局于1986年提出了实行经济自由化、国际化、制度化的策略，台湾地区服务业市场开始对外资和内资民营企业开放，大量外资和民营资金进入。经过近10年的发展，台湾于90年代跻身发达经济体之列，1994年达到巅峰期，GDP总量占大陆GDP比重的45%，台湾经济在自由化、国际化方面取得一定进展，银行数量增长了约2倍，带动岛内金融服务业迅速发展，产业升级也初见成效，资本和技术密集型工业占制造业的比重超过60%。这一时期，出口产品结构也发生了很大变化，电子、信息、机械、电机和运输工具产品已占总出口的50%以上，对外投资大幅度增长，开始成为净资本输出地区，台湾与大陆及香港的经济联系也日趋密切。同时，由于生产发展、就业增加，居民人均收入快速增长，从而带动了消费性服务的增长，这一阶段台湾地区服务业发展速度超过工业，成为引领经济增长的主要动力，服务贸易也得到了快速发展。

第三阶段：服务贸易转型阶段（1996年以后）

90年代后期，随着台湾地区制造业的大量转移和受1997年金融风暴的席卷，台湾地区服务业发展速度开始放缓，但仍是亚洲最强经济体之一。进入21世纪，企业加快对外投资和生产外移步伐，生产性服务业产值占服务业总产值的比重总体呈现下降趋势，如运输仓储业、金融保险业、咨询及通信传播业、不动产业等生产性服务业产值在服务业总产值中的比重呈下降趋势，减幅最大的是运输仓储业，减幅达30%，台湾服务贸易各相关行业也受到影响，开始进入转型期。台湾当局为此出台了一系列促进服务业转型升级的政策措施，如2004年制定了《服务业发展纲领及行动方案》，2005年实施了《促进商业研究发展辅导办法》，2006年制定了《服务业产业升级转型计划》，2009年出台了《服务业发展方案》，等等。随着两岸经贸合作的深入，双方于2013年签订《海峡两岸服务贸易协议》，拟在100多个服务行业进一步扩大开放，包括放宽市场准入条件、取消股权限制、放宽经营范围和经营地域、下放审批权限及为市场准入提供便利等，这些都为两岸之间最终实现服务贸易自由化奠定了基础。同时，也有助于加速两岸服务业融合、互补，大陆拥有广阔的市场资源，台湾拥有先进的服务管理水平，两岸服务业的相互开放有利于优势互补、共享商机，共同提升国际竞争力，是一件互利双赢的好事。该协议的签订，标志着两岸服务贸易自由化进入一个新的阶段，将有助于推动大陆和台湾服务贸易的转型发展。

二、台湾服务贸易进出口商品结构

根据国际标准及中国台湾产业的特点，台湾服务进口及服务出口按照不同服务类别，主要包括运输、旅游、保险、金融、建筑、计算机信息服务、专利与许可费服务和其他商业服务等。

（一）服务出口

从表6-7可以看出，近10年来，在台湾服务贸易出口中，运输、旅游和其他商业服务三大类服务占据重要地位，各自占比保持相对稳定，优势明显。近年来，金融、计算机信息服务两大类服务在台湾服务贸易出口中的比重逐年上升，增长较快。

表 6-7　台湾服务贸易出口商品结构　　单位:%

类别＼年份	2008	2009	2010	2011	2012	2013	2014	2015	2016	2017
运输	39.07	30.78	36.56	31.63	28.91	27.59	26.49	23.86	21.33	22.00
旅游	25.44	33.24	32.71	36.11	34.07	22.80	35.22	35.10	32.34	27.36
保险	1.29	1.24	1.12	1.18	1.11	0.87	0.77	0.62	0.67	0.91
金融	4.91	3.55	3.18	2.97	5.07	5.64	5.84	5.91	6.31	6.40
建筑	1.01	1.43	1.33	1.14	1.31	1.36	2.35	1.94	2.91	2.98
计算机信息服务	1.98	2.28	2.25	2.64	3.16	3.78	4.32	4.96	5.75	6.31
专利与许可费服务	0.82	1.18	1.73	2.73	2.70	2.79	2.09	2.90	2.99	3.77
其他商业服务	23.39	23.86	19.70	20.12	18.48	18.75	17.47	18.41	19.20	20.06

资料来源：根据 WTO 官方网站数据整理。

（二）服务进口

从表 6-8 可以看出，近 10 年来，在台湾服务贸易进口中，运输、旅游和其他商业服务三大类服务为服务输入的主要部分，历年来占比保持相对稳定。

表 6-8　台湾服务贸易进口商品结构　　单位:%

类别＼年份	2008	2009	2010	2011	2012	2013	2014	2015	2016	2017
运输	31.13	25.51	24.84	22.56	18.43	19.04	19.52	19.56	21.19	21.04
旅游	26.14	26.35	24.81	24.14	20.08	23.83	26.46	30.00	32.06	33.58
保险	2.76	2.40	2.22	2.52	1.99	1.94	1.78	1.49	1.35	1.90
金融	1.00	1.18	0.57	0.65	0.78	1.02	1.11	1.43	1.69	2.48
建筑	0.67	0.29	0.64	0.56	1.08	1.30	1.91	1.71	2.29	2.57

续表

年份 类别	2008	2009	2010	2011	2012	2013	2014	2015	2016	2017
计算机信息服务	1.92	2.44	2.30	2.41	2.21	2.28	2.32	2.39	2.59	3.25
专利与许可费服务	8.65	11.57	13.11	13.82	10.73	10.06	9.97	10.73	10.23	7.04
其他商业服务	24.00	26.42	27.53	29.22	24.46	23.11	23.73	20.95	18.45	18.18

资料来源：根据 WTO 官方网站数据整理。

三、台湾服务贸易的特点

（一）服务贸易增长较快，长期处于逆差状态

中国台湾地区自加入 WTO 以来，服务贸易进出口规模开始大幅增长，2002 年台湾服务贸易出口额和进口额分别为 216.35 亿美元和 247.20 亿美元，到 2017 年分别达到 450.71 亿美元和 534.51 亿美元，增长速度较快。台湾推动经济自由化和国际化已有 30 年，服务业与服务贸易市场也由最初的台湾当局严格管控、设置垄断性特许市场，逐步向外资与民间企业开放，但台湾服务业与服务贸易在国际竞争中仍处于劣势地位，国际竞争力较弱。从图 6－5 可以看出，2009 年前，台湾服务贸易进口额和出口额均增长缓慢，2009 年后，台湾服务贸易出口额开始呈现较快增长趋势，进口额则是在经过一段时间较快增长后，到 2012 年开始出现发展停滞的状态。截至 2017 年，台湾服务贸易进出口总额仍没有突破 1000 亿美元关口。台湾服务贸易长期处于逆差的状态，2013 年与大陆签订《海峡两岸服务贸易协议》后，逆差情况开始呈现逐年收窄的趋势，但逆差局面仍未扭转。

（二）两岸合作相对滞后，但呈加速发展态势

自 20 世纪 80 年代起，受岛内劳动力、土地等生产成本大幅上涨，以及新台币快速升值等因素影响，台商纷纷赴大陆和其他国家开展大规模投

资。中国大陆是台湾最大的岛外投资目的地和贸易顺差来源地，据中华人民共和国商务部数据，截至 2017 年 12 月底，大陆累计批准台资项目 102279 个，实际使用台资 664.2 亿美元。若加上经第三地转投资，大陆累计实际使用台资金额 1100 多亿美元，占历年来台湾资金流出的一半以上。台商对大陆地区的投资活动早期以制造业为主，两岸服务业合作显得相对滞后。但近年来，台湾对大陆服务业投资快速增长，台资在批发及零售业、金融及保险业等行业积极展开布局。截至 2017 年底，台湾 13 家银行在大陆设立分行，4 家投信公司赴大陆参股成立基金管理公司，8 家券商在大陆设立了 14 个办事处，12 家保险业及 3 家保险经纪人公司赴大陆参股。

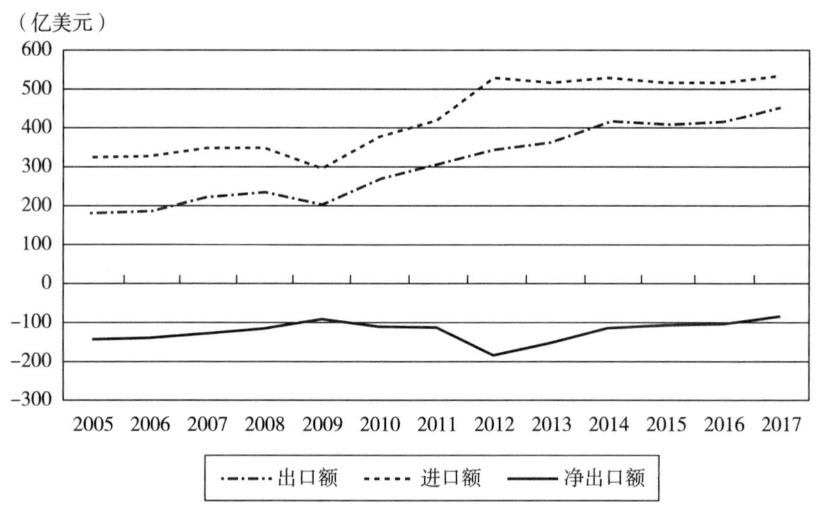

图 6－5　2005～2017 年中国台湾服务贸易进出口情况

（三）新兴行业增速加快，服务贸易结构趋优

据 WTO 官方网站数据，自 2008 年起，台湾在服务贸易出口中，传统的运输行业所占比重逐年下降，新兴的金融、计算机信息服务、专利与许可费服务等行业占比逐年上升，且呈现较快的增长速度，超过台湾服务贸

易各行业出口的平均增速，显示出较强的发展后劲。从台湾服务贸易进口商品结构来看，除旅游占比仍较大外，其他服务类别间的差距进一步缩小，各项服务进口占比呈现出逐渐均衡的特点。总体来看，台湾服务贸易无论是出口商品结构还是进口商品结构，都得到进一步优化。

第四节　日本服务贸易发展特点及国际竞争力情况

日本位于东亚，总面积37.8万平方公里，总人口约1.26亿，是一个高度发达的资本主义国家，也是世界第三大经济体。日本经济高度发达，国民拥有很高的生活水平。据世界银行统计，2017年，日本国内生产总值为43421亿美元，增长1.6%，位居世界各国和地区第3名，人均GDP 38428美元，居世界第27名。日本四面环海，国土面积狭小，资源匮乏并极端依赖进口，属于典型的外向型经济。日本服务业发达，占GDP比重长期保持70%以上，其中银行业、金融业、航运业、保险业以及商业服务业处于世界先进水平，成为日本国民经济的重要产业，服务贸易在其总体贸易中占有重要地位，在经济中发挥着重要作用，发展前景较好。

一、日本服务贸易发展历程

根据日本经济和服务贸易发展变化情况，大致可分为三个阶段。

第一阶段：服务贸易增长阶段（1986年以前）

“二战”失败后的日本，努力摆脱战败的阴影，大力发展经济，开始走上经济复兴之路。在其后20年间，日本的经济年均增长率达8%，第一个从战后的“发展中国家”一跃跨入“发达国家”的行列。1968年，日本经济跃居世界第二位，仅次于美国。20世纪60年代，日本工业竞争力稳步提高，年均出口增长率高达18.4%。在60年代中期之后，除1973年石油危机后的2年，日本的经常项目每年均为顺差。70年代后期，日本产业结构由劳动与资本密集型向技术、知识密集型转变，在各项措施的引领下，日本制造业的比较优势显现，日本货物贸易得到迅速发展，出口持续扩大，以运输为代表的服务贸易也得到快速发展。

第二阶段：服务贸易停滞阶段（1986~2000年）

在1985年的“广场协议”之后，日元迅速升值，由此引发的出口产品的价格增长削弱了日本出口产品在海外市场的竞争力，大量游资流向土地、股票市场，土地、股票价格被越炒越高，大大脱离真实价值，1990~1992年涨到顶转而下跌，从1992年开始，日本进入“困境期”。这时，日本本身出现经济危机。1992~1998年，GDP年均增长率仅为1%。在1997年亚洲金融危机后，日本经济再次遭受重创，1997年和1998年，日本经济出现负增长。这一时期，日本经济陷入衰退，服务贸易长期趋于停滞。1999年，日本服务贸易进出口额更是跌入低谷，出口和进口的降幅均超过10%，分别为15.2%和10.5%。

第三阶段：服务贸易复苏阶段（2000年以后）

2000年可以视为日本服务贸易发展的分水岭。在日本政府对第三产业的大力扶持下，2000年，日本服务贸易出口开始转跌为升，出现7.3%的增幅，进口虽仍处跌势，但跌幅比1999年回落6.9个百分点，自此，日本服务贸易进入复苏阶段，服务出口和服务进口开始呈现波浪式上升趋势。2001~2017年，日本服务贸易出口和进口的年均增速均高于GDP增长速度，且出口的增势明显强于进口，贸易逆差规模总体呈缩减之势，尽管至今仍未扭转逆差局面，但通过观察近年来服务贸易的发展轨迹可以看出，日本的服务贸易已步入稳定增长轨道。

二、日本服务贸易进出口商品结构

根据国际标准及日本的服务贸易特点，日本服务进口及服务出口按照不同服务类别，主要包括运输、旅游、保险、金融、计算机信息服务、专利与许可费服务、其他商业服务等。

（一）服务出口

从表6－9可以看出，近10年来，在日本服务贸易出口中，运输、旅游、专利与许可费服务和其他商业服务四大类服务占据重要地位，各自占比基本相当，总占比超过80%。

表6－9　日本服务贸易出口商品结构　　单位：%

类别＼年份	2008	2009	2010	2011	2012	2013	2014	2015	2016	2017
运输	33.31	26.11	31.42	29.59	31.36	29.25	24.17	21.76	18.20	18.42
旅游	7.68	8.53	9.82	7.79	10.64	11.19	11.51	15.36	17.64	18.35
保险	0.67	0.72	0.95	1.18	-0.29	0.13	0.95	0.97	0.98	1.05
金融	3.87	3.99	2.68	2.92	3.39	3.37	4.46	6.33	6.69	5.60
计算机信息服务	1.13	1.27	1.32	1.39	1.70	2.00	1.95	2.00	2.18	2.55
专利与许可费服务	18.22	17.93	19.85	20.63	23.29	23.35	22.83	22.41	22.51	22.58
其他商业服务	23.20	28.57	23.57	26.09	18.58	20.90	22.82	20.95	22.24	21.89

资料来源：根据WTO官方网站数据整理。

（二）服务进口

从表6－10可以看出，近10年来，在日本服务贸易进口中，运输、旅游、计算机信息服务、专利与许可费服务和其他商业服务为服务输入的主要部分，历年来各类服务进口占比较为平均。

三、日本服务贸易的特点

（一）总体发展水平较高，逆差规模不断缩减

进入21世纪后，日本通过整体政策的调整和科技创新，在完成工业化

表 6-10 日本服务贸易进口商品结构 单位:%

类别＼年份	2008	2009	2010	2011	2012	2013	2014	2015	2016	2017
运输	30.22	26.02	28.20	28.15	29.97	27.46	23.84	22.98	20.56	20.95
旅游	15.59	16.15	16.92	15.49	15.10	12.78	10.02	8.95	10.02	9.53
保险	2.86	3.30	4.13	3.87	4.00	3.95	2.66	2.68	3.05	3.20
金融	2.22	1.96	1.91	1.90	1.75	2.11	2.73	3.36	3.36	3.49
建筑	6.33	7.34	4.79	4.38	4.20	4.39	5.44	4.59	4.03	4.35
计算机信息服务	2.81	3.15	2.79	2.95	3.08	3.72	6.01	7.49	7.60	7.16
专利与许可费服务	10.23	10.81	11.40	10.91	10.77	10.43	10.84	9.54	10.66	10.80
其他商业服务	22.05	24.34	23.03	25.36	24.38	28.42	30.70	34.15	33.81	33.48

资料来源：根据 WTO 官方网站数据整理。

后，生产性服务业得到快速发展，服务业发展质量较高，制造服务、信息服务业、金融业、保险业等保持相对的比较优势。日本服务业整体水平的提升与发展，促进了日本服务贸易总额的增长，使日本成为服务贸易大国。根据 WTO 官方网站数据统计，2017 年，日本服务贸易的服务输入及输出总额分别为 1908 亿美元和 1848 亿美元，进出口总额为 3757 亿美元，较 2016 年增长 4.81%，排名世界第八，亚洲地区第二，占世界服务贸易进出口总额的 3.56%。从图 6-6 可以看出，近十几年来，日本服务贸易出口和进口均呈现波浪式缓慢上升趋势，增长速度低于世界平均水平。2012 年可以视为日本服务贸易发展的分水岭，自 2012 年开始，日本服务出口的增势明显强于进口，贸易逆差规模总体呈缩减之势。2017 年，日本服务贸易逆差已缩减至 61 亿美元。

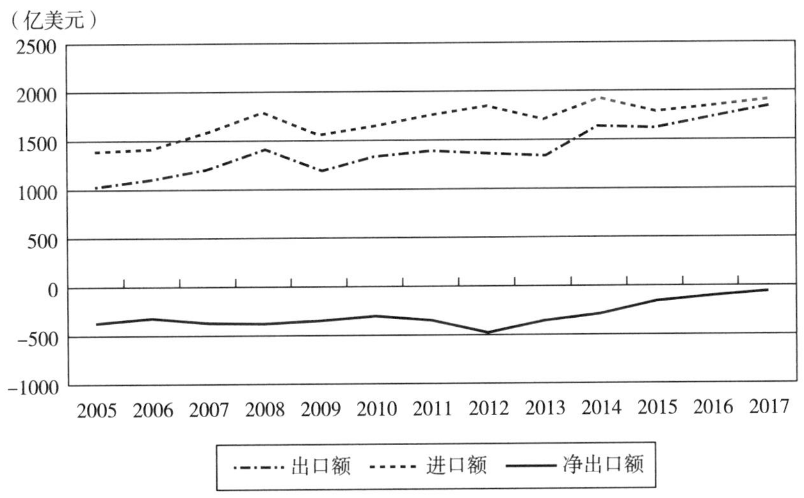

图 6－6　2005～2017 年日本服务贸易进出口情况

（二）四大类别均衡发展，服务出口结构合理

从图 6－7 可以看出，近 10 年来，在日本服务贸易出口中，运输、旅游、专利与许可费服务和其他商业服务四大类服务逐渐趋于平均化，特别是 2015 年后，分别占据 20% 左右的比重，不同于其他国家或地区偏重于某一两类服务，各行业都得到均衡发展，显示出较强的综合国际竞争力和较为合理的出口结构。

（三）运输服务进口下降，其他商业服务增长

运输曾经是日本服务贸易第一大进口行业，占比长期在 30% 以上，但自 2009 年以后，呈缓慢下降趋势，到 2016 年，已跌到 20% 左右。其他商业服务的进口额呈现逐年上涨趋势，特别是进口额增长较快，占总进口的比重逐年增加。从 2013 年起，其他商业服务取代运输服务，成为服务贸易第一大进口行业，到 2017 年占比已达到 33.48%，成为日本服务贸易中逆差最大的行业。自 2013 年开始，旅游服务进口额和在总进口中的占比出现缓慢下滑，到 2017 年，占比已不足 10%。

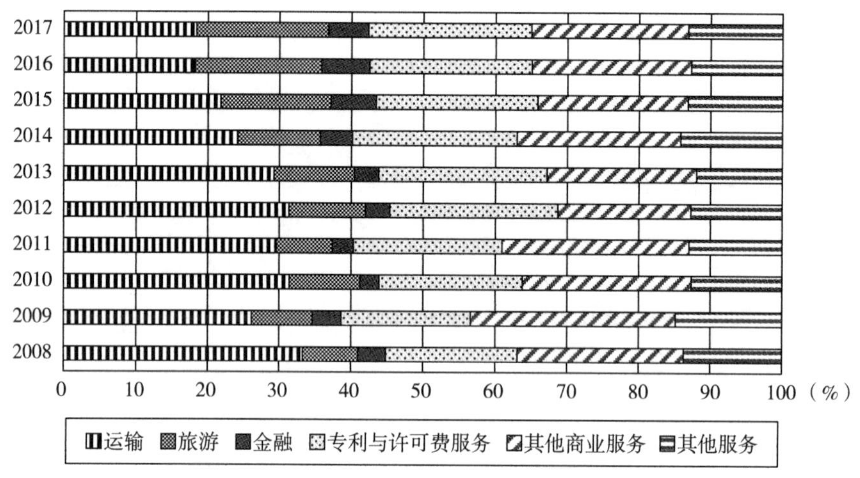

图 6－7　2008～2017 年日本主要服务类别出口占比情况

（四）专利与许可费服务进出口呈现上升趋势

专利与许可费服务分别是日本服务贸易出口和进口的第二大和第四大行业。从图 6－8 可以看出，2005 年以来，专利与许可费服务出口虽然在 2009 年出现下滑，但总体呈快速上升趋势，特别是 2009～2017 年，出口额从 216 亿美元增长到 417 亿美元，接近倍增。专利与许可费服务进口虽然有起伏，但仍呈现缓慢增长的趋势，在日本服务贸易进口商品中占比基本稳定在 10% 左右。总体来看，日本专利与许可费服务的出口增长速度明显大于进口增长速度，这也使得专利与许可费服务成为目前日本服务贸易中顺差最大的行业。

（五）旅游服务转逆为顺，发展前景长期向好

旅游曾经是日本服务贸易第一大逆差行业，长期呈现逆差，但近年来逆差规模呈下降趋势。在日本推进航空自由化、放宽中国等国家的旅游签证、日元贬值等内外部因素影响下，日本旅游市场得到了快速增长。从图 6－9 可以看出，从 2011 年开始，日本的旅游出口呈现快速增长趋势，与此同时，旅游服务进口则从 2012 年开始，呈现逐年下降趋势，旅游服务净出口额逐年上升，从 2014 年开始，由逆差转变为顺差，且顺差的规模逐

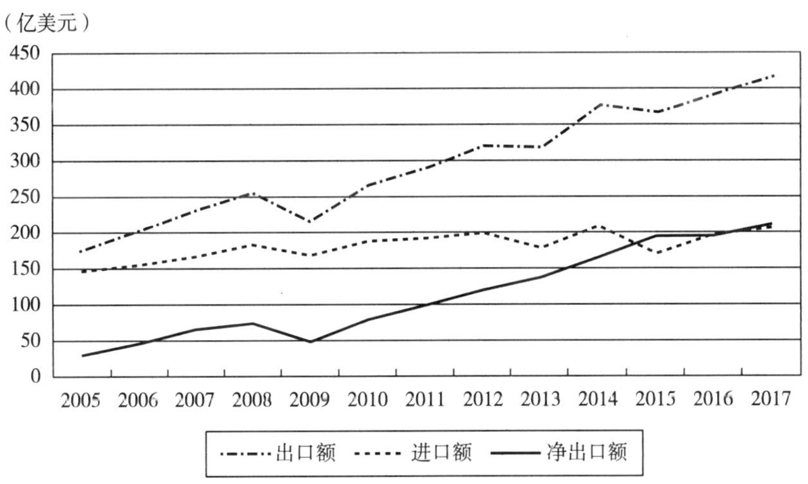

图 6－8　2005～2017 年日本专利与许可费服务进出口情况

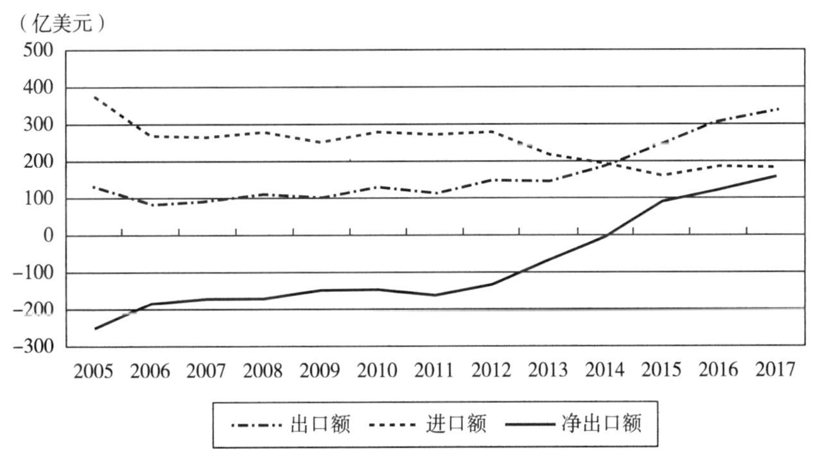

图 6－9　2005～2017 年日本旅游服务进出口情况

年扩大。发展旅游业带动地方经济发展，成为日本首相安倍晋三经济复苏战略中最成功的部分之一，多种因素刺激将为日本旅游业发展创造有利条件，为其持续发展提供动力，日本的旅游出口将呈现长期向好的趋势。

（六）日中经贸合作回升，服务贸易增势良好

中日经济互补性很强，在新一轮科技与产业革命浪潮中，两国企业在多个领域都有广泛的合作和巨大的市场潜力。近年来，中日经贸合作呈现企稳回升态势，中日双边贸易重返3000亿美元规模，双边服务贸易在合作发展中呈现出良好的增长势头。据中方初步统计，日本目前为中国第四大服务贸易伙伴，在中国服务贸易进出口总额中约占10%的份额。2017年，日本对华投资加快回升，中国对日跨境电商、移动支付、共享经济等新经济模式投资增多，访日中国游客超过730万人次，比上年增长15%。2018年，中国与日本签署了《关于加强服务贸易合作的备忘录》，双边服务贸易合作未来有望进入快车道。

第五节　印度服务贸易发展特点及国际竞争力情况

印度位于南亚，是世界第二人口大国、全球成长最快的新兴经济体之一，也是金砖国家之一。据世界银行统计，2017年印度国内生产总值（GDP）达到2.597万亿美元，超过法国，成为世界第六大经济体，经济增长速度引人瞩目，但由于印度人口众多，平均国民生产总值却很低。印度经济产业多元化，涵盖农业、手工艺、纺织以至服务业。印度2/3的人口仍然直接或间接依靠农业维生，近年来服务业增长迅速，已成为全球软件、金融等服务业最重要的出口国。自1991年以来，印度的服务贸易一直高速增长，堪称全球服务贸易发展史上的一个奇迹。

一、印度服务贸易发展历程

第一阶段：服务贸易初始形成阶段（1985年以前）

印度自1947年独立后，进入经济恢复时期。独立后的印度经济政策

倾向保护主义，强调工业化、国家干预劳工和金融市场、庞大的公营机构、监管商业活动、中央规划等。印度独立后，各届政府开始进行经济政策的调整与经济改革。初期的经济政策由第一任总理贾瓦哈拉尔·尼赫鲁主导，强调优先发展以机械制造业为中心的重工业。20 世纪 80 年代，英迪拉·甘地上台，对经济政策进行调整，但调整幅度太小。这一时期，印度工业体系开始形成，相对其他亚洲国家，尤其是亚洲四小龙，印度经济增长缓慢，开始出现早期的服务贸易，但主要以自由服务贸易为主，未形成规模和气候。

第二阶段：服务贸易平稳发展阶段（1985 ~2003 年）

1985 年，拉吉夫·甘地执政后，加快了经济改革的步伐，改革取得了一些成就，但问题与困难较多。1991 年，拉奥执政后改革步伐加快，对 40 年来的经济发展政策作了大幅修改，正式展开经济自由化改革，取消“牌照制度”（投资、工业及入口牌照），结束国营公司的垄断，同时放宽外来投资，免除了消费品工业、保险业等多个行业的外资审批制度，自此定下了印度经济自由化的大方向，逐步转型为自由市场，使得印度经济逐渐摆脱危机，步入平稳增长的轨道，经济增速迅速提高，经济规模总量显著增加，“印度服务”如同“中国制造”一样，俨然成为世界市场上的一枚标签。1991 ~2003 年，印度服务业对 GDP 增长所贡献的比重达到 62%，服务贸易得到平稳快速发展。

第三阶段：服务贸易加速发展阶段（2003 年以后）

2003 年后，印度经济增长开始加速，年平均增长速度达 8%，2014 年起经济增速成功超越中国跻身主要经济体。2004 ~2017 年，印度人均 GDP 进一步上升到 5.86%，接近世界平均水平 3 倍。近十多年来，印度大力发展信息技术产业特别是计算机软件业，取得了举世瞩目的成就，以服务外包业为代表的服务贸易也迎来飞速发展的阶段，除 2009 年受全球金融危机影响出现下滑外，其余时间一直处于持续的增长状态，年增长额超过百亿美元，年平均增速保持两位数以上。

二、印度服务贸易进出口商品结构

根据国际标准及印度的服务贸易特点，印度服务进口及服务出口按照不同服务类别，包括运输、旅游、保险、金融、计算机信息服务、专利与许可费服务、其他商业服务等。

（一）服务出口

从表6－11可以看出，近10年来，在印度服务贸易出口中，以计算机信息服务、其他商业服务为主，旅游和运输服务为辅，四类服务出口占印度服务出口90%左右。“印度软件”和其他商业服务始终是服务出口的主要支柱产品，两类服务的比重基本都保持在30%以上。

表6－11　印度服务贸易出口商品结构　　单位：%

类别＼年份	2008	2009	2010	2011	2012	2013	2014	2015	2016	2017
运输	12.07	12.09	11.34	12.78	12.03	11.34	11.83	9.16	9.38	9.23
旅游	11.16	11.99	12.38	12.78	12.35	12.33	12.53	13.45	13.86	14.87
保险	1.47	1.63	1.52	1.87	1.55	1.44	1.45	1.27	1.32	1.34
金融	4.05	3.89	4.98	4.51	3.68	4.27	3.59	3.42	3.14	2.44
计算机信息服务	34.99	36.64	34.60	34.01	33.53	36.07	34.69	35.22	33.47	29.82
专利与许可费服务	0.14	0.21	0.11	0.22	0.22	0.30	0.42	0.30	0.32	0.36
其他商业服务	34.30	29.71	29.49	27.83	32.36	31.28	30.83	32.06	33.55	32.05

资料来源：根据WTO官方网站数据整理。

（二）服务进口

从表6－12可以看出，近10年来，在印度服务贸易进口中，运输、旅游和其他商业服务为服务输入的主要部分，三项占比达到70%以上，尤其是运输服务，历年来占比都较高，达到40%左右。

表6-12　印度服务贸易进口商品结构　　单位:%

类别＼年份	2008	2009	2010	2011	2012	2013	2014	2015	2016	2017
运输	49.32	44.52	40.64	46.42	46.73	45.21	45.89	42.29	35.91	37.08
旅游	10.92	11.56	9.13	10.93	9.50	9.15	11.37	12.01	12.26	11.97
保险	4.95	5.01	4.37	4.96	4.96	4.70	4.58	4.24	3.79	4.09
金融	4.03	4.67	5.91	6.62	4.11	4.64	3.21	2.52	3.76	3.76
计算机信息服务	4.90	4.02	3.15	2.55	2.68	2.95	3.36	3.07	3.56	3.94
专利与许可费服务	1.74	2.31	2.12	2.25	3.07	3.08	3.78	4.05	4.09	4.23
其他商业服务	22.40	20.95	22.18	20.06	23.01	22.12	20.94	24.12	24.52	22.98

资料来源：根据WTO官方网站数据整理。

三、印度服务贸易的特点

（一）服务贸易规模迅速增长，带动经济快速发展

印度服务贸易规模大、增速快、顺差可观，对印度经济增长作用明显。从图6-10可以看出，自2005年以来，印度服务贸易除在2009年受国际金融危机的冲击出现下跌外，出口额和进口额一直呈现快速上涨趋势，且服务出口增长明显高于服务进口，自2008年开始，印度服务贸易由逆差转为顺差，并一直保持，且呈现规模逐年扩大趋势，是世界上发展中国家中服务贸易保持顺差的少数国家之一，发展势头良好。印度服务贸易占总贸易量的比重非常高，长期以来占比都在25%以上。世界贸易组织的数据显示，2017年，印度服务贸易进出口总额达到3380亿美元，居世界第9位，占世界服务贸易进出口总额的3.25%，占印度国际贸易总量的

30.88%，超过了大多数发达国家，印度服务贸易的发展反过来推动了印度国内服务业的发展，吸收了大量就业人口并成为贸易顺差和外汇储备的重要来源，为印度经济发展做出了巨大贡献。

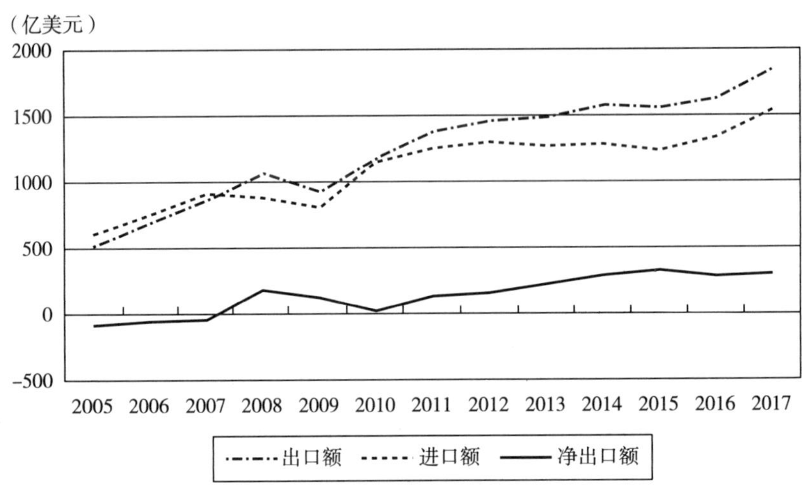

图 6-10　2005~2017 年印度服务贸易进出口情况

（二）服务贸易商品结构单一，短期改善可能性小

从服务出口结构来看，印度服务出口长期以计算机信息服务、旅游、运输以及其他商业服务为主，这四类服务产品出口占印度服务出口总额的90%左右，服务产品的出口集中度较高。从服务进口结构来看，自2005年以来，印度服务进口主要为运输服务、其他商业服务和旅游三项，占比接近80%。其中，运输服务贸易占服务贸易进口额的40%以上。总体来看，印度服务贸易进出口商品结构变化不明显，均呈现出单一化状态，而且从现有数据来看，短期内改善的可能性较小。

（三）软件外包出口一枝独秀，进出口额增速放缓

印度作为仅次于美国的全球第二大计算机软件出口国，“印度软件”始终是出口的主要支柱产品，计算机信息服务一直是支撑印度服务出口的

主力军，其在印度服务贸易出口中的比重基本保持在30%以上，是出口的第一大类产品和服务贸易顺差的最大来源。从图6－11可以看出，自2016年起，受全球经济下行和外围菲律宾、乌克兰、俄罗斯、巴西、墨西哥等国家大力发展自己的服务外包业影响，印度计算机信息服务出口增速开始放缓，进口持续增加，顺差额跌破500亿美元关口，顺差规模开始出现缩小趋势。可见，印度计算机信息服务出口将面临着越来越激烈的国际竞争，增速减缓是大概率事件。

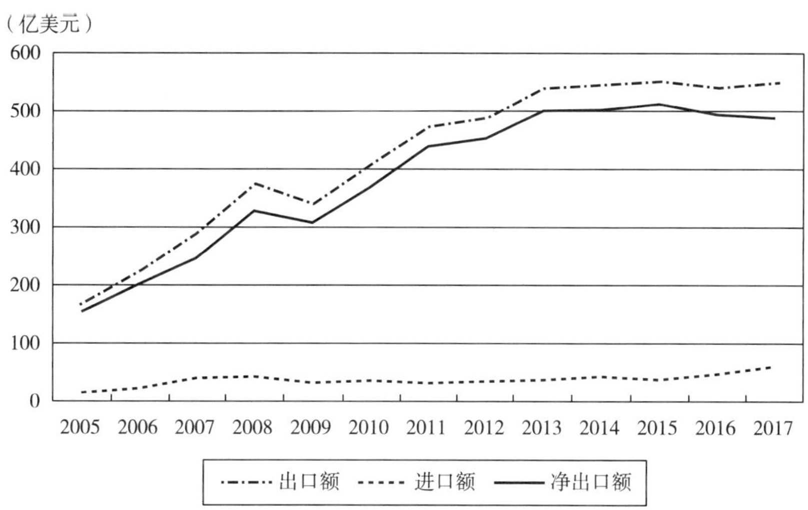

图6－11　2005～2017年印度计算机信息服务进出口情况

（四）旅游服务持续快速增长，拥有巨大发展潜力

旅游业是印度政府重点发展产业，也是重要就业部门，旅游在印度服务产品出口中占比一直在10%以上。从图6－12可以看出，自2005年以来，旅游服务进出口一直呈现快速上涨趋势，且长期保持顺差，顺差规模逐年扩大。随着生产力不断发展和社会不断进步，全球旅游业产业规模将不断扩大，印度地域广阔、人口众多，劳动力成本低，旅游业的发展条件得天独厚，未来发展潜力巨大。

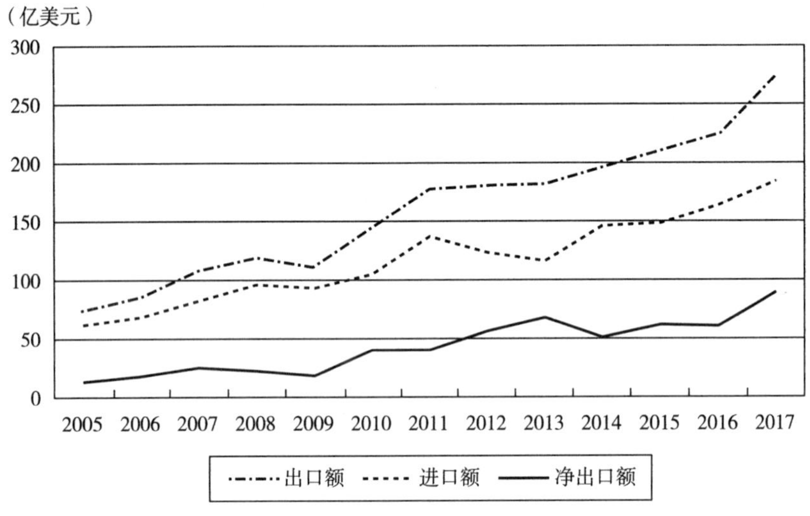

图 6－12　2005～2017 年印度旅游服务进出口情况

（五）其他商业服务持续增长，顺差规模不断扩大

其他商业服务在印度服务贸易进口和出口中，均为第二大行业，近十年出口占比基本保持在 30% 左右，是印度服务贸易第二大顺差行业。从图 6－13 可以看出，自 2005 年以来，其他商业服务进口与出口均呈现持续快速增长态势，且出口额增长更快，顺差规模呈不断扩大趋势。2017 年，顺差额为 236 亿美元，与计算机信息服务的差距进一步缩小。

（六）运输服务总量增长缓慢，逆差规模保持稳定

运输服务一直是印度服务贸易进口的第一大行业和出口的第四大行业，最高时曾占据服务贸易进口贸易额 40% 以上的比重。从图 6－14 可以看出，2005 年以来，相对其他服务类别而言，运输服务在进出口方面的增长都相对缓慢，长期处于逆差状态。近年来，逆差规模趋于稳定，基本保持在 400 亿美元，为印度服务贸易逆差最大行业。

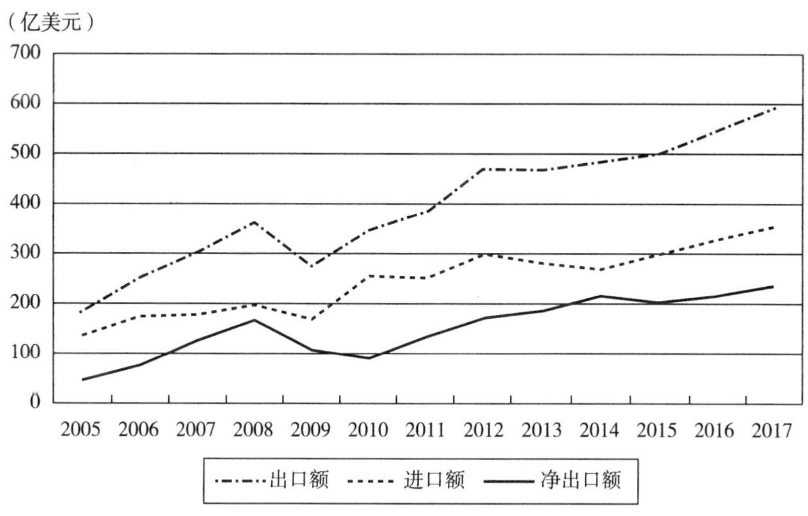

图 6-13　2005～2017 年印度其他商业服务进出口情况

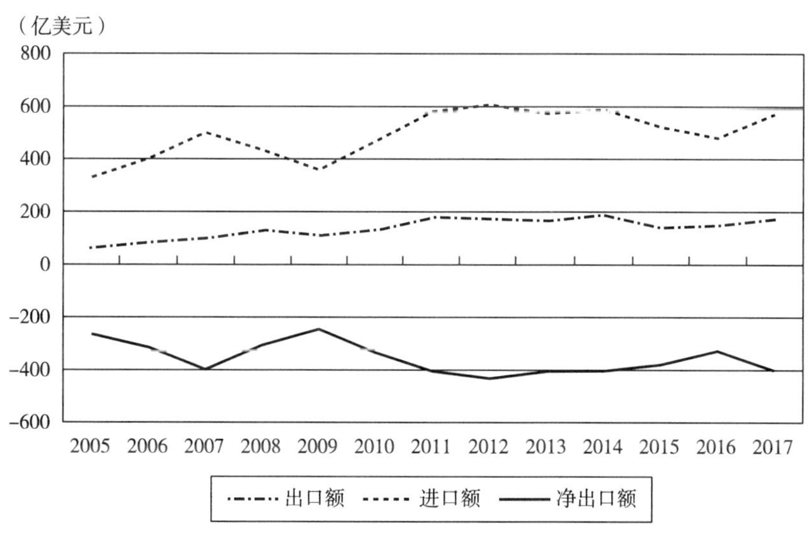

图 6-14　2005～2017 年印度运输服务进出口情况

第六节　美国服务贸易发展特点及国际竞争力情况

美国位于北美洲，总面积937.3万平方公里，人口约3.2亿，是一个高度发达的资本主义国家，是目前世界上唯一的超级大国和第一大经济体，在经济、文化、工业等领域都处于领先地位。据世界银行数据显示，美国2017年GDP为19.39万亿美元，增长2.3%，位居世界第一，人均GDP为59532美元，居世界第7位。1947～2017年，美国的产业结构发生了巨大的变化，服务业产值占GDP的比重逐年上升，制造业产值占比逐年下降。到2017年，制造业占GDP的比例已不足11.2%，美国的经济结构也形成了以服务业为主的产业结构。美国的服务业主要由批发业、零售业、交通运输业、信息产业、金融及房地产、专业服务、教育及医疗、文娱、家居及食品等行业组成。其中，金融及房地产、专业服务、教育及医疗是美国服务业中产值规模最大的三个领域。随着服务业的不断发展壮大，服务贸易在国际贸易体系中的地位不断提升和稳固，同时，服务贸易也成为美国国家经济实力的象征。

一、美国服务贸易发展历程

根据美国经济和服务贸易发展历程，大致可分为三个阶段。

第一阶段：服务贸易逆差阶段（1970年前）

18世纪，美国工业革命从北方开始，到19世纪初期，迅速席卷了整个美国。南北战争结束之后迅速发展的美国经济奠定了现代美国工业的基础。第二次世界大战后至1970年是美国资本主义的黄金时期。1965年以后，美国服务贸易额增长迅速，美国服务产品在某些领域已具有较大比较优势。虽然这一时期美国服务贸易的出口小于进口，服务贸易表现为逆差，但是这种服务贸易逆差逐年缩小。

第二阶段：服务贸易顺差阶段（1970～2000年）

这一时期美国商品贸易表现为逆差，而服务贸易表现为顺差。从20世纪70年代开始美国服务贸易逐步出现顺差，并且逐年扩大。80年代，美国超越英国成为经济最发达的国家。20世纪90年代，日本泡沫崩盘，苏联解体，美国赢得冷战，并打赢第一次海湾战争，GDP增长69%，美国经济快速增长。1994年，美国发布第二个《国家出口战略》，确立了“出口先行”的策略，强调促进服务贸易出口。1994～2000年，在计算机革命带来的科技创新、温和的通货膨胀、不到5%的失业率以及实行“新经济”政策等多重因素影响下，美国服务贸易出现快速增长，服务贸易差额进一步扩大，服务贸易顺差总额从1990年的301.93亿美元快速增加到2000年的826.41亿美元。

第三阶段：服务贸易稳固阶段（2000年以后）

经过多年的发展，美国服务贸易出口的产业发展重点日益清晰，服务贸易领域重点覆盖运输服务、旅游、金融、保险服务、通信、计算机信息服务、专利与许可费服务、娱乐、其他商业服务和教育等行业。但由于以中国、印度为代表的亚洲经济体和欧洲国家的迅速发展，美国服务贸易虽然总额持续增长，但发展速度开始变缓，服务贸易出口速度增长减缓，进口增加，服务贸易顺差出现下降。随着服务业的发展，服务贸易在经济发展中发挥着越来越重要的作用，美国政府对服务贸易越加重视，持续推行的“服务先行”策略为服务业的发展搭建了广阔的平台，也给美国服务贸易发展提供了更充足的动力，服务贸易的领导地位始终保持稳固。

二、美国服务贸易进出口商品结构

根据国际标准及美国的服务贸易特点，美国服务进口及服务出口按照不同服务类别，包括运输、旅游、保险、金融、计算机信息服务、专利与许可费服务、其他商业服务等。

（一）服务出口

从表6－13可以看出，近10年来，在美国服务贸易出口中，运输、旅游、金融、专利与许可费服务和其他商业服务五大类服务占据重要地位，总占比接近90%。

表6－13　美国服务贸易出口商品结构　　单位:%

类别＼年份	2008	2009	2010	2011	2012	2013	2014	2015	2016	2017
运输	14.07	12.13	12.72	12.72	12.79	12.37	12.23	11.63	11.21	11.08
旅游	25.10	23.39	24.32	24.03	24.62	25.30	25.87	27.27	27.37	26.09
保险	2.52	2.84	2.56	2.41	2.56	2.38	2.34	2.15	2.17	2.28
金融	11.83	12.57	12.84	12.47	11.68	13.56	14.42	13.62	13.05	13.63
计算机信息服务	4.34	4.65	4.44	4.65	4.95	4.91	4.68	4.74	4.85	4.99
专利与许可费服务	19.17	19.19	19.09	19.65	18.96	18.25	17.48	16.52	16.54	16.38
其他商业服务	16.27	17.46	16.90	16.95	17.38	16.58	16.68	17.37	18.28	19.13

资料来源：根据WTO官方网站数据整理。

（二）服务进口

从表6－14可以看出，近10年来，在美国服务贸易进口中，以运输、旅游和其他商业服务三大类服务为主，计算机信息服务、保险和金融三类服务为辅，总体来说各项服务占比较为均衡。

表6－14　美国服务贸易进口商品结构　　单位:%

类别＼年份	2008	2009	2010	2011	2012	2013	2014	2015	2016	2017
运输	20.53	16.58	18.23	18.67	18.80	19.66	19.59	19.74	19.19	18.81

续表

类别 \ 年份	2008	2009	2010	2011	2012	2013	2014	2015	2016	2017
旅游	22.62	21.05	21.16	20.58	22.20	21.28	21.98	23.33	24.50	25.13
保险	14.40	16.49	15.02	12.77	12.28	11.59	10.61	9.73	9.53	9.24
金融	4.21	3.73	3.79	3.99	3.70	4.67	5.18	5.23	5.08	5.20
计算机信息服务	6.03	6.67	7.09	7.52	7.25	7.60	7.59	7.38	7.30	7.47
专利与许可费服务	7.24	8.09	7.95	8.28	8.55	8.43	8.73	8.11	8.80	8.99
其他商业服务	15.35	16.36	16.12	17.90	18.05	18.62	18.80	19.20	18.78	18.65

资料来源：根据 WTO 官方网站数据整理。

三、美国服务贸易的特点

（一）服务贸易长期顺差，综合实力世界第一

美国是世界服务贸易超级大国，在国际服务贸易体系中占有极为重要的地位，服务贸易进出口额自 1981 年以来长期居世界首位，2017 年服务贸易进出口总额为 13190 亿美元，占世界的 12.34%，其中服务出口 7809 亿美元，服务进口 5381 亿美元，顺差 2428 亿美元。从图 6－15 来看，美国服务贸易进出口保持逐年增长态势，顺差规模基本保持稳定增长，服务贸易比较优势明显，这也在一定程度上弥补了货物贸易的逆差。据美国商务部经济分析局数据显示，美国 2017 年国际贸易总额 52737 亿美元，服务贸易比重超过 25%。同时，美国服务贸易总额占 GDP 的比重从 1994 年的 4.6% 上升至 2017 年的 6.8%，呈逐年上升趋势。总体来看，美国服务贸易不但综合实力强，而且在美国经济发展中具有重要的地位和作用。

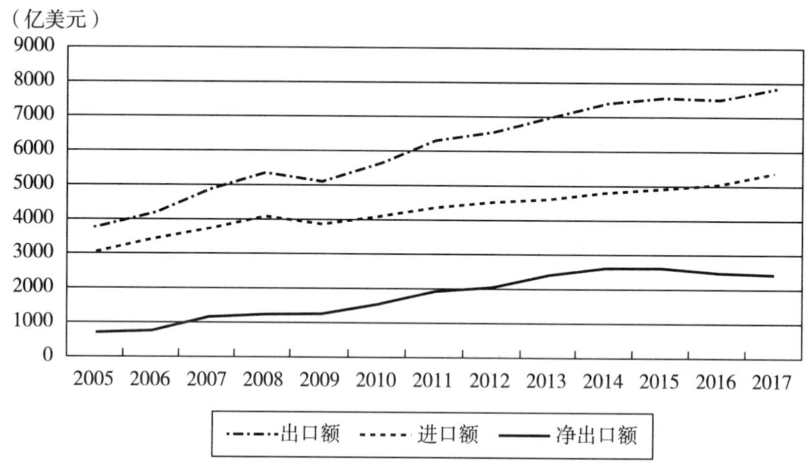

图 6－15　2005～2017 年美国服务贸易进出口情况

（二）出口结构渐趋稳定，新兴行业优势突出

在政策、外部经济环境等多重因素的刺激下，经过多年的发展，美国服务贸易中传统行业与新兴行业都得到进一步的发展，各自在服务贸易出口中所占比重渐趋稳定，服务贸易的出口结构得到进一步优化。从图 6－16 可以看出，2008～2017 年，旅游、运输两项传统服务项目出口占美国服务贸易出口总额的比重一直在 40% 以内，金融、专利与许可费服务、计算机信息服务和其他商业服务等知识技术密集型高附加值现代新兴服务项目出口比重则长期稳定在 50% 以上，且占比有进一步扩大趋势，成为美国服务贸易出口的主力军，增长速度快，比较优势突出。

（三）金融服务世界领先，贸易顺差持续增长

美国历来是金融服务大国，拥有世界排名第一的国际金融中心和全球最大的证券服务市场。据 WTO 官方数据统计，美国占世界金融服务总出口额的比重已由 2005 年的 18.28% 上升到 2017 年的 22.95%，与其他国家的差距进一步拉大，拥有绝对的领先优势。从图 6－17 可以看出，自 2005 年以来，美国金融服务出口额和净出口额持续快速增长，进口额则保持相对稳定，2017 年，美国金融服务进出口总额达 1344 亿美元，其中出口总

额1064亿美元，进口总额280亿美元，贸易顺差784亿美元，为美国服务贸易第二大顺差行业，占据非常重要地位。

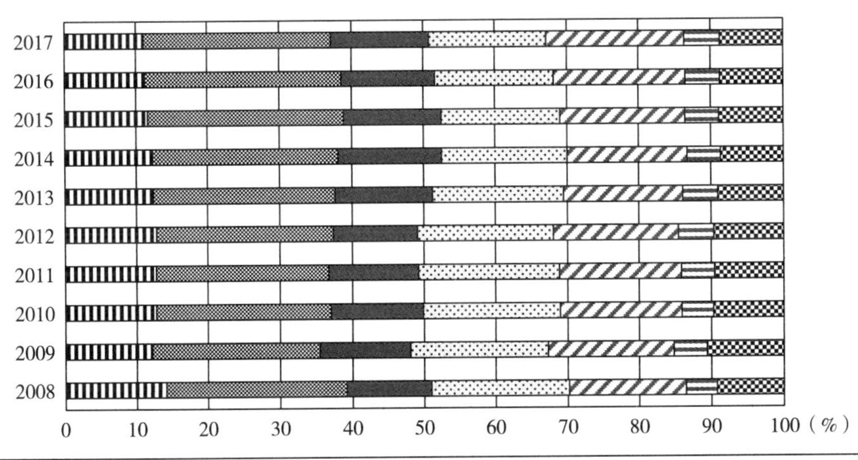

图6－16　2008～2017年美国主要服务类别出口占比情况

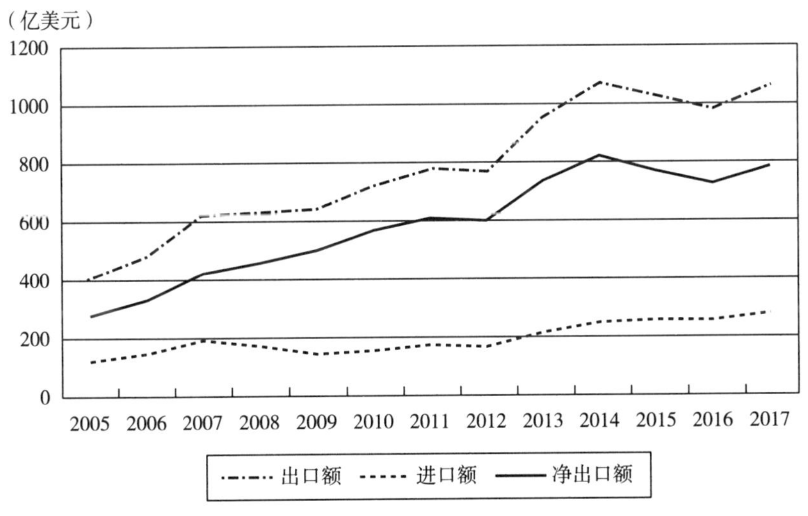

图6－17　2005～2017年美国金融服务进出口情况

（四）专利与许可费服务顺差优势进一步扩大

美国作为世界第一科技大国，科研实力首屈一指，专利与许可费服务长期在世界服务贸易中占据较大比重，一度曾占据世界专利与许可费服务的半壁江山，近年来虽有所下降，但仍长期占30%以上的份额。专利与许可费服务分别是美国服务贸易出口和进口的第三大和第五大行业。从图6－18可以看出，2005年以来，专利与许可费服务进出口总体处于上升趋势，但2011年之后，出口上涨速度减缓，进口出现缓慢增长，贸易逆差仍呈现逐年扩大趋势。2017年，美国专利与许可费服务进出口总额达1763亿美元，其中出口总额1279亿美元，进口总额484亿美元，贸易顺差795亿美元，出口额占美国服务贸易总出口的16.38%，为美国服务贸易顺差最大行业，是美国服务贸易的中流砥柱。

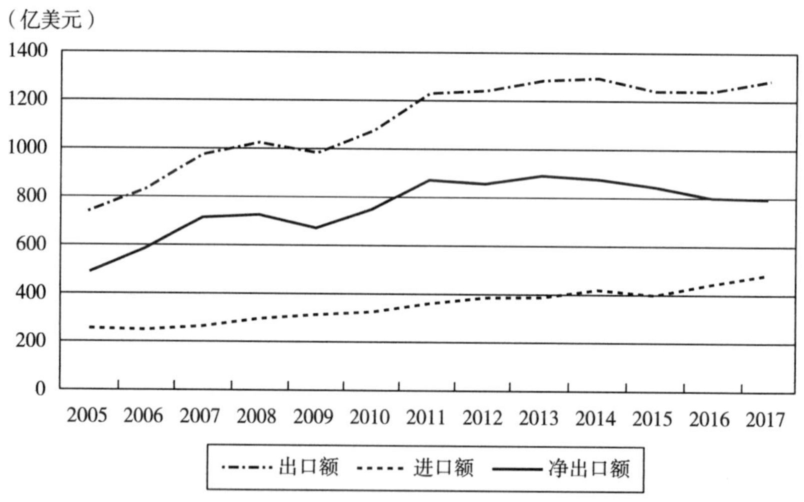

图6－18　2005～2017年美国专利与许可费服务进出口情况

（五）旅游服务转逆为顺，服务出口长期向好

美国不仅经济科技实力强大，旅游业也发展得很不错。旅游服务一直是美国服务贸易出口和进口的第一大行业，长期存在顺差，曾一度为美国

服务贸易顺差最大行业。从图 6－19 可以看出，2005～2015 年，美国旅游服务进口和出口均呈现上涨趋势，且出口增长速度明显高于进口增长速度，贸易顺差逐年扩大，2016 年后，旅游服务出口出现下滑，服务进口仍保持增长，旅游服务贸易顺差规模缩小。2017 年，美国旅游进出口总额达 3389 亿美元，其中出口总额 2037 亿美元，进口总额 1352 亿美元，贸易顺差 685 亿美元，出口额和进口额分别占美国服务贸易总出口和总进口的 26.09%和 25.13%，仍为美国服务贸易出口和进口的第一大行业。总体来看，受全球经济下行和特朗普签证政策等因素影响，短期内美国旅游服务出口下行压力大增，顺差规模也将进一步缩小，但仍将继续保持美国服务贸易第一大行业地位。

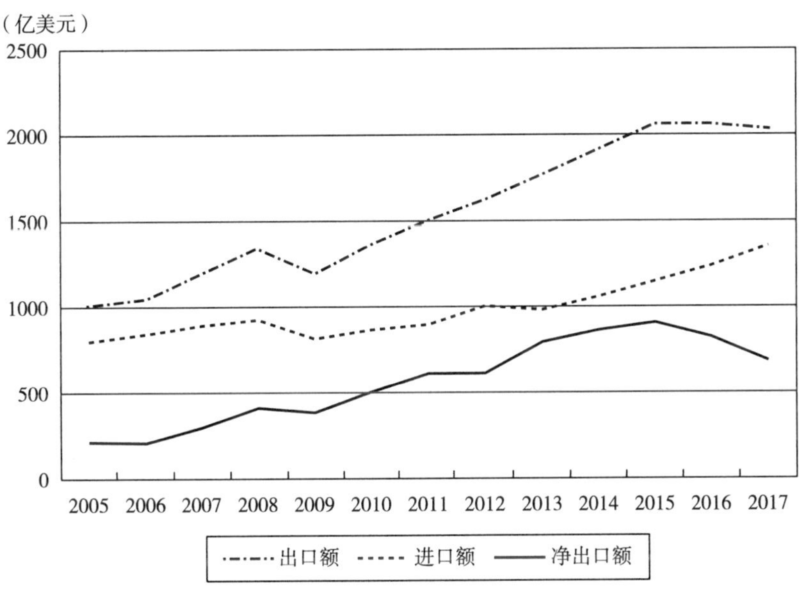

图 6－19　2005～2017 年美国旅游服务进出口情况

（六）服务贸易市场集中，新兴国家增幅明显

长期以来，美国的服务贸易合作伙伴主要集中于欧洲国家、加拿大、

日本等。近年来，美国对发达国家服务出口增速减慢，服务出口占比呈下降趋势，服务贸易合作伙伴有从发达国家向新兴市场扩展的趋势。据美国商务部经济分析局数据，2017 年，美国对欧盟、加拿大和日本的服务贸易出口额分别为2398 亿美元、587 亿美元和462 亿美元，对欧盟出口额比重由2005 年的35.08%下降到30.71%，对加拿大和日本两国的服务出口额比重也下降到7.52%和5.91%。与此同时，美国同巴西、墨西哥、中国、印度、南非等新兴国家的服务贸易往来逐渐加强，尤其与中国的服务贸易往来近年来越发密切，美中服务贸易出口额比重由2005 年的2.33%上升至2017 年的7.18%，中国成为美国第5 大服务出口国，也是美国服务出口增长速度最快国家和最大的服务贸易顺差国家。从服务进口来看，2005~2017 年，印度对美国的服务出口占比从1.56%上升到5.33%，是对美国服务出口增长最快的国家。中国对美国的服务出口占比从2.25%上升到3.26%，服务出口增速落后于印度。欧盟对美国的服务出口占比从37.69%下降到35.03%。英国对美国的服务出口占比从11.06%下降到10.37%。

第七章

提升中国不同经济区域服务贸易国际竞争力的对策

从世界银行发布的《全球经济展望》报告来看，虽然全球经济增长在2018年仍保持3.1%的强劲势头，但随着发达经济体增长减速和出口大宗商品的主要新兴市场及发展中经济体复苏渐趋平缓，全球增长将逐渐放慢，2020年底增速将降至2.9%。未来10年将是自20世纪90年代世行开始收集相关数据以来经济潜在增速最低的10年。另据国务院发展研究中心预测，未来15年全球经济增长的重心将从欧美转移到亚洲，以GDP衡量，中国将于2030年超过美国成为全球第一大经济体。

中国改革开放至今已有40年，加入WTO也有近20年，中国服务行业和服务贸易早已与世界接轨，服务贸易范围、水平和质量都发生了显著变化。通过对中国服务贸易发展情况及国际竞争力进行分析可以发现，相较世界服务贸易发展状况而言，中国服务贸易算是起步较晚的，但是发展速度很快。近十几年来，中国服务贸易进出口总额持续攀升，年均增长速度高于同期世界服务贸易总额增长水平，贸易结构得到进一步优化，高质量发展特征逐步显现，但地区间服务贸易发展不平衡，服务贸易逆差仍一直存在，且呈现逐年扩大的趋势，总体国际竞争力仍然处于相对劣势，相关服务行业的发展和水平仍滞后于发达国家。面对全球经济下行压力增大、贸易保护主义抬头、地缘政治风险上升和全球经济重心东移等复杂国际形势，中国的服务贸易面临前所未有的机遇与挑战。因此，在新形势下，如何采取措施提升中国服务贸易国际竞争力已迫在眉睫。本章在第六章分析美日印三国和中国港澳台地区服务贸易发展情况和特点的基础上，借鉴它们发展服务贸易的经验，提出以下提升中国服务贸易国际竞争力的对策。

第一节　降低服务贸易壁垒

贸易开放程度的高低直接影响国际贸易政策的走向。相对于比较明晰的货物关税税率，服务贸易的壁垒真实水平备受关注。随着国际贸易竞争越发激烈，贸易保护主义亦出现抬头趋势，为了提高本国国际市场的竞争水平，各国设置了形式多样、手段隐蔽、更加灵活的服务贸易壁垒。中国属于发展中国家，服务贸易壁垒水平仍较高，对外开放的广度大，完全开放程度低，在当前经济背景下，实行服务贸易壁垒政策可以对本国本土企业予以保护，但同时也会对中国服务出口造成一定影响。伴随全球产业结构的不断升级和国际分工的持续深入，服务贸易自由化的趋势势不可当，服务贸易的壁垒将随知识产权保护的创新、自由贸易区的建立、多边和双边自由贸易谈判的践行不断降低。对处于转型期的中国而言，虽然短期内消除所有贸易壁垒不现实，但为实现中国产业结构与贸易结构的同步优化，应该客观看待当前国际服务贸易壁垒的影响，并寻求有效应对策略。

（一）开放与保护相结合，逐步降低市场准入壁垒

开放服务市场可以有效对接国际市场，拉动外来投资，激发市场活力，但考虑到中国产业现状、国内外市场发展动态等方面因素，我们的服务贸易对外开放需要掌握合理的尺度，若不分情况地实施完全自由贸易政策或盲目地接受具有非对等性的自由贸易政策，势必会拉大中国与发达经济体的差距。因此，在保证开放的同时，中国要确保自身产业发展及稳定程度能够应对国际市场带来的冲击。采取开放与保护相结合的策略，合理把握对外开放与本国本土企业的保护力度。对相对有国际竞争力的行业，

可以在加快开放的同时，通过出台不同类型政策，适当保护，为本土行业营造适应、良好的环境，保障其持续发展。对于不具有比较优势的行业，可在一定程度上附加限制条件，有效提高外国企业进入中国市场的门槛，在一定程度上限制服务贸易进口，采取渐进性政策，给予国内产业培育时间，逐步降低市场准入壁垒。

（二）探索先行先试模式，加快自贸区贸易自由化

中国自由贸易区是指在国境内关外设立的，以优惠税收和海关特殊监管政策为主要手段，以贸易自由化、便利化为主要目的的多功能经济性特区。自 2013 年批准建设中国（上海）自由贸易试验区以来，中国已陆续批复成立广东、天津、福建、重庆、海南等 12 个自由贸易试验区，自贸试验区负面清单进一步缩减，进一步扩大开放领域，特别是服务业开放领域。中国的自由贸易区是政府全力打造中国经济升级版最重要的举动，其力度和意义堪与 20 世纪 80 年代建立深圳特区和 90 年代开发浦东两大事件相媲美，其核心是营造一个符合国际惯例、对内外资的投资都具有国际竞争力的国际商业环境。自贸区是中国主动适应经济发展新趋势和国际经贸规则新变化、以开放促改单促发展的试验田，可以根据各地自贸区的建设情况和当地产业情况，采取先行先试的方式，在不同自贸区范围内试点扩大对不同行业的服务贸易开放度，通过在局部地区进行压力测试，积累防控和化解风险的经验，探索适合中国服务贸易的最佳开放模式，总结成功经验，为一步推动服务贸易全面自由化打下基础。

（三）加强政府宏观调控，减少不合理的行政干预

近年来，中国服务业得到了飞速发展，这自然离不开中国政府的支持和保护，但政府在管理过程中依然对企业实行不合理的行政干预。如中国服务贸易的重点领域依然集中在旅游、运输等传统服务行业上，但对世界贸易影响较大的金融、信息等新兴服务行业却仍处于垄断控制中，在审批程序、地域、股本等方面设置了较多的门槛。虽然在一定程度上对这些行业起到了保护作用，但却拉大了中国与发达国家在新兴行业上的差距。因此，在促进服务贸易发展过程中，应该进一步发挥政府支持、引导的职

能，适当放宽政府对企业的行政管理职能，降低服务贸易行政壁垒，通过加强政府宏观调控和政策引导，鼓励新兴行业的服务出口，促进服务贸易各领域的全面发展，争取解决服务贸易发展结构不合理的问题。

（四）多管齐下灵活应对，努力破除服务贸易壁垒

服务贸易壁垒的隐蔽性较强，在新型服务贸易壁垒不断出现、其合法性特征不断强化的背景下，可以采取灵活的应对策略，多途径寻求服务贸易壁垒破除之法，促进我国优势服务业的持续发展（张超凤，2017）。一是可以通过完善我国服务贸易结构抢占价值链高端位置；二是可以引导企业通过技术革新升级产品，强化相关产品的综合竞争力；三是可以实施服务贸易出口市场多元化战略，帮助企业寻找贸易壁垒少的发展中国家，将其作为可进一步开拓的新兴国际市场空间，扩大国际市场，减少对主要贸易伙伴国的依赖；四是借助双边和多边交涉、协商和谈判机制，以我国服务领域的开放为条件换取其他国家相关服务领域的开放，在安全、公平的基础上利用多边互惠机制，促进多边双赢，不断削减服务贸易壁垒。

第二节　积极参与贸易合作

贸易是经济增长的重要引擎，也是经济全球化最基本的形式。多边贸易体制和区域贸易安排作为驱动经济全球化发展的两个轮子，促进了世界经济增长与繁荣，将经济全球化推向新的水平。以关税与贸易总协定（GATT）和世界贸易组织（WTO）为代表的多边贸易体制通过组织多边贸易谈判、管理多边贸易规则、解决成员间贸易争端等活动，加强了国际经济贸易的协调，为世界经济发展营造了良好的外部环境，为全球经济繁荣发展提供了重要的制度保证。与此同时，双边和区域贸易安排自 WTO 成立以后一直没有停止，大多数 WTO 成员都和其贸易伙伴签署过双边或者

区域的贸易协定，区域贸易安排不断增多，区域合作进程加快，为世界经济注入强大活力。双边贸易规则和多边贸易规则是互为补充的两个方面。发达国家之间、发达国家与发展中国家之间的双边自贸谈判由来已久。中国作为一个发展中国家，也和一些国家完成或正在进行双边自贸谈判。当前全球经济复苏乏力，贸易摩擦加剧，部分发达国家呈现出保守甚至倒退的倾向，反全球化与逆全球化的影响日渐升温，多边贸易体制发展步履蹒跚，面对新一轮产业革命和世界经济格局的变化，多边贸易体制正经历前所未有的挑战和压力。服务贸易作为未来经济发展的制高点，其市场准入、投资者权利保护、环境标准以及跨境电子商务等新议题新规则日益成为国际贸易中谈判的焦点。因此，无论是多边贸易体制还是区域贸易安排，服务贸易都应进行重点考量。在目前的情况下，中国作为一个发展中大国，应当正确认识自己的地位和责任，在多边和区域合作这两个方面的博弈中选择合适的策略，发挥更大的作用，为中国服务贸易的发展做出贡献。

（一）发挥多重角色作用，服务全球服务贸易发展

就多边领域而言，多边贸易体制是经济全球化一个重要的制度保障，建设开放型世界经济离不开多边贸易体制建设。在多边贸易体制建设方面，WTO 处于中心地位。以 WTO 为核心的多边贸易体制已经成为国际贸易的基石，在推动全球贸易发展、建设开放型世界经济方面发挥了中流砥柱作用。然而，现在多边贸易体制遇到了很大的挑战。在谈判领域，目前多哈回合谈判陷入僵局，且 WTO 有 164 个成员，每个成员一票，想要就某些议题达成协定非常困难。此外，WTO 谈判在较容易的领域上都已经达成协议，而剩下的领域要达成协议，难度非常大。

中国自 2001 年加入 WTO 以来，认真地履行了“入世”承诺，并积极参与多边贸易谈判，对推动多边贸易自由化发展做出了巨大贡献，是多边贸易体制坚定的支持者、参与者、贡献者和建设者。未来，中国应充分认识到服务贸易在完善中国贸易结构、转变中国贸易发展方式、推动产业升级中的重要作用，以国家利益为首要考量，立足服务贸易重点发展领域，

继续以更加积极主动的姿态参与世贸组织的活动。一方面，根据世界经济和服务贸易发展需要，适当运用自身的影响力和作用，加强参与服务贸易相关事务及规则制定的广度与深度，强化自己建设者的角色；另一方面，努力成为 WTO 成员的经济协调者，既要站在发展中国家的立场上，要求 WTO 改革目前存在的不平衡与不合理现象，也要兼顾发达国家的利益和保持多边贸易体制的稳定和发展，同时争取来自发展中国家和发达国家的支持，发挥好发达国家和发展中国家之间桥梁的作用。在当前国际形势下，中国要用好自己的身份，重视贸易保护主义抬头、多边贸易规则基础开始动摇等问题，维护自由贸易，通过协商推动与服务贸易有关的多边贸易规则的改革，更加适应全球服务贸易的发展和包容性增长的需要。

（二）推进“一带一路”倡议，发挥区域贸易协定作用

WTO 作为一种多边体制，为相对弱势国家提供了一个更公平、更开放的平台来处理与强国之间的关系，但它在很大程度上基于大国之间的双边合作。区域贸易安排作为推动贸易自由化与便利化的另一个轮子，与多边体制相互促进、共同前行，也在为推动经济全球化发展提供持续动力。据 WTO 统计，现在全球生效的区域贸易安排接近 300 个，主要采用自由贸易协定形式。中国对此始终抱着积极态度，不断推动与有关国家的自贸区建设。商务部副部长王受文提到，截至 2018 年底，中国已经与 25 个国家和地区达成 17 个自贸协定。通过签署自贸协定，中国与自贸伙伴实现了比 WTO 水平更高的相互开放，对双方或多方贸易产生了积极的促进作用。但是，中国与美国、欧盟和日本等主要发达经济体都还没有达成自由贸易协定，现有自贸伙伴在 GDP、贸易、投资规模上普遍较小，需要提升自贸区“朋友圈”的覆盖面与重量级，加快推动亚太地区自由贸易协定（FTAAP）和区域全面经济伙伴关系（RCEP）等谈判进程，进一步提升开放水平。

在推进自由贸易区建设的进程中，要与我们正在推进的“一带一路”建设相结合，相互配合、相互促进；重点推进“一带一路”沿线国家自由贸易区的建设，深化与沿线国家的经贸合作，实现互利共赢，共同发展；逐步构筑立足周边、辐射“一带一路”、面向全球的高标准自由贸易区网

络。“一带一路”建设为我国服务贸易的发展转型提供了难得的机遇，我国应借助“一带一路”区域合作，深化合作的新渠道，鼓励有优势的中国企业“走出去”，与沿线国家加强在信息技术、工业设计、工程技术等领域的服务外包合作，争取扩大服务贸易出口，缩小服务贸易逆差。此外，还应该进一步发挥区域贸易协定作用，提高对外开放水平，加大金融业开放力度，促进资本和金融业的对外输出，提升金融等领域的服务贸易水平。

第三节　合理利用比较优势

比较优势理论是微观经济学的核心理论之一，既可以基于国与国之间的状况而论，也可以基于一国内不同地区进行探讨。我国幅员辽阔，人口众多，可以划分为若干区域，各区域在经济发展过程中存在自然条件、自然资源、要素禀赋和历史发展基础、社会人文条件等方面的差异。地区之间既然存在差异，就一定具有某些优势和劣势。结合比较优势理论，客观地分析各地区的比较优势，是制定区域经济发展规划、引导产业布局的重要依据，也是各地区制定正确的发展战略和产业政策，实现区域经济协调、可持续发展的重要前提。在全球经济一体化的背景下，国际贸易竞争日趋激烈，发达国家早已把国际贸易作为主要的经济增长点，服务贸易作为经济增长点的有效载体，而中国服务贸易的水平还相对较低，而且地区发展不平衡。因此，中国可以从整体和各地区比较优势入手，结合服务贸易行业发展现状和未来趋势，从以下几个方面研究如何进一步合理利用比较优势资源，借助后发优势实现弯道超车。

（一）借力“一带一路”，进一步优化产业结构

通过对比分析中国制造业与服务业的发展情况，可知服务业发展以制

造业为坚实支撑，高质量生产性服务业引领制造业发展，服务业与制造业相互支撑。随着世界产业结构的调整，全球制造业的地位不断下降，服务业所占经济的比重逐年上升。然而在中国产业中，制造业仍占据较大的比重，且服务业的垄断现象较普遍，壁垒限制较多，这在一定程度上阻碍了服务业的发展。从出口贡献来看，中国服务贸易发展结构也不够合理，旅游服务、建筑、运输服务和其他服务出口贡献率总值高达60%以上。在劳动密集型传统服务业上的比较优势较突出，高附加值产业占比远远落后于发达国家。因此，中国应保持传统服务贸易领域的优势，加快新兴服务贸易领域的发展。蔡宏波和宋佳倩（2017）提到我国服务贸易在交通运输、建筑等传统领域优势明显，具有较强的国际竞争力，而基础设施建设和互联互通恰是“一带一路”建设的优先领域。我国企业应抓住这一契机，对外承接服务外包业务，并借助亚投行和丝路基金的资本支持扩大国际市场。还应看到新兴服务业所带来的新机遇，在各国不断进行产业结构调整的今天，中国应逐渐将服务贸易发展的重点从传统领域引向技术、金融、医疗等高附加值行业，抓住机遇，优化产业结构，鼓励技术创新，结合自身优势适时进入国际市场，为中国高附加值服务贸易布局，为新兴服务产业的发展奠定坚实的基础。

（二）发展地区特色服务，缓解区域发展不平衡

长期以来，我国服务贸易区域发展不平衡，贸易增长主要集中在京津冀地区、长三角地区以及珠三角地区等核心区域，而中西部地区的服务贸易发展较为落后，地区间的较大差异已经开始影响我国服务贸易的整体及可持续性发展。我国应积极引入服务贸易增长核心区域的资源和经验，借助“一带一路”、自贸区建设等契机，深化区域间合作，进一步提高中西部地区的对外开放水平，推进中西部地区特色服务贸易的发展。一是应立足中西部旅游资源丰富的优势，完善中西部旅游景点的基础设施建设，打造沿线精品旅游线路，发挥历史特点和民族特色相结合的优势，改善中西部在服务贸易领域的弱势地位；二是将中西部地区重点项目纳入服务贸易创新发展试点，为试点项目提供必要的资金和政策支持，以带动当地产业

发展；三是顺应经济全球化的趋势，找准突破口和蓝海市场，把握住新现象和新功能，加强与世界各国的联系与合作，通过“引资引智”和借助互联网模式，发挥现代服务业的后发优势，争取缩小差距，在某些服务领域实现“弯道超车”，扩大中西部特色服务贸易出口，缓解地区间服务贸易发展不平衡。

（三）加强与港澳台产业合作，提升整体竞争力

近年来，中国内地与港澳台地区虽然经贸交往密切、人员往来频繁，也签订了一系列服务贸易合作协议，但由于制度、标准及政治等多方面原因，彼此之间的服务贸易一直未形成合力。通过本书第四章的产业国际竞争力分析，可以知道中国目前具有比较大的优势和较强的国际竞争力的行业有建筑业、计算机信息业和咨询业，其中咨询业的国际竞争力最强。中国香港在金融业、运输业、计算机信息业和旅游业具有国际竞争力，其中金融业国际竞争力最强。中国澳门在旅游、金融和运输上具有竞争力，其中旅游业是澳门地区最具有国际竞争力的产业。中国台湾具有竞争力的服务业有金融业、运输和旅游业。从各自的优势产业可以看出，各方的合作与互补空间巨大。因此，需要加快破除机制性和技术性障碍，完善相应的法律法规和监管办法，进一步深化合作。内地可以在金融业、运输业、旅游业上吸收港澳台世界领先的管理理念、制度安排及先进的体系（如金融开放和监管体系、物流体系等），港澳台也需要中国内地这样一个广阔的市场进行服务合作。同时我们也看到，无论中国内地还是港澳台，在专有权使用费和保险业上的国际竞争力都较弱，有待今后在这些方面加强投入，可以借助港澳台的世界经贸窗口优势，密切与国外的合作，打造中国服务贸易强国地位。

第四节　加强区域产业合作

中国改革开放已 40 年，从开放东南沿海经济特区，开发中西部、振兴东北老工业基地，到拉动中部，再到“一带一路”倡议，不同区域的经济和产业都得到了发展。然而，伴随着中国产业的转型升级，不同区域间产业及服务贸易发展不平衡趋势也日益显著。中国作为一个发展中大国，国内区域之间的不平衡是一种常态。究其原因，一是城市之间要素及要素禀赋的差异，导致经济发展起点不平衡；二是集聚机制在空间上的差异导致城市经济发展过程不平衡；三是制约集聚机制发挥效果的外部环境、政策差异导致城市经济发展外部环境不平衡。正是由于这种不平衡状态长期存在，不同区域服务贸易发展情况和对外开放程度都存在差异，因此在制定服务贸易发展对策的时候，需要统筹兼顾不同区域间的服务贸易发展情况，从全国层面来考虑，加强不同区域间的合作，争取做到优势互补，提高我国服务贸易的整体竞争力。

（一）加快区域间产业转移，提升服务贸易整体国际竞争力

伴随着世界经济深入调整和中国经济进入新常态，中国乃至全球产业的空间布局正在发生深刻变化，第四次全球产业转移浪潮正在汹涌而来。一方面，为挽救经济，美国、欧洲等发达国家和地区纷纷提出“再工业化”计划，吸引相关高端制造业向本土回流；另一方面，在要素成本不断增加的压力下，中国东部沿海地区大量制造业、服务业企业已经或正在向中国内地以及劳动力成本和土地成本更加低廉的周边国家转移。根据区域经济发展梯度理论，我们知道，区域经济发展是不平衡的，就好像是处于不同的阶梯上，高收入地区处于高梯度，低收入地区处于低梯度。随着经济发展，梯度推移加快，区域间差距可以逐步缩小，最终实现经济分布的

相对均衡。

据中国社科院财经院《中国城市竞争力第16次报告（总报告）》显示，目前，在加快构建国家价值链和推动“一带一路”建设的大背景下，中国区域产业布局正在重构，东部地区作为高梯度区域虽然优势依然显著，但是作为中、低梯度区域的中西部地区的优势已经开始凸显。产业结构方面，制造业正在向中部地区集聚，中原城市群和长江中游城市群对制造业的承接容量不断增强。信息软件业正在向珠三角城市群、辽中南城市群、京津冀城市群、中原城市群、成渝城市群集聚。科研技术产业正在向长三角、京津冀、山东半岛、成渝城市群集聚，辽中南、北部湾、关中平原、海峡西岸城市群的科研技术产业则出现流失。就商业租赁业而言，辽中南城市群和北部湾城市群发展滞后，珠三角、京津冀、中原、成渝、关中、哈长、海峡西岸等城市群则发展较为迅猛，非城市群内城市的商业租赁业也得到较快发展。鉴于以上产业发展情况和服务贸易行业特点，我国应加快不同区域间产业转移，让新兴、高端服务业向高梯度区域集聚，在这些区域实行创新型经济发展战略，建立以技术密集型产业和以银行、信息、科研等第三产业为主体的经济结构，不断创新，持续保持这些产业的领先地位。对制造业和传统的服务业则引导其向中、低梯度区域集聚，在这些区域实行改造型和渐进型发展战略，保持一定规模的初级产业，同时，通过产业升级和改造旧部门来改变地区产业结构。从国家层面，加快梯度推移和产业转移，提升服务贸易综合国际竞争力。

（二）推动区域内产业重构，促进服务贸易行业优化与发展

改革开放以来，中国的城镇化发展取得了举世瞩目的成就。中国的传统省域经济正在向中心城市群转变。如果将单个城市群划分为若干个经济区域，那么城市群内中心城市可以看成发达地区，城市群内其他城市则可看成较落后地区。根据区域经济辐射理论，我们知道，区域之间存在广泛的辐射，相互之间会产生影响，经济发展水平和现代化程度相对较高的地区与较落后地区之间进行着资本、人才、技术、市场信息等要素的双向流动和转移，以及思想观念、思维方式、生活习惯等方面的传播。无论是落

后地区还是先进地区的进一步发展，都会对对方产生积极影响。通过合作，加强正面辐射，有效避免负面辐射，都会在双方之间产生良性的滚动效应，对区域之间合作双方的经济发展和现代化进程十分重要。

党的十九大报告指出，要以城市群为主体构建大中小城市和小城镇协调发展的城镇格局，这为新时代中国推进新型城镇化指明了方向和路径。2018 年 11 月 18 日，中共中央、国务院发布的《中共中央国务院关于建立更加有效的区域协调发展新机制的意见》明确指出，以京津冀城市群、长三角城市群、粤港澳大湾区、成渝城市群、长江中游城市群、中原城市群、关中平原城市群等城市群推动国家重大区域战略融合发展，建立以中心城市引领城市群发展、城市群带动区域发展新模式，推动区域板块之间融合互动发展。由于不同城市群发展阶段不一致、成熟度也不同，根据国家政策导向和经济学相关理论，可以先将我国各大城市群按发展水平进行分类，引导不同城市群在产业结构重构时实行差异化发展。引导成熟城市群内中心城市产业向高端服务业发展，重点发展新兴服务贸易行业，不断提升第三产业比重，实现成熟城市群内中心城市产业结构率先升级，然后引导制造业向城市群内周边城市扩散；成长中城市群的中心城市通过外引内聚实现高端制造业和生产性服务业的加速集聚，重点发展生产性服务贸易，提升制造业的发展水平，同时引导原有的传统制造业向区域内其他城市转移。通过推动区域内产业重构，可以加快服务贸易行业优化调整，进一步扩大区域间经济的相互开放及资源自由充分流动，最大限度提高经济资源配置的效率，为区域服务贸易发展提供持续动力。

（三）加快打造区域增长极，带动服务贸易行业的整体发展

在经济增长过程中，主导产业和创新产业一般都是在某些特定区域集聚、优先发展，然后对周围地区进行扩散，形成强大的辐射作用，这些特定区域被称为“区域增长极”。由于中国幅员辽阔，要实现平衡发展只是一种理想，全国同步发展的难度很大，经济快速增长不太可能同时出现在所有地区。同时，我国经济经过 30 多年高速增长，已经到必须进行“转型”的阶段。在这样的背景下，我们需要通过推进结构调整，由传统制造

业向先进制造业转型，由传统服务业向新兴高端服务业转型，实现经济创新升级。

在转型过程中，结合增长极理论，可以在已初步形成经济圈、经济带、经济区的区域加快推进产业升级，提升这些经济圈、经济带、经济区内部的发展质量和合作水平，充分释放其拉动经济增长的巨大能量。同时，先在较小范围内开展区域合作，实现区域内的统筹发展，然后再辐射至更大范围，可以有效规避风险，效果也更好。因此，我们需要选择特定的地理空间作为增长极，科学规划主导产业和创新产业，打造城市增长极和产业增长极，让增长极成为最重要、最具活力的增长点，然后通过聚集和辐射作用，成为全国经济发展的强劲引擎，带动整个国家或地区经济的发展，促进服务贸易产业的整体发展。

第五节　加快专业人才培养

人才是21世纪经济发展与竞争的制高点，从众多学者的研究中我们可以看出，人力资本对区域经济增长存在显著的正向影响。人力资本存量越高，区域经济增长就越快。随着信息技术的快速发展和经济全球化进程的加快，全球经济呈现出从“工业型经济”向“服务型经济”转型的趋势，现代服务业逐渐成为世界经济增长的重要引擎。与此同时，在“一带一路”建设深入推进的背景下，我国对外贸易也开启了新的篇章，服务贸易对创新人才的需求不仅是量的增加，更是质的飞跃。我国的服务贸易面临专业化人力资本供给不足、生产性服务业人才培养机制滞后等诸多困难，迫切需要加大力度，从社会、高校、企业等多个方面加快培育服务贸易中高端人才。

（一）立足复合型人才培养，完善课程体系设置

高等院校是培养高素质技术技能型服务贸易人才的主要阵地，课程则是培养目标的载体。服务贸易方向是国际经济与贸易专业的拓展方向，可以在此基础上对国际经济与贸易课程体系进行优化改造。目前我国服务贸易行业以中小企业为主，中小企业由于成本、发展情况的限制，一个员工往往身兼多职，岗位的复合型也造成对服务贸易人才培养的复合型要求。因此，我们的高等院校在进行专业人才培养的时候，要从多个维度完善课程体系设置，构建复合型课程体系。

复合型课程体系要立足“通用+专业+行业”，从通识课、专业基础课、专业核心课、专业综合课四个模块进行完善。首先，让学生掌握英语、计算机、应用写作、法律基础、公关礼仪等提升基本素质的公共课程和经济学、国际贸易概论、国际贸易地理等专业基础课程，突出人才培养的针对性和应用性。其次，将专业核心课程与服务贸易工作岗位接轨，通过技能课程让学生具备相关岗位所需的关键技能。同时，把技能训练与职业资格培训相结合，使学生在学习专业课程的同时就可以考取相应的资格证书（罗文标，2016）。最后，基于服务贸易国际化的趋势，在专业综合课程开发跨文化交际课程模块，依照世界不同国家和地区的人文特点，开发政治文化、贸易文化、历史文化、民俗文化、旅游文化等跨文化交际课，破除可能因文化瓶颈产生的贸易障碍。通过全新的课程体系，培养既具有较深专业知识又具有较强综合能力的复合型专业人才，适应服务贸易的发展需要。

（二）打造创新型师资团队，支撑创新人才培养

师资队伍是高校培养高素质服务贸易创新人才最重要的保证，高水平的师资是培养高质量学生的前提。在“一带一路”及“互联网+”背景下，服务贸易呈现技术、知识、文化多元联动发展的新格局，对服务贸易人才培养也提出了更高的要求，因此如何打造适应“一带一路”和服务贸易新发展的高水平师资团队是有效培养服务贸易创新人才的关键。在全球贸易形势日趋复杂的新形势下，针对目前不同地区师资队伍的短板，可以

从以下方面打造具有全球化视野，既能够进行理论教学又有实际工作技能的、经验丰富的“双师型”教师队伍。

一是内部培养。建立专业教师定期参加轮训制度，激励教师走出课堂，支持教师到企业进行短期的工作实践和到服务贸易企业顶岗实习，提高教师的专业能力和实践教学能力，同时鼓励教师进修信息技术、电子商务、创新创业等跨专业课程；积极参加政府、行业组织的培训会、研讨会等活动，让教师们真正做到理论性与实践性相结合。二是采取“引进来”的办法，聘请企业中有丰富实际工作经验的一线人员担任兼职教师和引进部分具有国际贸易理论和实操技能的高素质“双师型”教师，逐步充实专业师资队伍；聘请优秀外贸企业的创业精英、电子商务师、软件工程师为导师，走进课堂，指导学生创新创业；从服务业企业聘请职业经理人担任客座教授，定期为学生开展相关专业讲座，通过“授课+实训+讲座”的方式，建立灵活的教学机制，有效缩短课堂教学与实际工作的距离。三是鼓励教师积极申报服务贸易科研课题，并与服务贸易企业建立合作关系，广泛开展贸易技术交流和横向课题研究工作，在以科研促教师教学水平提升的同时，也让教育真正服务社会经济的发展。

（三）建立政企校联动机制，构建协同育人模式

近年来，为促进高校、科研院所、企业资源共享，推动高校创新组织模式、推进产学研用结合，国家相继出台了《国家中长期科学和技术发展规划纲要（2006~2020年）》和《国家中长期教育改革和发展规划纲要（2010~2020年）》。校企协同进行服务贸易人才的培养，既有利于减少高校学生的结构性失业，还有助于校企更好地应对日益激烈的市场竞争。地方政府通过政策激励和制度保障措施引导企业参与校企合作，使校企合作结构更加稳定。校企合作的人才培养模式是我国专业人才培养的关键模式，坚持校企合作，有利于推动教育教学改革与产业转型升级衔接配套，进一步发挥企业重要办学主体作用，推进行业企业参与人才培养全过程，实现行业、企业、学校协同育人。人才培养机制有其客观规律，服务贸易领域创新人才的培养与地方政府、企业和学校三个高等教育相关主体都紧

密相关，三方需要互动合作，建立服务于服务贸易发展的协同机制，共同参与高素质技术技能型人才培养。

总体而言，需要充分发挥市场机制，充分调动社会力量的积极性，让政府、企业、学校力量各司其职，形成联动，形成合力，共同为区域服务贸易发展贡献力量。政府要为创新人才培养提供政策和资金支持，完善相关基础设施，搭建公共服务平台和产业园区，畅通信息交流和促进产业发展。比如，可以打造一批产业引智基地，为服务贸易重点产业引智，引进各类高层次人才建设国际区域经济合作引智示范区。学校要把培养符合社会和企业发展的专业人才作为学校的指导思想，落实于人才培养过程，做到机制健全，措施到位。人才培养坚持以服务贸易理论为指导，基于国际化视野，走“产教融合，校企合作”的培养路子，加强创新创业指导，培养具有创新能力的高素质技术技能型服务贸易人才。企业则要主动承担专业人才培养的社会责任，为学生实习、就业、创业提供便利。企业可以通过与院校共建实习实训基地、开设人才订单班、共同制定培养方案及开发课程、共同承担课题等方式，加强与学校的合作。重点是深入参与学生实训，变被动为主动，系统训练学生的技能和职业意识，促进高校毕业生与社会人才接轨。

（四）探索培养及引入机制，优化高端人才队伍

我国服务贸易专业人才匮乏，特别是专业的高级人才。从全球经济发展趋势来看，服务贸易正处于从劳动密集型和资源密集型行业向资本密集型和技术密集型转变。与以资本密集型为特征的传统制造业不同，以研发、设计、法律、金融、信息服务为代表的现代服务业具有知识密集型特征，处于全球价值链高端，人才是知识密集型行业最稀缺的资源，在服务贸易发展的四种模式中，自然人移动占比不大，只有1%～2%，但却是决定服务贸易高质量发展与结构升级的关键因素。童俐丽（2017）提出，随着改革开放的深入，我国的经济和实力取得了巨大的进步，国际贸易领域的人才也不断地涌现，但是从我国的国际贸易情况来看，货物贸易仍然占非常大的比重，当前我国的国际服务贸易壁垒仍然处于发展的初期阶段，

特别是在贸易壁垒应对的人才方面，还是极度缺乏。要想有效地避开和打破国际服务贸易壁垒，更好地投入到国际环境服务贸易市场，需要加强服务贸易高端人才的培养和引入。一是可以放宽对高端人才流动限制，简化相关人才的出入境手续，将有利于技术转移，推动研发、设计等知识密集型服务业发展；二是与律所、高校合作，加强对服务贸易壁垒应对、规则制定方面的人才培养；三是设立紧缺人才培养专项资金，鼓励引导服务产业的从业人员进行更加深入的技能培训；四是加大海外引智力度，吸引海外国际贸易行业专家以各种形式参与到人才培养工作中来，学习国外先进经验。

第六节 完善相关法律法规

近年来，随着我国服务贸易的快速发展，服务贸易管理体制不断完善，法规政策体系逐步成熟，国家相继出台了《服务业发展规划（2015～2020)》《服务贸易发展“十三五”规划纲要》和《深化服务贸易创新发展试点总体方案》，服务贸易领域的《服务出口重点领域指导目录》《鼓励进口服务目录》《服务外包产业重点发展领域指导目录》《禁止进口限制进口技术目录》和《禁止出口限制出口技术目录》五大关键目录也已经基本修订完成，将于近期发布。服务贸易管理和促进工作的系统性、全面性、连续性不断增强，服务贸易统筹协调发展能力日渐提升，我国服务贸易在数量和质量上都得到了快速发展。但是，我国服务贸易发展与发达国家相比仍有较大差距，存在一些监管漏洞，在法律法规、管理体制、统计制度等方面也还有较大提升空间。为了进一步迎合我国服务贸易可持续发展诉求，政府部门必须进一步完善服务贸易相关的法律法规，加强监督管理，以便适应日益国际化的发展形势。

（一）加快立法建设，完善法律体系

目前，我国服务贸易领域立法相对滞后，相关法律法规寥若晨星，服务贸易法律体系除《对外贸易法》外，多是以行业规范、规定、通知和办法的形式存在，尚无独立的法律法规与管理条例，存在法制管制盲区，约束力较弱，且多方立法，改动频繁，法律的指引作用无从体现。这也造成一些领域实际开放水平明显低于承诺开放水平，原因就包括法律政策环境的滞后发展。上述情况已客观制约我国服务贸易的发展，鉴于此，应结合中国服务贸易发展的实际情况，加快研究制定服务进出口方面的管理条例，并尽可能与GATS协定的原则、制度接轨，缩小中国现行立法与国际规范的差距，加强服务贸易工作的部际协调，争取构建不同层次、内容齐全的法律体系。针对发达国家以法律、技术为限制条件的现状，中国不仅要加快服务领域技术法规的建设，还应建立自我完善、科学的产品质量评定程序，并针对国外歧视性条款建立和参与WTO服务贸易多边谈判，通过对国际安全认证、质量认证、环保认证的一致性建设推进全球服务业标准化和规范化。2016年，我国开始在上海、天津、海口、深圳、杭州、武汉、广州、成都、苏州、威海10个市和哈尔滨、江北、两江、贵安、西咸5个国家级新区开展服务贸易创新发展试点，重点对服务贸易管理体制、发展模式、便利化等8个方面的制度建设进行探索，有序扩大服务业开放准入。各相关省市可借助试点契机，根据区域服务贸易发展情况，在《对外贸易法》大框架下，结合国际服务贸易原则，出台一些促进服务贸易发展的办法和管理条例，先行先试，为规范服务贸易发展积累经验，从国家、地区不同层面积极推进服务贸易便利化和自由化。

（二）明确管理职能，优化政策体系

服务贸易自由化与监管是不矛盾的，只有在良好的管理体制下，才能实现不断开放并保持经济稳定发展。崔艳新和张琼（2014）提出，我国服务贸易涉及部门众多，而行业管理和进出口促进工作分属不同部门，缺乏强有力的协调机构和协调机制。虽然由商务部牵头建立了服务贸易跨部门联系机制，但并未设立高级别的服务贸易协调部门，对于推动服务贸易立法、协调各行业部门政策而言，层级和力度还有待提高。鉴于此，我国需要进一步发挥好商务部和各地商务部门作为服务贸易牵头部门的作用，加强同行业主管部门的沟通协作，在明确各部门管理职能的同时，进一步优化政策体系，多举措规范服务贸易发展。一是加强对重点服务出口领域的规划引导，加快推出《服务出口重点领域指导目录》，尽快制定《服务进出口管理条例》；二是出台新一轮服务外包促进政策，引导重点领域加快发展；三是结合服务贸易不同行业情况，设立服务贸易发展专项资金，开展服务出口奖励、技术服务出口贴息、服务贸易领域公共服务平台和创新示范载体建设等；四是创新金融支持政策，针对服务贸易企业特点，开发创新金融产品，缓解企业的流动性压力，争取早日形成各部门齐抓共管，共同服务于服务贸易发展的良好局面。

（三）建立谈判策略，推动公平竞争

扩大服务业的开放，已经箭在弦上。伴随着全球化的猝然受挫，全球贸易不确定性大增，服务贸易正取代货物贸易，成为规则博弈的深水区和市场道德的制高点，与货物贸易一样，规则的制定直接关系各国切身的经济利益。中国作为国际贸易舞台的后来者，在有关货物贸易规则的制定上往往是被迫接受发达国家事先制定的规则。为适应服务贸易自由化新趋势，中国作为世界服务贸易第二大国，应吸取货物贸易方面的经验教训，积极参与多边服务贸易协议谈判，参与国际服务贸易新规则制定，在坚持开放性和平等性的原则下，为国际服务贸易新规则加入“东方元素”，这既对维护自身的利益至关重要，也是对加强世界多边贸易体制的重要贡献，还可促进中国服务贸易和投资自由化水平逐步与国际接轨，降低中国服务出口面临的市场障碍和技术性壁垒。同时，通过搭建各类服务贸易公共服务平台，加强人员流动、资格互认、行业标准制定等方面的国际交流，多渠道增加国际影响力。通过借助积极有效的服务贸易对外谈判策略，将为中国带来更多谈判和交流成果，为中国服务贸易有关行业构建公平的竞争环境，最大限度地保护中国处于弱势地位的服务产业，积极、稳妥、有步骤地开放国内服务业市场，促进国际服务贸易发展。

（四）健全统计制度，服务宏观调控

近年来，结合我国服务贸易发展的新情况、新特点，我国在不断摸索完善服务贸易统计制度。2016 年 12 月，《国际服务贸易统计监测制度》修订完成并正式实施。《国际服务贸易统计监测制度》涵盖世贸组织对服务贸易定义的 4 种模式，并呈现统一部署、对接国际、精简表格和互联互通四大特点，使得服务贸易统计工作更加全面、准确、及时地反映我国服务贸易的发展状况，为各级政府部门制定服务贸易行业政策和发展规划，加强宏观管理提供决策参考。但与欧美等发达国家相比，中国服务贸易统计体系仍然存在收集途径单一、服务贸易企业统计知识匮乏、统计水平和统计手段较为落后、缺乏统计监测预警系统等问题，导致服务贸易统计数据的科学性和准确性较低，不利于开展服务贸易的研究和分析工作。因此，为了建立符合国际规范的服务贸易统计体系，更加科学、有效地开展服务贸易统计监测工作，中国需要进一步健全统计制度，强化服务贸易统计制度实施的力度，完善国家外汇管理局国际收支统计和商务部服务贸易业务统计相结合的服务贸易统计制度，各级地方政府也应将服务业和服务贸易发展纳入考核评价体系，以此促进地方经济结构的转型与升级，夯实地方经济可持续发展的基础，并为国家调控政策提供依据和参考，促进服务贸易的健康发展。

参考文献

[1] Sapir A. Trade in Service: Policy Issues for the Eighties [J] . Columbia Journal of World Business, 1982 (1): 79.

[2] Sapir A, Lutz E. Trade in Services: Economic Determinants and Development – Related Issues [R] . World Bank Staff Working Paper, 1981: 480.

[3] Bela B. Trade Liberalization and Revealed Comparative Advantage [J] . The Manchester School of Economies and Social Studies, 1965 (33): 99 – 123.

[4] Hockman B M, Robert M. Stern. Evolving Patterns of Trade and Investment in Services: Conference on Research in Income and Wealth [J] . Michu Depte Ressie D, 1989 (10): 140 – 250.

[5] Bevan A, Estrin S, Meyer K. Foreign Investment Location and Institutional Development in Transition Economies [J] . International Business Review, 2004 (1): 43 – 64.

[6] Bobirca A, Miclaus P G. A Multilevel Comparative Assessment Approach to International Service Trade Competitiveness: The Case of Romania and Bulgaria [J] . Total Quality Management, 2007 (3): 8668.

[7] Buckley P J, Clegg L J, Cross A R, Liu X, Voss H, Zheng P. The Determinants of Chinese Outward Foreign Direct Investment [J] . Journal of Internetional Business Studies, 2007, 38 (4): 499 – 518.

[8] Ryan C. Trade in the Presence of Endogenous Intermediation in an

Asymmetric World [M] . Institute for Research on Public Policy, Victoria, B. C. , 1987.

[9] Deardorff. Comparative Advantage and International Trade and Investment in Services: Canada/Us Per - spectives [M] . Toronto: Ontario Economic Council, 1985.

[10] De la Guardia C, Molero J, Valadez P. International Competitiveness in Services in Some European Countries: Basic Facts and a Preliminary Attempt of Interpretation [D] . Research Gate, 2013.

[11] Daniels P. International Trade Competitiveness Protection and Australian Manufactures [J] . Economic Analysis & Policy, 1993 (23): 151 -178.

[12] Dunning J H. Internationalizing Porter' s Diamond [J] . Mir Management International Review, 1993, 33 (2): 7 -15.

[13] Falvey R, Gemmell N. Explaining Service -price Difference in International Comparisons [J] . American Economic Review, 1991 (81): 1295 -1309.

[14] Myrdal G. Economic Theory and Nnderdevelopment Regions [M] . Harper & Row, 1957.

[15] Grubel, Lloyd P J. International Trade: The Theory and Measurement of Trade in Differentiated Products [M] . New York: John Wiley and Sons, 1975.

[16] Hufbauer G, Sherry Stephenson. Services Trade Past Liberalization and Future Challenge [J] . Journal of International Economic Law, 2007 (3): 605 -630.

[17] Feketekuty G. International Trade in Service: An Overview and Blueprint for Negotiations [Z] . American Enterprise Institute and Ballinger, Camridge, 1988.

[18] Guerrieri P , Meliciani V . International Competitiveness in Producer Services [M] . Social Science Electronic Publishing, 2004.

[19] Sampson G, Snape R. Identifying the Issues in Trade in Services

[J] . World Economy, 1985 (2): 171 -182.

[20] Hoekman B, Karsenty G. Economic Development and International Transaction in Services [J] . Development Policy Review, 1992 (10): 211 -236.

[21] Wyszkowska - Kuna J. Competitiveness in International Trade in Knowledge - Intensive Services—The Case of Poland [J] . Comparative Economic Research, 2014 (2): 79 -100.

[22] Wyszkowska - Kuna J. Competitiveness of the New European Union Member States in International Trade in Knowledge - intensive Business Services [J] . Comparative Economic Research, 2016 (3): 5 -26.

[23] Koi Nyen Wong, Soo Khoon Goh. Outward FDI, Merchandise and Services Trade: Evidence from Singapore [J] . Journal of Business Economics and Management, 2013 (2) .

[24] Kim Young Hwan. A Study on the Determinants and the International Competitiveness for Service Trade [D] . Korea Maritime University, 2012.

[25] Krugman P, Taylor L. Contractionary Effects of Devaluation [J] . Journal of International Economics, 1978, 8 (3): 456.

[26] Kolstad I, Wiig A . What Determines Chinese Outward FDI? [J] . Journal of World Business, 2012, 47 (1): 26 -34.

[27] Langhammer. North - South Trade in Services: Some Empirical Evidence [J] . In Services in World Economic Growth, 1989 (1): 248 -271.

[28] Porter Michael E. The Competitive Advantage of Nations [M] . Free Press, New York, 1990.

[29] Eswaran M, Kotwal A. The Role of Services Section in the Process of Industrialization on Manucrio [D] . University of British Columbia, 2000.

[30] Hiziroglu M, Abdulkadir Hiziroglu, Abdullah Hulusi Kokcam. An Investigation on Competitiveness in Services: Turkey Versus European Union [J] . Journal of Economic Studies, 2013 (6): 775 -793.

[31] Markusen. Trade in Producer Services - issue Involving Return to

Scale and the International Division of Labor [R]. The Institute for Research on Public Policy, 1986.

[32] Dick R, Dick H. Patterns of Trade in Knowledge, International Economic Development and Resources Transfer [M]. Tubingen, 1979.

[33] Rugman C. The Double Diamond Model of International Competitiveness: The Canadian Experience [J]. Management International Review, 1993 (2): 17-39.

[34] Viner J. The Customs Union Issue [M]. Carnegie Endowment for International Perce Press, 1950.

[35] Vollrath. A Theoretical Evaluation of Alternative Trade Intensity Measures of Revealed Comparative Advantage [J]. Review of World Economics, 1991 (2): 265-280.

[36] Jones W, Ruane F. Appraising the Options for International Trade in Services [J]. Oxford Economic Pacers, 1990 (42): 672-687.

[37] Worz J. Austria's Competitiveness in Trade in Services [Z]. FIW Research Report, 2008 (3).

[38] 卞继飞. 山东省服务贸易国际竞争力研究 [D]. 济南: 山东大学, 2016.

[39] 程大中. 全球价值链视角下的中国服务贸易竞争力再评估[J]. 世界经济研究, 2017 (5): 85-96.

[40] 陈虹, 章国荣. 中国服务贸易国际竞争力的实证研究 [J]. 管理世界, 2010 (10): 13-23.

[41] 陈恩, 曾纪斌. 台湾服务贸易竞争力及影响因素实证研究[J]. 国际经济合作, 2014 (4): 66-71.

[42] 陈恩, 陈昭哲. 澳门服务贸易国际竞争力及其影响因素的实证分析 [J]. 哈尔滨商业大学学报 (社会科学版), 2015 (2): 80-91.

[43] 陈恩, 刘璟. 粤港澳服务贸易自由化路径研究 [J]. 南方经济, 2013 (11): 74-84.

[44] 陈琛. 国际贸易理论的发展综述 [J]. 企业改革与管理，2017 (13)：120－121.

[45] 陈京京，李成才. 生产要素视角下中国保险服务贸易竞争力的研究 [J]. 中国市场，2015 (3)：106－107.

[46] 蔡宏波，宋佳倩. "一带一路"与中国对外服务贸易发展[J]. 海外投资与出口信贷，2017 (2)：22－25.

[47] 崔艳新，张琼. 完善服务贸易管理体制促进服务贸易量质提升 [J]. 服务外包，2014 (5)：74－76.

[48] 崔玮，潘月杰. 区域经济辐射理论与研究述评 [J]. 特区经济，2009 (3)：277－279.

[49] 翟立强，韩玉军. 加入 WTO 以来中国服务贸易国际竞争力实证研究 [J]. 价格月刊，2013 (5)：46－50.

[50] 刁二媛. 京津冀服务贸易竞争力及其影响因素的实证分析 [D]. 天津：天津商业大学，2015.

[51] 邓甜甜. 中国大陆与台湾、香港地区服务贸易合作研究 [D]. 哈尔滨：黑龙江大学，2017.

[52] 方慧，尚雅楠. 基于动态钻石模型的中国文化贸易竞争力研究 [J]. 世界经济研究，2012 (1)：44－50.

[53] 郭清根. 影响我国服务贸易竞争力的因素分析及对策建议[J]. 中国科技论坛，2008 (9)：130－134.

[54] 龚秀国. 基于真实选择权视角的中国公司对美国直接投资分析 [J]. 四川大学学报（哲学社会科学版），2015 (2)：103－112.

[55] 关红玲. 服务贸易视角下的澳门产业适度多元化 [J]. 广东社会科学，2015 (2)：94－102.

[56] 顾宝炎，许秋菊. 香港服务贸易的演进 [J]. 国际经贸探索，2007 (3)：26－30.

[57] 顾国达，张正荣. 服务经济与国家竞争优势——基于波特"钻石模型"的分析 [J]. 浙江大学学报（人文社会科学版），2007 (6)：46－54.

［58］贵明佳．中日韩服务贸易收支影响因素比较分析［D］．辽宁：辽宁大学，2015.

［59］洪涓，刘赝．大陆与台湾地区服务贸易国际竞争力比较分析［J］．国际经贸探索，2014（7）：47－58.

［60］黄毅．四川省服务贸易竞争力的分析［J］．国际贸易问题，2012（1）：119－130.

［61］黄健青，张娇兰．京津沪渝服务贸易竞争力及其影响因素的实证研究［J］．国际贸易问题，2012（5）：74－82.

［62］黄群慧，李芳芳．皮书系列·工业化蓝皮书：中国工业化进程报告（1995～2015）［M］．北京：社会科学文献出版社，2017（5）：12－27.

［63］何德旭，董捷．京津冀金融一体化发展的运作机制［J］．经济参考研究，2015（48）：37.

［64］侯慧芳．人力资本与我国服务贸易国际竞争力关系实证分析［J］．经营与管理，2015（1）：65－67.

［65］靳峥．天津自贸区——锁定投资服务贸易便利化［J］．中国对外贸易，2015（3）：44－45.

［66］金雨辰．海峡两岸服务贸易竞争力比较与合作机制研究［D］．西安：陕西师范大学，2018.

［67］金满涛．美国服务贸易发展经验对我国的启示［J］．银行家，2018（11）：106－107.

［68］金丹．区域经济一体化的理论框架研究［J］．西部经济管理论坛（原四川经济管理学院学报），2014（3）：75－82.

［69］李晓峰，漆美峰．中国和美国服务业出口竞争力比较分析［J］．国际商务研究，2013（2）：32－41.

［70］李江涛，王宪明．京津冀跨区域城市生态系统建设研究［J］．经济研究参考，2015（8）：16－19.

［71］李雨凝，姜锋．中国旅游服务国际贸易竞争力的影响因素分析［J］．中国商论，2018（5）：81－83.

［72］李志伟．中国旅游服务贸易国际竞争力指数比较——基于进出口数据的实证分析［J］．价格月刊，2018（8）：28－32.

［73］李志伟．中国旅游服务贸易国际竞争力影响因素实证研究——基于灰色关联度模型［J］．商业经济研究，2018（8）：139－141.

［74］李中尧，郭健全，蒋玉婷．中日金融服务贸易现状及竞争力的对比分析［J］．哈尔滨商业大学学报（社会科学版），2013（6）：65－74.

［75］李阳．山东省旅游服务贸易竞争力分析及提升策略［J］．农业经济，2008（9）：92－94.

［76］李芳．中国服务贸易国际竞争力研究［M］．武汉：武汉大学出版社，2012：106－110.

［77］李荣林．动态国际贸易理论研究——均衡与非均衡分析［M］．北京：中国经济出版社，2000.

［78］刘岚，汪达．湖北省服务贸易人才培养优势分析及路径选择［J］．当代经济，2015（6）：47－49.

［79］罗文标．人才强省背景下的广东服务贸易人才培养模式研究［J］．考试与评价，2016（9）：10－11.

［80］吕宁．国际直接投资理论研究［J］．中外企业家，2013（29）：43－44.

［81］李杨．多边贸易体制的博弈机制［M］．北京：对外经济贸易大学出版社，2010.

［82］林淑玲．基于钻石模型对我国国际服务贸易竞争力的实证研究［J］．经济论坛，2015（3）：60－64.

［83］刘宏，梁文化．北京市服务贸易竞争力指数比较及影响因素的实证研究［J］．国际商务——对外经济贸易大学学报，2017（1）：51－62.

［84］蒙英华．服务贸易提供模式研究［M］．北京：中国经济出版社，2011.

［85］宁向东．《国家竞争优势》：解析波特的“钻石模型”［N］．第一财经日报，2012－09－07（C01）.

[86] 彭虹．新常态下福建省服务贸易国际竞争力实证研究 [J]．河南理工大学学报（社会科学版），2019，20（1）：26－32.

[87] 彭迪．产业竞争力与区域经济发展关系的研究综述 [J]．中国商论，2018（24）：142－143.

[88] 戚青．湖北省服务贸易竞争力研究 [D]．武汉：武汉工程大学，2016.

[89] 芮明杰．产业竞争力的“新钻石模型” [J]．社会科学，2006（4）：68－73.

[90] 尚涛．我国服务贸易比较优势及贸易模式变动的实证研究——基于 RSCA 与 Lafay 指数等的分析 [J]．国际贸易问题，2010（12）：70－77.

[91] 孙强，李旭超，王翔．服务贸易发展偏离——份额分析 [J]．经济问题，2014（3）：116－120.

[92] 孙蕊．京津服务贸易引力模型与边界效应——以旅游业为例 [J]．商业经济研究，2017（11）：136－138.

[93] 石芸．北京服务贸易国际竞争力实证研究 [J]．北京财贸职业学院学报，2016（10）：18－24.

[94] 石芸．京津冀一体化中服务贸易比较优势和未来发展研究[J]．北京财贸职业学院学报，2017（12）：28－38.

[95] 宋晓东．“一带一路”背景下的中国国际服务贸易发展 [J]．中国流通经济，2016（12）：71－77.

[96] 宋加强，王强．现代服务贸易国际竞争力影响因素研究——基于跨国面板数据 [J]．国际贸易问题，2014（2）：96－104.

[97] 沈鸿，张捷，张媛媛．国内服务消费与服务贸易国际竞争力相关性的实证研究 [J]．经济问题探索，2016（7）：128－136.

[98] 童俐丽．国际贸易壁垒对我国环境服务贸易的影响分析 [J]．中国商论，2017（35）：69－70.

[99] 田青．国际经济一体化理论与实证研究 [M]．北京：中国经济出版社，2005.

［100］梁双陆．边疆经济学：国际区域经济一体化与中国边疆经济发展［M］．北京：人民出版社，2009.

［101］王红丽．京津冀协同发展背景下的服务贸易协同发展问题研究［J］．品牌营销，2014（10）：21－23.

［102］王莹．贵州省入境旅游服务贸易发展现状和对策分析［D］．北京：首都经济贸易大学，2017.

［103］万红先．中国服务贸易国际竞争力研究［M］．合肥：中国科学技术大学出版社，2008.

［104］魏盼盼．广东旅游服务贸易国际竞争力研究［D］．海南：海南大学，2016.

［105］夏杰长，瞿华．中国旅游服务贸易国际竞争力实证分析与提升策略［J］．浙江树人大学学报，2017（5）：30－36.

［106］夏杰长，姚战琪，齐飞．中国服务贸易竞争力的理论与实证研究［J］．中国社会科学院研究生院学报，2014（3）：40－49.

［107］肖德．"一带一路"背景下中国金融服务贸易国际竞争力分析［J］．东北师大学报（哲学社会科学版），2016（3）：67－71.

［108］肖乔枫．我国服务贸易竞争力及其影响因素研究［D］．南京：南京工业大学，2016.

［109］薛荣久．国际贸易［M］．北京：对外经济贸易大学出版社，2008：105－106.

［110］谢国娥，莫晓洁，杨逢珉．台湾地区服务贸易竞争力、影响因素及其对策研究［J］．世界经济研究，2016（2）：124－134，137.

［111］谢景．港台服务贸易竞争力比较研究［J］．国土与自然资源研究，2015（2）：73－76.

［112］殷凤，张云翼．中国服务业技术效率测度及影响因素研究［J］．世界经济研究，2014（2）：42－46.

［113］殷凤，陈宪．国际服务贸易影响因素与我国服务贸易影响国际竞争力研究［J］．国际贸易问题，2009（2）：61－69.

［114］杨东升．辽宁省教育服务贸易竞争力分析——基于迈克尔·波特的钻石模型［J］．对外经贸，2015（5）．

［115］杨玲，徐舒婷．货物贸易与服务贸易的互动关系研究——基于13个国家CA指数的实证［J］．商业时代，2014（28）：20－21.

［116］姚海棠，方晓丽．金砖五国服务部分竞争力及影响因素实证分析［J］．国际贸易问题，2013（2）：100－110.

［117］余道先，刘海云．中国生产性服务贸易结构与贸易竞争力分析［J］．世界经济研究，2010（2）：49－55.

［118］于立新，冯远．中国服务贸易研究报告［M］．北京：经济管理出版社，2013（12）：10－36.

［119］于惠彤．京津冀服务贸易国际竞争力差异研究［D］．北京：首都经济贸易大学，2017.

［120］尹政平，杜国臣，李光辉．多边贸易体制与区域贸易安排的关系与前景［J］．国际贸易，2017（7）：11－15.

［121］闫磊．国际直接投资：西方现代主要理论简述［J］．赤峰学院学报（汉文哲学社会科学版），2010（6）：167－170.

［122］叶峰．中日韩服务贸易竞争力分析［D］．北京：首都经济贸易大学，2017.

［123］赵放，冯晓玲．中美服务贸易国际竞争力比较分析——兼论中国服务贸易结构性失衡［J］．世界经济研究，2007（9）：42－48.

［124］赵书华，宋征．北京市服务贸易国际竞争力分析［J］．经济问题探索，2006（2）：26－30.

［125］庄芮，方领．国际竞争力比较的中日韩服务贸易谈判问题探析［J］．国际贸易问题，2013（9）：74－81.

［126］庄惠明，包婷．基于服务贸易开放度的中国服务贸易竞争力研究［J］．华东经济管理，2014（1）：51－54.

［127］邹中琪．安徽省服务贸易国际竞争力及其影响因素的实证研究［J］．黑龙江工业学院学报，2018（4）：111－116.

［128］朱明明．福建省旅游服务贸易国际竞争力及影响因素研究［D］．泉州：华侨大学，2014.

［129］朱飞，曾坤．海峡两岸服务贸易的合作潜力和影响因素实证研究——基于两地服务贸易竞争力的对比［J］．商业经济研究，2015（12）：32－34.

［130］张更庆．“一带一路”服务贸易创新人才培养体系探究——基于“五通”视阈［J］．厦门城市职业学院学报，2018（3）：18－22，27.

［131］张超凤．国际服务贸易壁垒的新趋势与产生的新障碍［J］．对外经贸实务，2017（9）：40－43.

［132］宗国恩．国际直接投资理论发展研究［J］．商业时代，2009（4）：87－88.

［133］张慧，黄建忠．中国对外直接投资区位理论研究综述［J］．首都经济贸易大学学报，2014（4）：100－106.

［134］张耀影．比较优势理论和区域经济问题研究［J］．理论界，2007（9）：6－10.

［135］王受文．对当前贸易、外资和多边区域合作问题的几点看法［J］．中国经济周刊，2018（6）：77－79.

［136］褚淑贞，孙春梅．增长极理论及其应用研究综述［J］．现代物业（中旬刊），2011（1）：4－7.

［137］2017年中国建筑行业海外市场深度调查及未来发展趋势分析［EB/OL］．中国产业信息网，http：//www.chyxx.com，2017－12－11.